KÖLN KRIMI 29

Helmut Frangenberg, geboren 1966 in Köln, ist Journalist. Nach seinem Studium der Geschichte, Politik und Germanistik arbeitete er bei »Radio Köln« und bei der »Kölnischen Rundschau«. Heute ist er Redakteur beim »Kölner Stadt-Anzeiger«. Er ist verheiratet und Vater von zwei Söhnen. Im Emons Verlag erschien sein historischer Kriminalroman »Trümmer«.

HELMUT FRANGENBERG

MARATHON

KÖLN KRIMI

Emons Verlag Köln

© Hermann-Josef Emons Verlag
Alle Rechte vorbehalten
Umschlagzeichnung: Heribert Stragholz
Druck und Bindung: Clausen & Bosse GmbH, Leck
Printed in Germany 2006
ISBN-10: 3-89705-450-7
ISBN-13: 978-3-89705-450-9

Unser Newsletter informiert Sie
regelmäßig über Neues von emons:
Kostenlos bestellen unter
www.emons-verlag.de

Für Mica

Ein galoppierendes Pferd. Das sah toll aus. Wunderbar. Eine wunderbare rote Rose. Das Rot zerlief und malte immer neue Muster ins Wasser. Rote Wasserpflanzen. Jeder Tropfen ein neues Zufallsprodukt, bis sie irgendwann begannen, ineinander zu verlaufen, sich magisch zu verbinden, um gemeinsam wieder neue Gebilde zu formen. Blutpferd, Zufallsrose.

Hatte er sich irgendwo gestoßen, oder war ihm vor Aufregung einfach ein Äderchen im Gesicht geplatzt? Er erinnerte sich nicht. Er konnte noch nicht einmal sagen, ob es sein Blut war, das ihm da aus dem Gesicht ins Wasser tropfte. Er hatte den Abfluss geschlossen, damit das Wasser nicht ablaufen konnte. Jeder Tropfen Blut ließ in dem schicken Designerwaschbecken ein neues Gemälde entstehen.

Wenn er als Kind mit seinen Eltern am Esstisch an Silvester auf das neue Jahr wartete, wurden Bleifiguren gegossen, um die Zukunft vorauszusagen. Neujahrslügen. Das giftige Blei war auf einem Löffel erhitzt und, nachdem es zerflossen war, in kaltes Wasser geworfen worden. Dort verformte es sich zu irgendwelchen Figuren, zu denen man dann in kleinen Begleitheftchen passende Interpretationen suchte.

Ein galoppierendes Pferd hätte sicherlich ein kraftvolles, starkes, neues Jahr voller Vorsätze und Tatendrang bedeutet. Ein großes Ziel, das man sich gesetzt hatte, sollte erreichbar sein. Jetzt blutete das Pferd am ganzen Körper.

Das beste Blut ist vom Mond, das schlechteste von irgendeinem Tier, schoss es ihm durch den Kopf. Man soll das Blut mischen, brennen, daraus Kuchen machen, es mit Lobgesängen bedecken. Es wirkte fast komisch, was ihm hier in diesem Badezimmer einfiel. Dabei war es doch so ernst gemeint. »Deine Feinde werden vor dir fallen«, hatte er schon vor langer Zeit gerufen. Immer wieder, immer lauter. Blut für die Erlösung, ein Opfer für die Zukunft. Hirnmist.

»Lächerlich«, sagte er mit fester Stimme und fuhr mit seiner rechten Hand durch das Becken. Die Blutung ließ nach. Er öffnete den Abfluss und wischte dem ablaufenden Wasser mit der Handfläche nach. Mit einem Stück Klopapier trocknete er Hände und Becken. Während er sich die Handschuhe wieder anzog, schaute er in den Spiegel über dem Waschbecken.

Er sah ein Gesicht, von dem er geglaubt hatte, dass es erst in zehn, fünfzehn Jahren einmal etwas mit ihm zu tun haben könnte. Ein hässliches Gesicht. Fettige, dunkelblonde Haarsträhnen klebten auf seiner schweißnassen Stirn und den kleinen kahlen Stellen, die sich links und rechts am Haaransatz breit machten. Er fand sich widerlich. Es war nicht nur die Blässe, die abstoßend wirkte. Die ganze Physiognomie stimmte nicht mehr. Sein Gesicht war aufgedunsen, unnatürlich rund. Die Wangen hingen schlaff unter zwei Tränensäcken, dazwischen ein verkniffener Mund und eine viel zu große Nase, unter der Blut antrocknete. Sie bildete den Mittelpunkt eines Kopfes, der sich zu einer Kugel verformt zu haben schien. Sein Kinn schien ihm so gemästet, dass man den Hals kaum noch sehen konnte. Er atmete tief durch.

»Die Welt ist nicht so, wie man glaubte«, sprach er zu seinem Spiegelbild. »Mein Gesicht ist ein Irrtum. Alles ist ein Irrtum. Irrer Irrsinn. Und weil man sich vertan hat, immer nur vertan hat, wird man ohne Mühe ein Mistkerl.«

Er sah furchtbar müde aus, lebensmüde. Er fuhr sich mit den Händen durch das strähnige Haar. Unterm Waschbecken fand er einen Lappen, mit dem er ein weiteres Mal das Becken durchwischte und die Armaturen abputzte. Nachdem er das Klopapier mit der Toilettenspülung in der Kanalisation versenkt hatte, vergewisserte er sich noch einmal, dass er nichts mit den blanken Händen angefasst hatte, was er noch nicht abgewischt hatte. Er steckte sich ein Stückchen Klopapier in die Nase. Es war sein Blut, das ihm im Beckenwasser die Zukunft vorausgesagt hatte. Eine große, aber kurze Zukunft.

Er rückte ein Fläschchen mit Parfum und das Aftershave auf

der Ablage über dem Waschbecken zurecht. Der große Spiegel war extra für die Maße des eigentlich zu kleinen Badezimmers angefertigt worden. So wirkte der Raum großzügig und elegant. Alles stand an seinem Platz, wie in einem Musterhaus. Alles Maßarbeit hier.

Er ging zurück ins Wohnzimmer. Achtlos schlenderte er an den Regalen vorbei. Viele Bücher, kluge Bücher standen hier im Buchenholz. Angeberregale. Wie waren sie geordnet? Nach Größe, nach dem Alphabet?

Vosskamp war ein Idiot, aber er hat einen tollen Fernseher, dachte er. Flachbildschirm, Stereo, ganz in Silber. Sehr schick. Er passte nicht hundertprozentig in diese rot-weiße Wohnwelt, die sich Vosskamp da aus einer »Schöner Wohnen«-Zeitschrift abgeguckt hatte. Auf der Regalkombination vor der rot gestrichenen Wand stand allerlei nutzloses Zeug. Eine seltsame Maske zierte die Ablage – nachgemachte afrikanische Volkskunst als Deko im Wohnzimmer eines stilsicheren Enddreißigers. Die Bücher im Regal schienen dort zu stehen, weil ihr Einband farblich zu künstlichen roten Äpfeln auf braunen Intarsientellern passte.

»Dreck«, murmelte er. »Und nichts mehr wert.«

Mit einer ausladenden Armbewegung wischte er den Schnickschnack vom Regalbrett.

»Schluss mit der Extravaganz.«

Eine kleine weiße Vase, in der wahrscheinlich nie eine Blume gesteckt hatte, zerbrach vor der rot-braunen schicken Liege in hundert Stücke. Die kleine weiße, wahrscheinlich furchtbar teure Tischlampe schmiss er hinterher. Scherbengericht.

Er musterte den Raum. Warmes Rot traf auf strahlendes Weiß.

»So wohnt eigentlich kein Mann«, murmelte er vor sich hin. »Aber der Mensch hat das Recht zu leben, wie er will.«

Die Wand gegenüber war hellweiß getüncht. Andere hätten da ein Bild aufgehängt, irgendwas, was zum Ambiente passt. Ausgesuchte Kunst zum kleinen Preis. Hauptsache, die Farbe stimmte. Doch hier war die Wand ganz kahl.

Er ging langsam auf das große rote Kanapee zu, das vor der kahlen Wand zum stundenlangen Fernsehen im flauschigen Plüsch einlud. Er entschied, das Zimmer um eine weitere Extravaganz zu bereichern.

»Rot und Weiß bringen Klarheit«, sagte er lächelnd, während er Zeige- und Mittelfinger in die offene Wunde hineinbohrte. »Die grafische Wirkung ist bestechend.«

Die schwarzen Handschuhfinger färbten sich tiefrot. Er musste sich ein wenig strecken, um der weißen Wand den Farbtupfer zu verpassen, der sich glänzend in die Gestaltung dieses Raumes einfügen sollte. Raumschmuckstück. Er griff mehrmals in die Wunde im Hals des Mannes, der tot auf seinem Kanapee lag, um die Zahl so nachzuziehen, dass sie nicht wie ein lieblos hingekritzeltes Tafelbild aus der Schule aussah.

Zum Abschied schaute er Frank Vosskamp noch einmal tief in die weit aufgerissenen Augen.

»Na, mein Freund. Wie geht es dir jetzt in deinem Scheiß-Wohnzimmer?«, fragte er. »Hast du gelebt, wie du wolltest? Hast du geliebt, wie du wolltest?«

Der Kopf hing ein bisschen schief, und er überlegte kurz, ob er die Lage des Toten korrigieren musste, damit er zumindest bis zum Abtransport in die fein abgestimmte Innenarchitektur passte. Er ließ es.

»Halt dich nicht mit Kleinigkeiten auf«, sagte er zu sich selbst. »Es ist noch viel zu tun.«

*

»Scheiß der Hund drauf«, schnaufte Gröber, während Iris Remmer scheinbar teilnahmslos aus dem Fenster schaute. »Haben wir was vergessen? Irgendwas, was man noch tun kann?«

Remmer antwortete nicht. Es war ohnehin eine rhetorische Frage. Viel mehr konnte man nicht tun. Alle waren informiert, alle in Alarmbereitschaft, um diesen Irren zu schnappen, der sich in den letzten Tagen immer wieder an Prostituierte herangemacht hatte und nun auch auf dem Kölner Hausfrauenstrich am Bonner Verteiler gesichtet worden war.

»Eigentlich müssten wir allen Wanzen ankleben. Allen.«

Remmer schaute auf. »Wohin willst du Wanzen kleben?«

»Ja, an die Nutten.«

»Hab ich verstanden. Und wohin da genau?«

Gröber warf sich auf seinen Stuhl.

»Sehr lustig, alte Frau«, murmelte er.

Remmer lächelte. Sie strich eine Strähne ihrer rotbraunen Haare glatt zurück, die sie in einem Zopf zusammengebunden hatte.

»Du langweilst dich, stimmt's?«

Gröber überhörte die Frage.

»Du denkst, du verplemperst deine kostbare Zeit. Fahr doch raus zum Bonner Verteiler, setz dich in dein Auto und pass auf die Damen auf. Oder fahr einfach nach Hause.«

Gröber hasste es, wenn Remmer ihre ganze Routine abschätzig zur Schau trug. Offensichtlich nichts konnte seine Chefin aus der Ruhe bringen, wenn sie da ohne Schuhe an seinem Schreibtisch saß, ihre langen Beine ausgestreckt, ein abfälliges Lächeln auf den mit dezentem Rot angemalten Lippen. Das waren die Momente, wo Gröber die Wände hochgehen konnte, weil sie ihm mit Augenaufschlägen und ein paar anderen beiläufigen Gesten ihre Überlegenheit demonstrierte.

Er fand seine Unruhe durchaus angemessen. Schließlich schlich da ein Mann über die Straßenstriche entlang des Rheins, nahm Prostituierte mit, misshandelte sie und schlug sie hinterher so lange, bis sie sich nicht mehr bewegten. Eine, die der Täter vor zwei Wochen verschleppt hatte, schwebte immer noch in Lebensgefahr. Es war nur noch eine Frage der Zeit, bis eine der Prostituierten an den Folgen der Misshandlungen sterben würde.

»Wir können da nicht viel mehr machen«, sagte Remmer ruhig, während sie sich streckte. »Alle sind gewarnt. Wir haben ein gutes Phantombild, einige haben ihn wiedererkannt. Du wirst sehen, das Problem wird sich fast von allein lösen.«

Sie suchte ihre Schuhe unterm Schreibtisch und zog sie an. Ohne Schuhe könne sie besser nachdenken, hatte sie Gröber mal erklärt. Aber hier gab es aus ihrer Sicht wohl nicht mehr viel nachzudenken. »Lass uns nach Hause gehen, Bernd.«

»Hast du noch was vor?«, fragte Gröber spitz, und während er die Frage aussprach, ärgerte er sich schon über sich selbst. Weil er nicht streiten wollte, versuchte er sich zu beruhigen. Wahrscheinlich hatte sie ja Recht. Was sollten sie noch tun? Noch bevor sie auf seine Frage reagieren konnte, änderte er den Tonfall.

»Gehen wir noch was trinken?«

Er erwartete nicht wirklich, dass Remmer den Vorschlag annehmen würde. Seine Kollegin hatte in aller Regel Besseres vor, als sich mit ihm in eine Kneipe zu setzen. Mit dem Sohn ins Theater, Besuch von Freunden, ein Essen mit dem Pathologen, irgendwas hielt sie immer auf Trab. Remmer war nicht nur Schuhsammlerin, sondern auch eine Meisterin des sinnvollen Zeitvertreibs. Es wunderte Gröber nicht, dass Leute, die sie beide nicht näher kannten, den Altersunterschied von fast zehn Jahren nicht bemerkten. Sein Neid hielt sich in Grenzen, scheute er doch die Anstrengungen und Mühen, die nötig waren, um so entspannt und optimistisch wie seine Chefin durchs Leben zu gehen. Die Vorstellung zum Beispiel, mit einer Pathologin in ein Restaurant gehen zu müssen, erfüllte ihn trotz der Aussicht auf manche Überraschung zu nächtlicher Stunde mit Grauen. Nicht weil ihm die Kollegin, die mit Remmers gelegentlichem Tischnachbarn Leichen aufschnibbeln musste, missfiel, sondern weil er nicht wusste, worüber er sich im Restaurant mit ihr drei Stunden unterhalten sollte.

Remmer reagierte weder auf die erste noch auf seine zweite Frage. »Morgen ist ein neuer Tag«, sagte sie gewöhnlich zum Abschied, doch diesmal kam sie nicht dazu.

Das Telefon klingelte. Remmer nahm ab und hörte wortlos zu.

»Vergiss das Bier«, sagte sie, nachdem sie den Hörer wieder aufgelegt hatte. »Da hat ein Vollidiot am Chlodwigplatz die Baustelleneinfahrt blockiert.«

Sie stand auf, strich sich den knielangen Rock glatt, schnappte sich ihren weiten schwarzen Mantel sowie ihr buntes Halstuch und marschierte ohne weitere Erklärungen Richtung Aufzug.

»Immer derselbe Zirkus«, sagte Gröber, zog seine Jacke von der Stuhllehne und musste fast rennen, um sie einzuholen. Nachfragen waren überflüssig. Remmer pflegte ihn stets erst während der Fahrt zum Tatort einzuweihen. Immerhin kannte er diesmal schon das Ziel der Fahrt: eine Baustelleneinfahrt in der Südstadt.

✳

»Scheiß Baustelle«, stöhnte Remmer. »Ganz Köln ist eine einzige Baustelle. Überall Löcher, überall Bauzäune, nirgends Parkplätze.« Überall in der Stadt wurden für die neue U-Bahn riesige Löcher in die Erde gebuddelt. Auch unter der Bonner Straße sollte die neue Nord-Süd-Verbindung verlaufen, die sich Stadt, Land und Bund eine halbe Milliarde Euro kosten ließen. Die Bauarbeiten hatten gerade erst begonnen, und schon waren sich alle Kölner einig, dass man es doch besser gelassen hätte. »Was hätte man von dem Geld in dieser Stadt doch alles bezahlen können?«, pflegte Iris Remmer in der Regel bei ihren gemeinsamen Autofahrten durch die Großbaustelle zu fragen. Eine Antwort erwartete sie nicht.

Als die beiden sich durch den Verkehr am Chlodwigplatz gequält hatten und in die Bonner Straße eingebogen waren, blockierte bereits ein mächtiger Menschenauflauf Fahrbahn und Bürgersteig. Das rot-weiße Absperrband der Polizei war am Bauzaun befestigt und flatterte um die ebenfalls rot-weiß gestreiften Fahrbahnmarkierungen, die den Verkehr über eine enge Fahrspur an Baufahrzeugen, einem kleinen Bagger und einem riesigen Stapel Stahlrammen vorbeilotsten. Ein Bus der Kölner Verkehrs-Betriebe bahnte sich den Weg durch die Menschenmenge Richtung Severinstorburg. Das Wahrzeichen der Kölner Südstadt wurde verdeckt von einem großen gelben Silo. Eines der schönsten Fleckchen der Kölner Innenstadt war in einem lauten, stinkenden und hässlichen Chaos versunken.

Sie wendete über die durchgezogene Linie, die die Fahrspuren trennte, hupte dreimal und fuhr schnurgerade auf die Schaulustigen zu. Die Menschen machten nur widerwillig Platz. Remmer parkte unterm Absperrband.

»Hier darf man nicht stehen«, meinte ein älterer Mann aus der Menge rufen zu müssen.

»Genau!«, rief Remmer. »Machen Sie, dass Sie wegkommen. Hier gibt's nichts zu sehen.«

Das war zweifellos untertrieben, denn im Kofferraum eines alten Citroëns, der da die Baustellenausfahrt zuparkte, lag ein toter Mann. Das Auto ohne Nummernschild war zwischen Bauzaun, Fahrbahnmarkierungen und einem großen Baustellenschild abgestellt worden. Auf dem Schild standen die Namen der Firmen, die einen Teil des Millionen-Kuchens abbekommen hatten.

Remmer schob den Kollegen der Schutzpolizei zur Seite, der regungslos in den Kofferraum starrte. Die Spurensicherung war schon da und untersuchte das Innere des Wagens.

»Das sieht schlimm aus«, murmelte ein Schutzpolizist.

In dem Kofferraum lag wie zusammengekauert ein Mann mit weit aufgerissenen Augen. Eine blutleere Mumie, die Arme und Beine wie ein schlafendes Kleinkind angewinkelt. Remmer ging in die Hocke, um dem Toten in die leeren Augen zu sehen.

Sie kämpfte gegen dieses immer gleiche Unwohlsein, das sie auch nach über fünfundzwanzig Jahren in diesem Job immer noch empfand, wenn sie eine Leiche inspizierten. Sie war ein bisschen stolz darauf.

»So sieht keiner aus, der sich gegen seinen Tod wehrt. Dreht ihn mal um.«

Zwei Polizisten griffen unter den Leichnam und drehten ihn langsam trotz des beengten Raumes auf den Rücken. Die Leichenstarre war lange eingetreten, sodass der Tote nun in einer aberwitzigen Haltung vor ihnen lag. Gröber hatte sich Handschuhe angezogen, beugte sich in den Kofferraum und fasste vorsichtig mit beiden Händen den Kopf des Toten, um ihn leicht anzuheben. Der Mann hatte eine faustdicke Wunde im Hals. Es sah aus, als hätte ihm jemand ein Stück Fleisch aus dem Hals geschnitten.

»Hat jemand eine Ahnung, wer das ist?«, fragte Remmer, ohne eine Antwort zu bekommen.

Der Tote trug keine Jacke, in der man irgendwelche Ausweispapiere hätte finden können. Er war mit einer Jeans und einem weißen T-Shirt bekleidet, etwas luftig für die Temperaturen, die zurzeit herrschten.

»Das Auto ist völlig leer. Keine Papiere, keine Hinweise. Nichts«, sagte Thomas Berger von der Spurensicherung. »Lasst es uns abschleppen und den Rest bei uns in der Halle machen.«

»Okay«, grummelte Remmer. »Wer hat den Toten gefunden?«

Der Schutzpolizist zeigte auf einen Bauarbeiter, der hinter dem Zaun wartete.

»Er sagt, er habe den Bagger wegfahren müssen. Weil der Citroën im Weg stand, hat er sich den Wagen angesehen und bemerkt, dass er keine Nummernschilder hat. Er hat probiert, ob sich ein Schloss öffnen lässt. Die Türen waren zu, aber der Kofferraum nicht. Wollen Sie mit ihm sprechen?«

Remmer schüttelte den Kopf. »Heute nicht mehr.«

Sie ließ Gröber und die anderen Kollegen allein am Fundort und ging auf die andere Straßenseite. Ein Optiker hatte sein ganzes Schaufenster voll Stroh gekippt, um anschließend Brillen auf dem Heu zu drapieren.

Sehr originell, dachte sie.

Schaufenster gucken war für sie nicht nur Entspannung und Ablenkung. So konnte man etwas über die Welt lernen. Wer aufmerksam durch die Einkaufsstraßen geht, bekommt ein Gespür für Trends und Stimmungen.

Der Beginn der Bonner Straße präsentierte aus ihrer Sicht ein für die Stadt sehr ungewöhnliches Einzelhandelsangebot. Die Brillen auf Stroh befanden sich neben dem Schaufenster eines Tapetengeschäfts. Die Auslagen sahen aus, als wenn der Besitzer schon seit hundert Jahren erfolgreich gegen die Baumarkt-Konkurrenz kämpfen würde.

Im Schaufenster spiegelte sich Gröber, der sich einen Weg über die Straße suchte. Der Autoverkehr kroch nur noch zentimeterweise und hupend vorwärts. Vergilbte bunte Tapeten und hässliche Gardinen für die Südstadt.

»Erstaunlich, dass man da heute noch von leben kann.« Sie wies ihren Kollegen auf den Exoten des Kölner Einzelhandels hin, als er endlich neben ihr stand. Der Laden war nicht das Einzige in diesem Viertel der Stadt, das wenig mit den mondänen Einkaufsmeilen in der City gemein hatte. Hier schienen die Uhren noch anders zu ticken, doch man konnte ahnen, dass sich das Gesicht des Viertels schon bald verändern würde. Wie ein gefräßiges Monster würde sich bald der Schildbohrer für die U-Bahn-Trasse den Weg durch die alten Straßenzüge bahnen und manch altes Geschäft verschlingen, dem im ohrenbetäubenden Baulärm hinter hohen Bauzäunen die letzten Kunden verloren gehen würden.

Von der anderen Straßenseite hatten sie einen guten Blick auf den Parkplatz des Citroëns. An den Supermarkt schlossen sich ein Schuhgeschäft und ein Schreibwarengeschäft an. »Büro-Zeichenbedarf« und »Büro-Maschinen« stand in blauen Lettern auf weißem Grund an der furchtbar hässlichen, gelb getünchten Nachkriegsbausünde, die in der Nachbarschaft der großartigen alten Stadthaus-Fassaden gleich ins Auge fiel.

»Was zum Teufel sind Büro-Maschinen?«, wunderte sich Remmer. »Und wenn ich's wüsste: Warum sollte ich die hier kaufen?«

Sie betraten den kleinen türkischen Lebensmittelladen zwischen Tapetengeschäft und Frisör. Die Hauptkommissarin suchte nach Obst als Abendessenersatz. Der türkische Verkäufer stand mit einer kleinen Tüte zum Einpacken bereit.

»Haben Sie was gesehen?«, versuchte Gröber mit einer Frage an den Verkäufer die Zeit sinnvoll zu überbrücken, die Remmer für den Kauf von ein paar Äpfeln und Birnen brauchte, und zeigte auf die andere Straßenseite. »Irgendwas Auffälliges? Einen Mann, der vor der Baustellenausfahrt einparkt, zum Beispiel?«

Der Verkäufer schüttelte mit dem Kopf, während ihm Remmer das Obst zum Verpacken reichte.

»Wir könnten auch was Richtiges essen gehen«, schlug Gröber vor, als sie den Laden verließen. »Einen Döner oder so was.«

Iris Remmer hätte ihrem Kollegen gern beigebracht, wie schön ein gutes Essen in einem gepflegten Lokal, in dem man sich sogar hinsetzen durfte, sein könnte. Aber sie hatte das dumpfe Gefühl, dass sich die Mühe nicht lohnte.

»Ich habe keine Lust«, sagte sie nur. »Ich fahre dich nach Hause.«

Der hungrige Gröber protestierte leise, als sie in den Wagen einstiegen. Remmer setzte zurück und bahnte sich ähnlich rücksichtslos, wie sie gekommen war, den Weg durch die Menge der Schaulustigen, die auch, nachdem der Tote längst im Zinksarg lag, immer noch auf den alten Citroën glotzten. Heute Abend konnten die beiden Polizisten nicht mehr viel tun.

»Ist ein Scheiß-Feierabend«, fluchte Gröber, während er zum Funkgerät griff, um die Leitstelle zu bitten, nach Anzeigen über verschwundene Citroëns zu suchen. Außerdem sollten die Kollegen die Vermisstenanzeigen durchsehen: »Ein Mann, vermutlich Deutscher, Ende dreißig, schwarze Haare, graue Schläfen, etwa 1,85 groß und ein Loch im Hals, schaut mal nach, ob ihr was im Computer habt.«

»Bekommen wir das Foto des Toten noch in die Zeitungen?«, fragte Remmer.

»Ist schon veranlasst. Die Pressestelle kümmert sich drum«, antwortete der Kollege in der Leitstelle.

✳

Lauf, mein Lieber, lauf. Du bist stark, du bist groß, du bist schnell. Ingo Gassmann feuerte sich selbst an, das Tempo ein bisschen anzuziehen. Er war in großartiger Verfassung. Die Schritte flüssig, nicht zu groß, das Kinn hoch, die Luft zerschneidend, die Augen geradeaus, Oberkörper aufrecht, nur leicht geneigt, die Schultern entspannt und ruhig, das Becken leicht nach vorne gekippt. Die ideale Linie, der ultimative Tanz auf den Zehenspitzen.

Die Arme, nicht der Oberkörper, schwangen mit, zügig und parallel zum Körper. Sie pumpten die Kraft in den Körper, die Ellebogen im rechten Winkel, die Hände locker. Jeder Moment seiner Bewegung eine Vorlage für die Studie eines nach Perfektion suchenden Bildhauers. Er bog in die Kleingartenkolonie ein.

»Hier, ihr schlaffen Säcke zwischen Tomaten und Stangengurken, seht her«, rief er so laut, dass ihn die Kleingärtner hören konnten. »Was macht ihr mit eurem kleinen Leben?«

Er fühlte sich gut, wie lange nicht. Er begann zu schweben, vorbei an Gartenzwergen und kleinen Gewächshäuschen. Ein Wohlgefühl, das Flügel verlieh. Er gewann Abstand, ein kleines

16

bisschen Abstand zwischen dem vorantreibenden Körper und der Welt, von der er abhob. Indem sich sein Blick auf ein Paar Füße verengte, eine Baumreihe oder einen markanten Punkt in der Ferne, weitete er sich gleichzeitig.

Wenn er lang genug unterwegs war, wurde das Denken assoziativer. Ihm kamen Einfälle, ganz plötzlich ohne Mühe, überraschende Sichtweisen auf das große Ganze. Weil Blut- und Sauerstoffzufuhr zunahmen, wuchs die Aufnahmefähigkeit. Der Kopf wurde klar. Unterstützt vom Gleichmaß der Bewegung.

Während andere die Grillkohle vorbereiteten oder ihr akkurat in den Rasen gefrästes Blumenbeet begossen, fand er die Entspannung bei seinen Läufen durch die Stadt.

Es war ihm ein Rätsel, wie die Menschen, an denen er vorbeilief, jeden Morgen aufstehen und den immer gleichen Tag beginnen konnten. Woher holt man die Kraft, das erneut zu tun, was man gestern, vorgestern und an unzählbar vielen Tagen zuvor bereits getan hat? All die Dinge, die man versucht, besser zu machen, um sie endlich besser ertragen zu können. All diese dumpfen, sinnlosen Unternehmungen, all diese dämlichen guten Vorsätze, die doch nicht dabei helfen, aus dieser niederschmetternden Ohnmacht herauszukommen.

»Er hat sich bemüht«, würde es in den Zeugnissen dieser Schrebergärtner heißen.

Und in meinem?, fragte er sich. Ja, ich bemühe mich. Jeden Tag bemühe ich mich. Verdrängen, neu anfangen, wieder scheitern, überlegen, verdrängen, neu anfangen, wieder scheitern … Dieses »Sichbemühen«, ohne dass es wirklich zu etwas führte. Bestenfalls war es dazu gut, genau das zu erkennen. Schicksal, du bist unbezwingbar. Du wirfst mich jeden Morgen wieder aufs Neue in den Dreck, lässt mich aufstehen, vergessen, neu anfangen, wieder scheitern …

Vielleicht wurde alles so deutlich, weil er dieser magischen Vierzig so nah war, diesem endgültigen Ende der Zeit, in der man Neues beginnt. Mit vierzig Jahren begann der Lebensrest, in dem man nur noch die Wiederholungen ertragen sollte. Kein Vorrat mehr an Über- und Wagemut. Nichts mehr da an Leichtsinn.

Stattdessen näherte er sich immer mehr den Gewissheiten des Lebens, der Wahrheit. Der letzte Tanz wird zum Todeskampf. Die Wahrheit ist der Tod. Wer das nicht ertragen kann, muss sterben. Doch wer kann das schon.

Da hält man lieber fest an diesen Nichtigkeiten, den Gartenzwergen und Stangenbohnen, den Grillwürsten und Fußballabenden, dem Lebensglück auf zweihundert Quadratmetern Kleingarten.

Weil auch er lange zu denen gehörte, die den Tod als schreckliches Ende fürchteten, hatte er sich angelogen. Hier eine kleine Notlüge, da eine Ersatzbefriedigung, mal eine Flucht auf Zeit, die zur Perfektion gebrachte Kunst des Verdrängens.

Das war das Schöne am Laufen: Er brauchte keine Stunde, und von all diesen kleinen und großen Lügen und Ausflüchten blieb eine einzige gleichmäßige Körperbewegung, mit der er diese elende Bedürftigkeit, diese Ausweglosigkeit loswerden konnte. Zumindest für eine kurze Zeit des Tages konnte er alles hinter sich lassen. Ein bisschen Seelenfrieden vor dem Schlafengehen.

Verdrängen, neu anfangen …

Als er aus der Kleingartenkolonie in die Grünanlage abbog, holte ihn ein wunderbarer Gedanke ein. Nackt müsste man diese Runde mal laufen. Er stellte sich vor, wie sein Schwanz zwischen den Beinen schlackerte, während den Kleingärtnern vor Entsetzen Rechen oder Würstchenwender aus der Hand fallen würden. Irgendwann müsste er sich das mal trauen. Ein Mal. So zu laufen wie die alten Griechen. Das musste schließlich einen Grund gehabt haben, warum die ohne Hose durch das Stadion gerannt waren. Das Gefühl von Freiheit, das er sich hier zwischen Neuehrenfeld und Bilderstöckchen erlief, würde vollkommen, wenn er es einmal nackt erleben könnte.

*

Bernd Gröber ließ die Tür hinter sich ins Schloss fallen, stellte die Plastiktüte mit zwei Litern Milch und Eiern in die Ecke und schmiss seinen Mantel auf den Haufen mit Jacken und Pullovern unter dem herausgerissenen Dübel, in dem bis vor zehn Tagen ein Garderobenhaken festgeschraubt gewesen war. Der lag jetzt irgendwo unter diesem Kleiderhaufen im Flur der Altbauwohnung, aus der man so viel machen könnte, wenn man nur wollte. Das zu wissen, reichte ihm. Der Elan, endlich mal mit frischer Farbe und ein paar Investitionen in neue Möbel gestalterisch tätig zu werden, war ihm schon nach den drei Tagen des Einräumens und Sortierens seines alten Krams abhanden gekommen, als er vor anderthalb Jahren hier eingezogen war. Er hätte nicht sagen können, ob ihm das Chaos gefiel, in dem er hier lebte. Und wenn er mal wieder an einem der seltenen Abende, an denen sich jemand für einen Besuch angemeldet hatte, all seine Klamotten, die in den drei Zimmern dieser Wohnung herumflogen, auf sein Bett geschaufelt hatte, damit der Besuch keinen allzu schlechten Eindruck von ihm bekam, nahm er sich vor, an dieser Wohnsituation etwas zu ändern. Doch wofür? Oder besser: für wen?

Gröber zog sich die Schuhe aus und trat sie gegen die Kommode neben die drei anderen Paare. Jeden Abend der gleiche Gang: Vom Flur ging's zum Kühlschrank, um ein paar Einkäufe einzuräumen und sich eine Flasche Kölsch herauszuholen, mit der er sich dann auf das große Sofa in seinem Wohnzimmer schmiss. Dort saß er dann eine ganze Stunde, ohne irgendetwas zu tun, und dachte nur darüber nach, was er denn nun mit dem angefangenen Abend anfangen sollte. Er hatte sich in seiner Einsamkeit häuslich eingerichtet, konnte das Elend, das ihn regelmäßig ob dieser Einsamkeit überkam, regelrecht inszenieren. Meist trank er dann zu viel.

Die besseren der langen Abende verbrachte er in seiner Kneipe auf der Ecke, wo er dem »rasanten Verfall der Kölner Eckkneipenkultur« zusah, wie er gelegentlich nach zehn bis fünfzehn Bier ein kleines Referat für ein feines, ausgewähltes Publikum am Tresen nannte. Der Vortrag begann mit dem Rückblick auf die Zeit, als er hier eingezogen war und jeden Abend noch ein Dutzend Menschen zumeist höheren Alters in der Wirtschaft zählen konnte. Ab und zu kamen ein paar Zugezogene und spielten Billard an dem gut gepflegten Tisch, der unter zwei schummerigen

Lampen mit Fransenschirm aufgebaut war. Man sprach über dies und das, Politik, Fußball, selten über Frauen, häufiger über die Aspekte des Lebens, in denen Ehefrauen keine Rolle spielten. Dann schwadronierte man herum, spekulierte, lachte und wusste doch wenig. Er hielt sich zurück, hätte er doch mit einer Bemerkung wie »Seid froh, dass ihr eine habt« an solchen Abenden mehr Gespött als Verständnis auf sich gezogen.

Im Laufe der letzten Monate waren es immer weniger geworden, die sich am Tresen trafen. Einer, nach dessen Namen er nie gefragt hatte, war gestorben, ein anderer, so hieß es, sehr krank geworden. Andere kamen seltener, nachdem der Wirt den Kölschpreis erhöht hatte.

»Leute, ich kann nicht mehr.« So hatte er stöhnend die Preiserhöhung begründet und alle ahnen lassen, was Gröber den letzten Gästen seiner Kneipe mit dem Ton eines Predigers voraussagte, der auf der Schildergasse die Menschen vor der kommenden Apokalypse warnte. Auch diese Eckkneipe werde über kurz oder lang ein schicker Trendladen mit so genanten Lounges, in denen Kinder in Sperrmüllmöbeln herumlungern, denen die Hosen so weit unterm Beckenknochen hängen, dass man Arschgeweihe und Poritzen bewundern kann, wenn sie sich nach ihrem heruntergefallenen Handy bücken. Dazu würde es Flaschenbier geben, schlecht gemixte Cocktails, aber immerhin gute Musik von einem Diskjockey. Das wäre noch die bessere Perspektive für seine Eckkneipe. Im schlimmsten Fall, dozierte er, würden in das schöne, alte, kölsche Nachbarschafts-Wohnzimmer wie an vielen anderen Stellen in der Stadt auch Imbissläden oder andere systemgastronomische Geschmacksverirrungen einziehen.

Er räkelte sich auf dem Sofa, trank sein Bier und entwickelte Ideen für seine Geburtstagsparty. Man müsste etwas ganz Besonderes tun. Mit einem Paukenschlag sein Leben ändern. Das könnte amüsant werden. Seine Energie endlich mal auf die wirklich wesentlichen Dinge des Lebens richten und nicht mehr mit Unwichtigem vergeuden. Wie viel Zeit verplemperte er mit Gedanken an Kleinigkeiten wie darauf zu achten, dass nichts Übriggelassenes im Kühlschrank verschimmelte, dass alle Rechnungen gezahlt wurden, die Preise von Haftpflichtversicherungen zu vergleichen oder einen Garderobenhaken wieder festzudübeln?

Johannes Oehlen fiel ihm ein, der alte Schulfreund, der mit Herzinfarkt am Kaffeetisch zusammengebrochen und nie wieder aufgestanden war. Das Bild des Toten im Kofferraum schoss ihm durch den Kopf. Der dürfte nicht viel älter gewesen sein. Was, wenn von jetzt auf gleich alles vorbei war? Wenn er noch ein paar Sekunden Zeit hätte, um darüber nachzudenken, was er in all diesen vergeudeten Lebensjahren mit sich angefangen hatte? Mit welchem beschissenen Gefühl würde er dann abtreten von dieser Welt?

Doch was sollte man ändern, wenn man noch nicht einmal eine Frau hatte, die man verlassen könnte? In jedem Fall müsste man die große Veränderung mit irgendwas ganz Verrücktem einleiten, auch um sich selbst den Weg zurück in den Alltagstrott eines Polizeibeamten zu versperren. Ihm fiel nichts Richtiges ein. Würde der Polizeipräsident kommen, wenn er ihn einlud? Dann könnte er ihn während einer großen Geburtstagsparty zu seinem Vierzigsten vor den Augen aller Gäste für seine Vorliebe beschimpfen, möglichst viele Autofahrer von möglichst allen Polizisten dieser Stadt nach ihren Papieren fragen zu lassen, ihn anschließend zu verprügeln und dann selbst aus dem Fenster zu springen. Das Beste war, dass sich sein Chef immer neue wundersame Namen für den verordneten Aktionismus einfallen ließ: Wintercheck, Frühlingszauber, Sommerbrise … Dafür hätte er auch noch einen kräftigen Tritt verdient.

Keine besonders pfiffige Idee. Und außerdem: Trotz des ganzen Selbstmitleids, zum Abtreten fand er sich doch noch zu jung.

Vorläufig entschied er sich erst einmal dazu, den Fernseher auszulassen und noch einmal aufzustehen. Er wollte etwas Gutes tun und sich dafür engagieren, dass sich sein Wirt weiter selbst ernähren konnte. Dazu musste er ihm nur ein paar Bier und eine der selbst gemachten Frikadellen, die unter einer Plastik-Kuchenhaube dem Ende des Tages entgegenschwitzten, abkaufen. So einfach konnte das Leben sein. Über dessen tieferen Sinn wollte er am Tresen weiter nachdenken.

Anderthalb Stunden und zehn Bier später, also ungefähr zu dem Zeitpunkt, wo man sich fühlt, als säße man mitten in einer riesigen Schaumkrone, durch die alle Neben- und Hintergrundgeräusche einer Kneipe nur noch aus der Ferne wahrnehmbar sind, sortierte er seine Gedanken so, dass man aus ihnen praktische Handlungsanweisungen ableiten konnte. Er wusste, was ihn nervte: diese andauernde Trägheit, dieses immer Gleiche und diese Kraftlosigkeit, die verhinderte, sich gegen das Immergleiche aufzulehnen.

»Man muss sich Ziele setzen«, flüsterte er seiner Kölschstange zu. »Und dann konsequent darauf hinarbeiten. Wie ein Marathonläufer.«

Er merkte, dass er sich diesem folgenreichen Point of no Return näherte. Noch ein, zwei Biere, und es würde um ihn geschehen sein. Dann würde er hier versacken, bis der Wirt ihn vor die Tür setzen würde. Er würde sich fürchterlich ärgern, weil er wieder den Arsch nicht hochbekommen hatte und zu Hause ein fetter Kater auf ihn wartete, der ihm das Leben morgen im Büro zur Hölle machen würde. Also schnell noch die Phase der Kreativität nutzen. Pläne machen für die nächsten Tage, Jahre, den Rest seines Lebens. Er liebte diesen einzigartigen Moment, den man nur spätabends an einem Kneipentresen erleben konnte. Immer wieder nahm er sich vor, ein kleines Schreibheft und einen Kuli mit in die Kneipe zu nehmen, um aufzuschreiben, was ihm durch den Kopf ging. Es war einfach jammerschade, immer alles zu vergessen.

Fast so schade, wie durch einen heftigen Schlag zwischen die Schulterblätter von der Suche nach dem Sinn des Lebens wieder in den tristen Alltag zurückgeholt zu werden.

»Hallo, Bernd, was läuft?«, drang es aus der Ferne zu ihm. Hinter ihm stand der griese Rainer, sein sechsunddreißigjähriger Nachbar mit den mittlerweile fast völlig weißen Haaren. Gröber schickte seine Gegenfrage »Was willst du, Rainer?« auf die lange Reise durch die ihn umgebende dicke Schaumkrone. Seine Stimme kam ihm so leise vor wie alles, was er um sich herum hörte.

»Kein Grund, mich anzubrüllen«, meinte der griese Rainer. »Sonst hole ich die Polizei.«

Er lachte gern über seine eigenen Witze und waren sie auch noch so schlecht. Gröber mochte ihn trotz der Witze. Er hatte ihm sogar schon einmal das Leben gerettet. Damals, als sich Rainer sternhagelvoll im Klo eingeschlossen und seinen Kopf immer wieder mit aller Gewalt gegen den Spiegel überm Waschbecken geknallt hatte, weil ihn seine damalige Flamme wegen eines anderen verlassen hatte. Gröber, nicht minder alkoholisiert, hatte die Klotür eingetreten und den blutüberströmten Kopf seines Nachbarn aus den spitzen Scherben des Spiegels gezogen, der zersprungen von der Wand baumelte.

Rainer bestellte zwei Bier und setzte sich neben ihn an den Tresen.

»Ich habe keine Zeit«, versuchte Gröber dem gut gelaunten Mann klar zu machen, der ihn verständnislos ansah.

»Mir scheint, als hätte ich ein paar Bier aufzuholen, mein Freund«, sagte Rainer und kippte gleich beide Kölsch auf ex.

Gröber ignorierte ihn.

»Gib mir mal einen Stift, bitte«, rief er seinem Wirt zu, der ihm wortlos einen Bleistift neben sein Glas legte.

»Aufstehen. Kämpfen«, schrieb er die Notiz gegen das Vergessen auf den Bierdeckel. Aber wogegen? Seinen Chef, die Ausbeutung Afrikas, die Sparmaßnahmen in der Jugendpolitik, den Alltagstrott? »Genau. Gegen die Trägheit.«

Was Gröber am meisten am Älterwerden hasste, war der unaufhaltsame Verfall. Er erinnerte sich an seinen letzten Urlaub in Griechenland vor über zwei Jahren, als er beschlossen hatte, sich nicht mehr in einer Badehose an einen Swimmigpool zu legen. An herrlich klarem Wasser inmitten von wunderschöner Natur mit zirpenden Grillen und zwitschernden Vögeln, während das Mädchen hinter der Bar die Eiswürfel in den Mixer fallen ließ, um den Cocktail auf eine der angenehm lähmenden Hitze des Urlaubslandes angemessene Temperatur zu kühlen, war ihm klar geworden, dass er trotz aller Bemühungen nicht mehr schön war. Der Körper passte nicht mehr in die griechische Landschaft. Die

Mitreisenden gleichen Alters duschten ihre Körperfalten und Speckwürste, die sie noch nicht hatten, als sie das Land früher mit dem Rucksack bereist hatten. »Vieles hat sich verändert. Ist ganz schön touristisch geworden hier!« »Genau.« Doch für die größte Veränderung hatten die Urlauber selbst gesorgt, deren unförmige Körper, auf denen Haare wuchsen, wo sie nicht wachsen sollten, und Haare ausfielen, wo sie bleiben sollten, im Pool planschten. Gröber konnte sich an die Gesichter der Einheimischen erinnern, denen er glaubte ansehen zu können, wie sie über die unglaubliche Wasserverdrängung dieser Körper staunten. Wohl dem, der sein Alter ignorieren konnte. Wer es wie er nicht mehr konnte, musste angesichts des Kontrastes zwischen sich und der Schönheit seiner Umgebung verzweifeln. Gröber hatte sich damals ein Hemd und Shorts angezogen, drei Cocktails getrunken und sich fest vorgenommen, sich nie mehr in einen Liegestuhl zu legen – und wenn, nur angezogen.

Er wusste, dass da nicht mehr viel zu machen war, und doch war er sich ebenso sicher, etwas gegen die Trägheit tun zu müssen, die ihn langsam, aber sicher in Beschlag zu nehmen drohte.

Er drehte den Bierdeckel zwischen den Fingern. »Bewegung ist nötig. Ich muss mich mal ein bisschen bewegen«, sagte er sich und fasste einen Entschluss: »Ich gehe laufen. Ich kann noch was.«

Er kramte sein Handy aus der Tasche und wählte Remmers Nummer, während Rainer sein drittes und viertes Bier bestellte.

»Was willst du um elf Uhr nachts?«, blökte Remmer ihn an, bevor er irgendwas gesagt hatte.

»Geht's dir gut?«, fragte er gut gelaunt zurück. »Was machst du?«

»Ich sitze mit einem Glas Chardonnay an meinem Küchentisch und freue mich auf mein Bett.«

Im Hintergrund hörte er eine Männerstimme. Der fremde Mann nannte sie »Chérie«, was Gröber mehr als befremdlich fand. Nichts passte weniger zu seiner Chefin.

»Biste besoffen oder was?«, fragte sie, bevor ihm eine Bemerkung zu Chardonnay, Küchentisch und Bett einfiel. »Was willst du?«

Gröber nahm seinen Bierdeckel, um sich zu erinnern.

»Ich möchte morgen früh eine Überstunde abfeiern.«

»Was?«

»Ich möchte morgen eine Stunde später kommen.«

»Weißt du jetzt schon, dass es so schlimm wird mit deinem Kater?«

»Nein. Ich bin stocknüchtern und werde vor dir im Bett liegen, blöde Kuh.«

Rainer starrte ihn mit großen Augen an.

»Wir haben einen Mordfall aufzuklären. Da kann man keine Überstunden abfeiern.«

»Eine. Bitte.«

»Na gut. Eine.«

Gröber steckte das Handy ein, zählte die Striche auf seinem Deckel und kramte fünfzehn Euro aus der Tasche.

»Du kannst doch jetzt noch nicht gehen«, entrüstete sich sein Nachbar. »Lass uns deinen Fall aufklären.«

Gröber rutschte von seinem Barhocker, zog die Jacke über und gab Rainer den Schlag zurück, mit dem ihn dieser vorm Versacken bewahrt hatte.

»Morgen wieder«, verabschiedete er sich.

*

Iris Remmer schob ihren Teller in die Mitte des Tisches.

»Ich kann nicht mehr«, schnaufte sie.

»Was wollte dein Kollege?«, fragte Schmallenberg. Der Pathologe schob sich das letzte Stück seines siebten Reibekuchens mit frischem Tatar in den Mund.

»Er feiert morgen eine Überstunde ab.«

Sie goss sich ein weiteres Glas Wein ein und ließ den Blick über das Chaos in ihrer Küche schweifen, das jedes Mal entstand, wenn sie für besondere Gäste ihre Spezialität zubereitete. Vier Pfannen waren nötig und gleichzeitig im Einsatz, um die Remmer'sche Reibekuchenschlacht zu schlagen. Reibekuchen müssen heiß gegessen werden. Wenn sie kalt werden, sind sie nicht mehr knusprig. Deshalb wurden gleich ein Dutzend Häufchen der köstlichen mit Gewürzen, Petersilie, Zwiebeln und Eiern vermischten Kartoffelmasse gleichzeitig in Pflanzenöl knusprig ausgebacken. Anschließend schmiss sie die Reibekuchen auf Küchenkrepp, das sie auf ihrer Anrichte ausgebreitet hatte, um sie zu entfetten. Ihre Rievkooche waren schon solo ein Genuss, doch sie verstand es, sie mit allerlei Zugaben zum Gedicht zu vollenden. Kompott, Lachs, Schweinegeschnetzeltes – alles passte zu Iris Remmers Reibekuchen. Heute hatte sie sich für Rinderlende entschieden, die sie selbst durch den Fleischwolf gedreht hatte, um frisches Tatar servieren zu können. Dabei verzichtete sie völlig auf die Gewürze. Ihre Gäste sollten selbst entscheiden, ob sie das Gehackte mit kleinen Zwiebelwürfeln, Senf, Tabasco oder schwarzem Pfeffer aus ihrer riesigen Pfeffermühle würzen wollten. Schmallenberg hatte alles probiert.

»Seltsamer Kollege, dein Gröber. Neigt zu spontanen Entschlüssen, oder?«, fragte er, ohne eine Antwort zu erwarten. Iris Remmer zog gleichgültig die Schultern hoch, während sie sich ihre Finger an einer Papierserviette abwischte.

»Er leidet unter seinem Alter.«

Sie streckte die Beine aus und suchte mit dem rechten Fuß sein Schienbein.

»Ach. Wie alt ist er denn, der Gröber?«

»Er wird vierzig und ist darüber sehr verzweifelt«, sagte sie lachend, während sie ihren Fuß sein Bein hochgleiten ließ.

»Der Arme.« Der Pathologe zeigte wenig Mitleid. »Da liegt noch ein Reibekuchen auf dem Teller. Das macht mir mehr Sorgen.«

»Lass ihn liegen. Zeit für den Nachtisch«, sagte sie. Ihr Fuß war an seinem Innenschenkel angekommen. Er prostete ihr zu.

»Es ist Zeit für eine ernste Frage, liebe Kollegin.«

Sie war sich nicht ganz sicher, wie ernst die Ankündigung gemeint war. Für einen Augenblick stellte sie ihre Bemühungen mit dem rechten Fuß ein. Wirklich ernst gemeinte Fragen nach Reibekuchen mit Tatar konnten private Probleme bedeuten. Und auf die hatte sie keinerlei Lust. Dass der Kollege aus der Pathologie tief Luft holte, bevor er die Frage stellte, machte ihr zusätzlich Sorgen.

»Was würdest du davon halten«, begann Schmallenberg vorsichtig, »ich meine, so ganz unverbindlich, du und ich, also von mir aus auch in getrennten Zimmern und so.« Er kam ein wenig ins Stocken. Er schien zu wissen, dass er nun bei Iris Remmer, einer glücklich Geschiedenen mit einem erwachsenen Sohn, schwieriges Terrain betrat. »Also, du kannst ja mal drüber nachdenken. Musst ja nicht gleich antworten.« Ihr Fuß stand wieder fest auf ihrem Küchenboden. »Ich wollte dich mal fragen, was du denn davon halten würdest, wenn wir zweimal zusammen in Urlaub fahren würden.«

Es war weniger schlimm, als sie befürchtet hatte. Schnell war ihr Fuß wieder an seinem Innenschenkel, um sich seinen weiteren Weg zu suchen. Sie fand die Idee amüsant. Warum sollte sie nicht mit dem Mann, mit dem sie nun seit einem Jahr gelegentlich ausging, den sie mit Reibekuchen bekochte und mit dem sie manche tolle Stunde im Bett oder auf anderen Möbelstücken verbracht hatte, in Urlaub fahren?

»Was hast du dir denn da so vorgestellt?«, fragte sie, während sie ihr Glas leerte. Sie müsste nicht lange nachdenken, wenn er nun das Richtige sagen würde. »Südafrika« zum Beispiel, oder »eine Fahrt in die Arktis«, zur Not auch »Wandern in Österreich«. In jedem Fall wollte sie einen konkreten Vorschlag hören, doch stattdessen sagte er:

»Keine Ahnung. Was du willst.«

Ohne es zu wissen, hatte Schmallenberg seine große Chance vertan, als erster Mann seit zehn Jahren an Remmers Seite in den Urlaub zu fahren. So konnte man die Hauptkommissarin nicht beeindrucken.

»Ich denk drüber nach«, sagte sie freundlich. Der Nachtisch war ihr wichtiger. »Gehen wir rüber?«

Der Pathologe griff nach der Flasche Wein, um sie als Wegzehrung mitzunehmen. Sie lockte ihn durch ihr Wohnzimmer, in dem alle Wände bis unter die Decke mit vollen Bücherregalen bestückt waren und in dem außer einem großen Ohrensessel nur ein altes Klavier stand, dem man den Klang, den es immer noch erzeugen konnte, nicht ansah, in ihr Schlafzimmer.

»Wann spielst du mir mal was vor?«, fragte er, wie jedes Mal in den letzten Monaten, wenn er ihr folgsam ins Schlafzimmer folgte. Auch diesmal bekam er keine Antwort. Remmer hatte noch nie jemandem etwas vorgespielt.

*

Er konnte nicht einschlafen. Sein Blick suchte nach irgendetwas, woran er in seinem durch die Straßenlaterne schwach erleuchteten Schlafzimmer hängen bleiben konnte. Ihm hatte sogar die Kraft gefehlt, seine Gardinen zuzuziehen. Die körperliche Schwäche, die er spürte, seitdem er sich auf sein Bett gelegt hatte, hatte sich mittlerweile in eine Art Schwerelosigkeit verwandelt. Er fühlte sich so leicht, dass es ihn nicht überrascht hätte, wenn sich sein Körper einige Zentimeter vom Bett erhoben hätte. Flugbettgeflüster. Indem er nach dem Bettlaken tastete, vergewisserte er sich, dass er immer noch den normalen Gesetzen der Schwerkraft unterworfen war. In der Ferne pulsierte das Leben. Er hörte junge Leute grölen, irgendwo fuhr eine Straßenbahn. Autos hupten, und aus einer Gaststätte ertönten immer dann Musikfetzen, wenn jemand die Eingangstür öffnete. Klangpuzzles.

Im schummerigen, unwirklichen Licht dieser Nacht entdeckte er eine Fliege, die an der gegenüberliegenden Wand rauf- und runterlief. Endlich hatte er etwas gefunden, an dem er hängen bleiben konnte. Insektenfreund.

»Weißt du, was du tust, Fliege?«, fragte er das Insekt. »Bist du glücklich mit dem, was du tust?«

Wie einfach konnte das Leben sein. Einfach herumkrabbeln, ab und zu etwas essen, ein bisschen herumfliegen. Da konnte man richtig neidisch werden. Er überlegte, wie es wäre, wenn man sein Leben nur noch auf das Nötigste reduzierte. Einfach im Bett liegen bleiben, ab und zu etwas essen, bei einem Bringdienst bestellen und nichts mehr sagen, außer den wenigen Worten, die nötig waren, um die Essensbestellung aufzugeben. Doch der

Mensch muss immerzu denken, sich mit Gedanken quälen, sinnierte er. Selbst wenn er sich hemmungslos betäuben würde, könnte er höchstens kurzfristig die Qualen lindern. Irgendwann würde der Kater kommen und ihn wieder zur Hölle schicken.

Es war überraschend einfach gewesen. Genauso, wie er es sich vorgestellt hatte. Vosskamp hatte sich genau wie er ins Schicksal ergeben. Ja, es war Schicksal. Es musste so kommen. Unausweichlich. Es schien fast, als wenn Vosskamp all die Jahre auf ihn gewartet hätte. Erlösungsphantasien. Wie ein Film liefen noch einmal die Szenen aus Vosskamps Wohnung an ihm vorbei. Er konnte sich nicht dagegen wehren.

»Hallo, mein Freund.« Mit knappen Worten hatte er Vosskamp begrüßt, worauf der ihn eine lange Minute sprachlos angesehen hatte, so als wenn er sich nur mit Mühe an ihn erinnern könnte. Dann hatte er genickt und ihn wortlos hereingebeten, sich auf sein schickes Sofa gesetzt und ihm einen Sitzplatz angeboten.

»Ich sehe, es geht dir gut«, hatte er gesagt.

Er stellte sich vor, wie Polizisten die Leiche im Kofferraum inspizierten und wie überrascht sie dreinschauen würden, wenn sie Vosskamps Wohnung durchsuchten. Polizistenüberraschung.

»Oh, diesmal werden sie richtig arbeiten müssen«, ließ er die Fliege an seiner Freude teilhaben. Er hatte ihnen etwas zum Nachdenken gegeben. Und noch bevor sie sich irgendetwas mit Sinn zusammengereimt hatten, würde er ihnen schon die nächste Aufgabe gestellt haben.

»Lass Blut in meinem Namen fließen. Stampf die Heiden nieder, sei auf ihnen, o Krieger, ich werde dir von ihrem Fleisch zu essen geben.« Er war überrascht darüber, die Verse immer noch auswendig zu können. Hat man sich einmal mit etwas sehr intensiv beschäftigen müssen, vergisst man es wohl nie. All den Mist hatte er gelesen auf der Suche nach Erklärungen.

»Wer trauert, gehört nicht zu uns«, brüllte er die Fliege an.

Für Vosskamp hatte er einen anderen Satz aus der Erinnerung hervorgekramt, um ihn ihm im Todeskampf ins Ohr zu flüstern: »Ich bin die Schlange, die Wissen und Wonne gibt und strahlenden Glanz.« Vosskamp hatte ihn mit großen Augen angestarrt und erfolglos versucht zu verhindern, dass seine Pupillen unter den zitternden Lidern verschwanden. Kurz vor seinem Tod war sein Atem schneller geworden. Es schien ihm, als hätte Vosskamp noch etwas sagen wollen, doch dazu hatte die Kraft nicht mehr gereicht. Während der ganzen Zeit, die er in dieser schicken Wohnung verbrachte, hatte Vosskamp nicht ein Wort mit ihm gesprochen.

Er griff nach dem Handtuch, das neben ihm auf dem Bett des kleinen Hotelzimmers lag.

»Es muss weitergehen, die Zeit ist knapp, das Pensum hart«, flüsterte er.

Können Fliegen gut hören? Können sie überhaupt hören? »Warum weiß ich so etwas nicht?« Er knüllte das Handtuch ohne hinzusehen zusammen, sodass er es wie einen Ball packen konnte.

»Es gibt kein Zurück mehr.«

Er ließ seinen Arm nach vorne schnellen und warf das Handtuch auf die gegenüberliegende Wand. Die Fliege fiel tot zu Boden. Er musste zurück ins ungeliebte Leben.

＊

Es war viel schneller gegangen, als Remmer geglaubt hatte. Schon auf dem Weg durch das allmorgendliche Verkehrschaos der Stadt ins Polizeipräsidium hatte die Leitstelle sie nach Neuehrenfeld umgeleitet. Das Bild in der Zeitung war von einer Nachbarin und zwei Arbeitskollegen identifiziert worden. Remmer hatte sich darüber gewundert, dass kein Familienangehöriger unter den Anrufern gewesen war.

Auch über den alten Citroën gab es schnell Klarheit: Er war vor zwei Tagen bei einem Gebrauchtwagenhändler gestohlen worden.

Als Remmer in der Eichendorffstraße in Neuehrenfeld ankam, war die Spurensicherung noch nicht da. Stattdessen hatte sich Gröber mitten auf die Straße gestellt. Wieder kein Parkplatz. Sie parkte ihr Auto hinter dem des Kollegen. Vor der Haustür stand ein Beamter, der sie in den dritten Stock führte.

»Es ist im Wohnzimmer«, sagte er mit belegter Stimme.

»Was ist im Wohnzimmer?«, fragte sie erstaunt.

»Das Blut«, stammelte der Kollege.

Über den langen Flur der schönen Altbauwohnung erreichten sie das Zimmer. Gröber stand in der Tür, so als wenn er zu viel Respekt gehabt hätte, den Raum zu betreten. Er begrüßte Remmer mit einem Nicken.

»Du wolltest doch eine Überstunde abfeiern?«, fragte sie spitz.

»Hab ich nicht vergessen. Mache ich gleich.«

»Gleich?«

»Eine Stunde.«

»Was hast du vor in dieser Stunde?«

Gröber ignorierte die Frage und zeigte auf das Kanapee in diesem stilvoll eingerichteten Zimmer mit herrlich hohen Stuckdecken.

»Hier hat er wohl gesessen, unser Toter.«

Das Sofa war komplett vom Blut des toten Mannes durchtränkt, so viel Blut, dass es durch das Sofa auf den Parkettboden gelaufen war.

»Eine Schlachtbank«, flüsterte Gröber.

Er erinnerte sich an das Gesicht, dem er gestern Abend in die Augen gesehen hatte.

»Der saß da in der Ecke seines Sofas und hat nicht verstanden, was mit ihm passierte, und hat ungläubig voller Entsetzen seinen Mörder angeglotzt«, spekulierte Remmer.

Fast synchron wanderte der Blick der Kriminalbeamten von dem Kanapee zur großen weißen bilderlosen Wand. Zwei rote Ziffern waren mit Sorgfalt auf die Wand gemalt worden, akkurat und exakt. Sie wirkten wie eine Dekoration, die zur Einrichtung dieses Zimmers gehörte. Zwei genau gleich große Einsen prangten hinter dem Sofa, auf dem der Tote gesessen haben musste, während er verblutete. Eine Elf.

Ohne etwas anzufassen, begannen die beiden die Wohnung in Augenschein zu nehmen. Außer ein paar Scherben auf dem Boden bemerkten sie nichts Auffälliges. Alle Räume waren sauber und aufgeräumt.

»Da siehst du mal, was man aus einer Wohnung so alles machen kann«, sagte Remmer und stieß dem Kollegen, der völlig in Gedanken versunken schien, in die Rippen. »Eine einladende, elegant eingerichtete Behausung, an der man sich jeden Abend erfreuen konnte, wenn man nach Hause kommt. Was meinst du? Das ist eine Wohnung, in der man auch mal gerne Besuch empfängt.«

Sie fand die Wohnung zu durchgestylt und viel zu sauber. Aber immerhin: Das war im Gegensatz zu Gröbers Behausung, in der sie bislang nur aus sicherer Entfernung vom Haustürrahmen aus einen Blick auf Umzugskartons werfen durfte, eine Wohnung, in der man sich nicht nur notgedrungen mangels Alternative aufhielt, sondern eine, in der es sich täglich durchaus mehrere Stunden leben ließ.

Gröber sagte nichts. Das war ein sicheres Zeichen dafür, dass er ihr Recht gab. Sie versuchte sich wieder auf den Grund ihres Besuchs zu konzentrieren und begann ein zweites Mal damit, alle Zimmer abzugehen. Irgendwas machte sie stutzig.

»Wie lange hat der Typ wohl in dem Kofferraum gelegen?«, fragte sie im Vorbeigehen.

Gröber wusste nicht, worauf sie hinaus wollte. »Schwer zu sagen. Vielleicht einen Tag.«

»Vorgestern Abend ermordet, gestern gefunden, und heute sind wir hier. Macht mindestens dreißig Stunden.« Remmer drehte eine Runde um ihren Kollegen. »Riechst du?«

»Was?«

»Stinkst du?«, fragte sie lächelnd.

Hatte ihn die Anspielung auf seine Wohnsituation offenbar noch ziemlich kalt gelassen, reagierte er jetzt deutlich genervt.

»Was willst du?«

Er schien nur langsam zu begreifen. Irgendwas stimmte hier nicht. In den immer noch starken Geruch nach Blut mischte sich schwach, aber deutlich bemerkbar der Gestank von Schweiß. Würde er vom Mörder oder von dem Toten stammen, müsste er in dieser Wohnung, in der alles darauf hindeutete, dass sie nicht nur regelmäßig geputzt, sondern auch ordnungsgemäß durchgelüftet wurde, nach dreißig Stunden längst verflogen sein. Gröber folgte Remmer durch die Wohnung.

»Jemand hat hier was gesucht«, murmelte sie. Es waren nur Kleinigkeiten, die die Ordnung störten, die ihnen jetzt auffielen. Einige Bücher schienen nicht am richtigen Platz zu stehen, eine Kiste mit alten Fotos lag geöffnet auf einem Stuhl im Schlafzimmer, ein Anzug war im Kleiderschrank vom Bügel gefallen. »Und es scheint noch nicht so lange her zu sein, dass er hier war.«

*

Remmer hatte ihn tatsächlich gehen lassen. Sie würde eine Stunde auf ihn verzichten können. Noch nie hatte er so viel Aufheben um eine blöde Stunde während der Dienstzeit gemacht. Doch diesmal ging es darum, Vorsätzen Taten folgen zu lassen. Gröber hatte seinen Wagen gleich in der Nähe des Blücherparks geparkt. Aus dem Kofferraum kramte er alte Laufschuhe und eine verschlissene Trainingshose.

Er wollte es wissen. Nicht dass er vorhatte, jetzt mit dem Laufen anzufangen und sich womöglich in den Kreis der Verrückten einzureihen, die sich nichts Spannenderes vorstellen konnten, als einmal im Leben den Köln-Marathon mitzulaufen. Doch die Tatsache, dass seit Tagen alle Zeitungen von den Marathonvorbereitungen berichteten, hatte ihn animiert, sich selbst zu testen. Gegen die Trägheit. Fünf Runden.

Er zog sich im Schutze der aufgeklappten Kofferraumtür Hose und Schuhe an, was ihm zur eigenen Überraschung recht zügig und ohne Zwischenfälle gelang.

Ein cooleres Hemd hätte ich mir einpacken können, dachte er, während er das ausgeleierte schwarze Shirt über seinem Bauch glatt strich. »Emancipation« stand mit orangefarbener Schrift auf der Brust, der Titel irgendeines Prince-Albums aus grauer Vorzeit. Er kam sich ein bisschen albern vor, als er die Straße überquerte. Doch zu laufen bedeutete eben auch Überwindung. Für ihn besonders viel Überwindung. Er konnte nicht einfach so loslaufen. Das war so, wie wenn man in ein kaltes Schwimmbecken springen will und schon vorher in jeder Faser seines Körpers spürt, wie es sich gleich anfühlen wird, wenn man in dieses ekelige kalte Wasser eintaucht. Er atmete ein paar Mal tief durch: Wenn seine Ausdauer schon nicht fürs Fitness-Studio reichte, wollte er sich wenigstens hier mal beweisen, dass er noch nicht zum alten Eisen gehörte. Eben nur zum Test.

Er zählte rückwärts, um sich zum Start zu zwingen. Bei der »Zwei« fiel ihm glücklicherweise noch gerade rechtzeitig ein, dass man sich vor dem Laufen ein wenig aufwärmen sollte. Also trabte er zur nächsten Parkbank, um dort seine Muskeln zu dehnen. Er musste sich an der Lehne festhalten, um nicht umzufallen, während er seine Fersen an die Pobacke zog. Und während er glaubte, dass sich seine Muskeln bei dieser unnatürlichen Bewegung regelrecht verhärteten, kamen ihm die ersten Zweifel. »Was für ein Schwachsinn.«

Weil ihm keine weiteren Dehnübungen einfielen, trabte er schließlich langsam los. »Geht doch«, munterte er sich auf, während er das ungewohnte Terrain mit polizeigeschultem Scharfblick musterte. Normale Fußgänger schien es in diesem Park nicht mehr zu geben. Nur Läufer, ein paar Leute mit Skistöcken und einige Hundebesitzer, die sich nicht um die Anleinpflicht scherten. Fälle fürs Ordnungsamt.

Er suchte sich in Gedanken einen Rhythmus aus dem aktuellen Moby-Album. Monoton setzte er Fuß vor Fuß und freute sich, dass er seine auf hundertfünfundachtzig Zentimeter Körpergröße ungleichmäßig verteilten hundert Kilo doch einigermaßen locker durch den Park tragen konnte – zumindest die ersten hundert Meter. Die Strecke bis zur ersten Abzweigung kam ihm schnell unendlich weit vor. Am etwa zweihundert Meter entfernten Horizont fuhr ein Kind Fahrrad. Er konnte sich nicht vorstellen, es in der nächsten halben Stunde erreichen zu können. Er summte vor sich hin, um sich abzulenken.

Das Kind rückte näher. Doch nur wenige Sekunden nachdem er erleichtert registriert hatte, dass er auch in der Lage war, weite Distanzen laufend überwinden zu können, versetzte ihm eine überaus attraktive junge Frau einen Tiefschlag: Sie überholte ihn –

und zwar in solch einem Tempo, dass er sie auch mit einem Zwischenspurt kaum eingeholt hätte. Gröber war bewusst gegen den Uhrzeigersinn gelaufen, um nicht zu häufig überholt zu werden. Doch nun sah er, der »Emanciaption« vor sich hertrug, dieses fremde schnelle Wesen in einem schicken Trikot des AC Mailand davonziehen. Er verdrängte das Gefühl, gerade gedemütigt worden zu sein, indem er sich überlegte, wie man wohl während des Laufakts Kontakt zum anderen Geschlecht aufnehmen könnte.

»Hallo, schöne Frau. Wie viele Runden laufen Sie noch? Wollen wir danach ein Glas Wasser im Biergarten am Kahnweiher trinken?« Schwer vorstellbar, zumal er schon jetzt das Gefühl hatte, in Kürze überhaupt nicht mehr sprechen zu können.

»Laufen macht den Kopf frei«, hatte ihm sein Kollege von der Sitte geraten. »Da kommst du auf andere Gedanken, einfache, klare Gedanken.« Nun suchte er nach diesen Gedanken, doch sie wollten sich nicht einstellen. Noch einmal die philosophische Schwerstarbeit, die sonst am Tresen geleistet wird, rekapitulieren – nachdenken über den Sinn des Lebens voll fremdbestimmter Arbeit? Das war ihm zu anstrengend. Stattdessen beneidete er die türkische Familie, an der er vorbeirannte, die lautstark und gestenreich eine Debatte über die Lage der Welt zu führen schien, an der er zurzeit nicht teilhaben durfte. Da lagen Leckereien auf einer Decke, standen Thermoskannen und Plastikschüsseln herum, in denen er selbst gemachte Spezialitäten vermutete.

Kurz darauf kniff es ihn zum ersten Mal in der linken Wade. Fünf Runden sind ganz schön viel, dachte er, während er das Ende der ersten in weiter Ferne vor sich sah.

Auf dem Spielplatz hing eine Gruppe Schulschwänzer herum. Warum sind die jungen Mädchen heute eigentlich fast alle so furchtbar dick? Der Gedanke lenkte ihn von den eigenen Pfunden ab, die lästig um ihn herumbaumelten und zunehmend schwerer wurden. Und warum tragen sie ihren dicken gepiercten Bauch mit bauchfreien Shirts durch die Innenstadt? Und überhaupt: Was sollte der Unsinn, sich Metall durch die Haut piksen zu lassen? Oder: Was erwartet eine Frau, die sich abends allein an einen Kneipentresen setzt? Und noch wichtiger: Was hatte er falsch gemacht, als er sich letztes Wochenende neben eine dieser Frauen gesetzt hatte?

Mit diesen existenziellen Fragen half er sich über die nächsten hundert Meter. Ja, er wusste es selbst: Er hatte seine Probleme mit dem anderen Geschlecht. Die Kontaktaufnahme war sein Hauptproblem, und er hatte den Eindruck, dass die mit zunehmendem Alter immer schwieriger wurde. Er hatte das Flirten verlernt. Dieses Reden über Belanglosigkeiten, dieses Komplimentemachen, dieses Reißen kleiner Witzchen.

Das Zwicken in der Wade wurde stärker. Bahnte sich da ein Krampf den Weg in die an der Parkbank auf diese Anstrengung doch eigentlich vorbereitete Muskulatur? Er biss die Zähne aufeinander und machte sich klar, dass sich hinter dem Schmerz natürlich nichts anderes verbarg als wachsende Muskeln. Eine Gruppe junger Läufer kam ihm entgegen, alle im selben Trikot, sich locker beim Laufen unterhaltend. Sie trainierten offensichtlich mit einem Sportlehrer für den Schulmarathon, eine Art Staffellauf im Rahmen des großen Marathons, auf den sich die Stadt vorbereitete. Die Jugendlichen mussten nicht die ganze Strecke allein laufen, sondern konnten sich die Distanz aufteilen. Als sie an ihm vorbeiliefen, würdigten sie ihn keines Blickes. Ein gutes Zeichen, wie er fand.

Und trotzdem drehte er am Rosengarten um. Die zweite Runde wurde ihm zu lang. Er freute sich, die Frau im Mailand-Trikot noch einmal von vorne zu sehen. Sie lächelte sogar, als sie ihm entgegenkam. Ihm kam der Gedanke, sie könnte sich über ihn lustig gemacht haben. Als er sein Auto erreichte, war er erleichtert. Anderthalb Runden waren nicht schlecht für den Anfang, fand er. Und noch wichtiger: Er hatte den Vorsatz von gestern Abend nicht vergessen. Und überhaupt: So schlecht ging es ihm doch gar nicht.

Er setzte sich keuchend und schwitzend ins Auto und wartete hinterm Steuer auf die Frau im Mailand-Trikot. Nach einer weiteren Viertelstunde gab er auf.

*

»Was haben wir?«, fragte Remmer, während sie in ihrer großen Kaffeetasse rührte. Bis zum Nachmittag hatte die routinierte Maschine des Polizeiapparates ihre Pflicht getan.

Gröber schloss den Bericht der Pathologen und dachte darüber nach, ob es Schmallenbergs Stimme gewesen war, die er bei seinem nächtlichen Anruf bei seiner Chefin »Chérie« hatte sagen hören. Das passte gar nicht zu dem sachlichen Mediziner. Er hätte sie gern danach gefragt.

»Drei Stiche, zwei in den Hals, einer in den Bauch. Der Mörder hat die Klinge gedreht, um tiefe Wunden zu schlagen. Als das Blut zu gerinnen drohte, muss er noch mal zugestoßen haben. Deshalb hat er das ganze Blut auf dem Sofa verloren.«

Gröber musste die Beine andauernd gestreckt halten, um keinen Krampf zu bekommen.

»Eine Stunde muss das gedauert haben, mehr nicht. Er wollte, dass der Mann verblutet. Dann hat ihn der Mörder irgendwie aus der Wohnung geschafft, drei Stockwerke die Treppe runtergeschleppt, ohne dass es ein Nachbar bemerkt und ohne dass er dabei auch nur einen Tropfen Blut im Treppenhaus verloren hat, und ihn dann mit einem geklauten Citroën zur Bonner Straße gefahren. Das ist alles.«

»Todeszeit?«

»Vorgestern, später Abend, so zwischen acht und zehn, schätzen die Jungs. Er hat etwa zwanzig Stunden in dem Kofferraum gelegen.«

Er zog die Fußspitzen an.

»Das Messer?«

»Irgendein Messer. Normale Größe, etwa fünfundzwanzig Zentimeter, spitz und scharf. Unser Mann hat es wieder mitgenommen.«

»Dazu keine Spuren in der Wohnung. Ein bisschen kaputtes Porzellan, nichts gestohlen. Keine Schreie, die jemand gehört hat. Also nichts.«

»Kein Hinweis darauf, dass jemand nach dem Mörder in der Wohnung war oder unser Mann noch mal zurückgekommen ist?«

Gröber beugte sich verkrampft über seinen Schreibtisch, um eine optimale Körperspannung zu erzwingen. Um die Schmerzen in den Beinen zu überspielen, schüttelte er demonstrativ den Kopf und ordnete ebenso beiläufig, wie er eben an seinen Achseln gerochen hatte, um die Folgen seines Trimm-dich-Anfalls zu prüfen, ein paar Bleistifte nach ihrer Größe. Er hatte keine Lust auf diesen immer wiederkehrenden gleichen Kram: Familie, Freunde, Liebesleben, Kontostand, endlose Verhöre in der Hoffnung, dass sich einer verquatschte. Die Perspektiven wurden noch unerfreulicher, weil sie mit Bewegungen verbunden waren.

»Ich will nicht«, murmelte er. »Ich hätte Urlaub nehmen sollen, so wie ich's vorgehabt habe.«

»Hast du aber nicht«, erwiderte Remmer. Sie zog sich die Schuhe an. »Es geht los.«

»Was machen wir zuerst?«

»Wir fahren zu seiner Mutter. Nimm mit, was wir haben. Lies es mir im Auto vor.«

Gröber nahm die dünne Akte der Spurensicherung und die paar Notizen der Kollegen, die die Nachbarn befragt hatten, brachte sich mühsam in Bewegung und schlich seiner Kollegin mit schmerzverzerrtem Gesicht zum Auto hinterher. Die Mutter des Toten wohnte in Porz-Langel, ein gutes Stück vom Polizeipräsidium entfernt. Zeit zum Aktenstudium.

»Also«, begann Gröber, während Remmer den Ford aus der Garage lenkte. »Der Tote heißt Frank Vosskamp. Neununddreißig Jahre alt, geboren in Köln, ledig, leitender Angestellter im Bankhaus Oppenheim. Keine Vorstrafen, keine Kinder, dafür ein paar teure Hobbys: Golf, Skifahren, schnelle Autos.«

»Woher wissen wir das?«

»Wir haben einen Porsche in der Garage gefunden. Höchstens zwei Jahre alt. Wunderschön. Und im Kofferraum ein komplettes Golfschläger-Set.«

»Wer bekommt den Wagen jetzt?«

»Wir haben nichts gefunden, was wie ein Testament aussieht. Kinder hat er nicht. 'ne Frau auch nicht. Dann bekommt's die Mutter.«

»Das macht das Überbringen der Todesnachricht leichter.«

»War noch keiner da?«

»Nein«, antwortete Remmer ruhig. »Mach weiter.«

»Die Nachbarn sagen, er sei ein freundlicher und ruhiger Mann gewesen. Ab und zu mal ein paar Minuten laute Musik. Aber wirklich nur ab und zu. Ansonsten kein Grund zur Klage. Abends hat er oft im Eichendorff ein paar Kölsch getrunken. Meist allein am Tresen. Auch hier nichts Auffälliges. Alle sagen nur, was dieser Vosskamp für 'n freundlicher Typ gewesen ist.«

»Freunde, Besuche?«

»Ein paar Leute hat er wohl mal zu Besuch gehabt. Bis vor einem halben Jahr soll auch eine Frau regelmäßig gekommen sein. Aber auch hier: nichts Auffälliges, alles ruhig und gesittet.« Gröber schaute zum Rheinufer herüber. »Hätte das nicht heute Morgen schon jemand machen können?«

»Was?«

»Ja, der Mutter Bescheid geben.«

»Vielleicht«, murmelte Remmer. »Ich mach das gleich. Du brauchst nichts zu sagen.«

Während seiner Chefin nach einem Leichenfund immer noch übel werden konnte, hatte er nach all den Jahren immer noch keine Routine beim Überbringen der Todesnachricht entwickelt. Schön zu wissen, dass einem nicht alles egal ist bei diesem Job.

Gröber drehte am Lautstärke-Regler des Autoradios. Aus den Boxen lästerte Gerd Köster:

»Mer lääven quasi en d'r Jroßstadt, dobei simmer all Buure Säu.«

»Tolle Platte«, sagte Remmer. »Hat mir mein Sohn geschenkt.« Sie begann den Refrain mitzusummen.

»Oure zo un durch. Et weed schon lang nimmieh nohjekaat. Kei Wunder, dat mir bei dä janze Färve he noch nit opjefalle es, dat jeder miestens vill zu laut, ävver koum einer deutlich es.«

»Hat er Recht, der Köster, oder?«, fragte Gröber.

Remmer zog die Schultern hoch. »Keine Ahnung. Ist Musik für Jungs, glaube ich.«

»Köln ist ein Dorf voller Größenwahnsinniger, die das Nebensächliche lieben und alles Wichtige ignorieren, weil es ihnen zu anstrengend ist, darüber nachzudenken.«

»Ganz im Gegenteil zu dir, was?«, sagte Iris Remmer spitz.

»Das habe ich nicht gesagt. Vielleicht bin ich ja genauso.«

In diesem Moment bestrafte ihn sein Körper für die plötzliche Anstrengung in der verlängerten Mittagspause. Er bekam einen Krampf in der linken Wade.

»Du hast Angst vorm Älterwerden. Das ist alles«, murmelte sie, während sich Gröber Mühe gab, nicht loszuschreien. Er reckte sich und streckte sich, drückte das Bein durch und versuchte, mit ein paar Handgriffen die Muskulatur zu lockern.

»Können wir mal anhalten?«, fragte er vorsichtig. Als Remmer nicht sofort reagierte, wurde er lauter. »Halt an, Mensch!«

Sie drückte auf die Bremse und blieb mitten auf der Porzer Hauptstraße stehen.

»Bitte schön!«

Gröber riss die Tür auf und streckte sein Bein aus dem Auto. Dann versuchte er langsam auszusteigen. Als er keuchend an der Beifahrertür Halt suchte, ließ der Schmerz nach.

»Wie hast eigentlich du deinen Vierzigsten gefeiert?«, fragte er betont lässig.

»Du warst eingeladen, wenn ich mich recht erinnere.«

»Ich hab's vergessen. Ist lange her.«

»Ich habe viele Leute eingeladen und schön gefeiert.«

»So, so. Kein Grund, beleidigt zu sein. Ich frage nur, weil ich mir langsam mal ein paar Gedanken machen muss, wie ich die Sache angehe.«

»Hab ich irgendetwas nicht mitbekommen? Hat Herr Gröber seinen Geburtstag verlegt?«

»Wieso?«

»Das letzte Mal hab ich dir im Juli gratuliert, nachdem du mich großzügig mit einem Kölsch überrascht hattest. Jetzt ist Oktober. Da hast du noch ein bisschen Zeit bis zum nächsten Mal.«

»Aber der Vierzigste ist was Besonderes. Da will alles gut und langfristig überlegt sein.«

»Räum deine Wohnung auf, lad ein paar Leute ein, lass was

Leckeres zu essen kommen und freu dich deines Lebens. Dann wird's ein schöner vierzigster Geburtstag.«

Gröber stieg wieder ein. Hinter ihnen hatte ein wildes Hupkonzert begonnen.

»Das sehe ich anders«, sagte er.

Er wusste, dass Iris Remmer dieser runde Geburtstag damals genauso wenig ausgemacht hatte wie der Kommende. Ihr war ihr Alter ziemlich egal, solange sie nirgendwo Schmerzen hatte und ihr immer noch gelegentlich ein paar Männer hinterherschauten. Er nervte sie dagegen schon seit Anfang des Jahres, lange bevor er in das magische vierzigste Lebensjahr eingetreten war, das mit diesem angeblich so fürchterlichen Geburtstag enden sollte. Er hatte sich sogar in einem Fitness-Studio angemeldet, um dem Alter demonstrativ zu trotzen. Sie hatte ihn nie gefragt, ob er noch hinging. Wahrscheinlich kannte sie die Wahrheit, auch ohne nachzufragen. Schließlich konnte man ihm auch keinerlei äußerliche Veränderungen ansehen. Mit ein bisschen Bizeps hätte er bei seiner Chefin sicher Pluspunkte sammeln können.

Sie fuhr wieder los und gab Gas. Das Porzer Rheinufer lag im Nebeldunst. Die andere Rheinseite war nur schemenhaft zu erkennen. Sie überholten einen Rheinschiffer, der rheinaufwärts unterwegs war.

»Kennen wir den Namen der Frau, mit der er zusammen war?« Sie wechselte wieder auf unverfängliches Terrain.

»Nein. Nichts gefunden. Vielleicht weiß die Mutter ja was«, antwortete Gröber mürrisch.

»Kontostand?«

»Er hat ein Aktiendepot von rund sechzigtausend Euro. Die Kollegen haben ein paar Auszüge in einem Aktenordner gefunden. In der Wohnung wohnte er zur Miete. Tausenddreihundert Euro hat er dafür gezahlt. Davon können wir nur träumen. Hat gut verdient, war allein. Da kann man sich was leisten.«

Sie fuhren durch das Porzer Zentrum, um anschließend einen der schönsten Teile Kölns zu erreichen. Nach dem Naherholungsgebiet »Groov« kamen sie nach Langel. Ein Dorf in der

Stadt zwischen Feldern und Rhein. Hier war selbst die Hauptverkehrsstraße verkehrsberuhigt.

»Was machen wir mit dieser Zahl an der Wand?«, fragte Gröber. »Dieser Elf aus Blut.«

»Keine Ahnung. Ein kleines Rätsel für die dumme Polizei, oder?« stöhnte die Kollegin am Steuer. »Ein Hinweis auf irgendwas.«

»Er sagt uns: Ich habe genau gewusst, was ich da tue. Seht her, ich schreibe noch was an die Wand, ganz ruhig, ohne Hektik. Zwei Zahlen, damit ihr was zu grübeln habt. Ich habe alle Zeit der Welt.«

»Eine Nummer, eine Zahl, ein Datum. Was kann das sein?«

»Eine Hausnummer vielleicht. Welche Nummer hatte das Haus, vor dem der Wagen stand?«

»Keine Ahnung, war ein Supermarkt hinter dem Bauzaun. Ruf mal die Auskunft an«, schlug sie vor.

Der Supermarkt hatte die Hausnummer 5. »Nummer Elf ist ein Schreibwarengeschäft«, gab er die Informationen der Auskunft weiter.

»Die verkaufen Büro-Maschinen«, überraschte ihn Remmer.

»Ach?«

Sie ließ eine Frau mit Kinderwagen über die Straße.

»Vielleicht hat unser Mann vor dem Geschäft keinen Parkplatz gefunden und dann ein paar Meter weiter im Halteverbot geparkt.«

»Das glaubst du nicht wirklich, oder?«, fragte sie. »Der malt eine Elf an die Wand, weil er die Leiche vor der Hausnummer Elf abstellen will? Das macht doch keinen Sinn.«

Gröber rümpfte die Nase. »Vosskamp hat im November Geburtstag. Mehr fällt mir zu der Elf bislang nicht ein.«

»Die Elf ist eine heilige Zahl.«

»Und eine sehr kölsche.«

»Das ist dasselbe«, meinte Remmer ernst. »Elftausend Jungfrauen, Elferrat, Sessionsstart …«

»Der ist auch im November.«

»Eben.«

»Unser Mörder ist ein Scherzbold. Ein Freund des Fastelovends ...«, spottete Gröber.

»Das glaube ich kaum«, entgegnete Remmer. »Einen Witz wollte der nicht machen. Was kann einen dazu bringen, mit dem Blut des Opfers eine Zahl an die Wand zu malen?«

»Eine Krankheit.«

»Und welche?«

»Keine Ahnung. Eine Geisteskrankheit.«

Remmer hielt vor einem verklinkerten kleinen Haus. Hier wohnte Maria Vosskamp, die Mutter des Toten. Sie stellte den Motor ab, machte aber noch keine Anstalten, auszusteigen.

»Eine Elf kann so viel bedeuten«, sagte Gröber. »Eine Hausnummer, der Anfang einer Telefonnummer, ein Datum, ein Alter, eine Startnummer für den Marathon am Sonntag, eine Seitenzahl ...«

»Vielleicht ist es ein Countdown. Vielleicht will er elf Leute töten, und das war der Erste.«

Gröber starrte seine Kollegin entgeistert an. Es war nicht immer leicht zu erkennen, wenn sie etwas ernst meinte. Ihr Humor war ähnlich eigenwillig wie ihre Vorliebe für bunte Halstücher, die wohl außer ihr niemand mehr in Köln durch die Gegend trug. Sie sahen aus, als hätte sie ein Hobbykünstler mit einem ganz unsicheren Geschmack in Sachen erträglicher Farbzusammenstellung selbst gemalt.

»War ein Witz«, beantwortete Remmer die nicht gestellte Frage und stieg aus.

*

Maria Vosskamp kämpfte gegen den Heulkrampf. Gröber hatte sich neben sie auf die Couch gesetzt, nachdem sie in sich zusammengesunken war.

»Können wir jemanden anrufen, der jetzt bei Ihnen sein kann?«, fragte er.

»Meine Tochter«, schluchzte die Frau, die einen Porsche, eine Golfausrüstung und sechzigtausend Euro geerbt hatte.

»Frank hat eine Schwester?«, fragte Gröber.

»Die Nummer ist im Telefon einprogrammiert. Unter S wie Silvia«, flüsterte Frau Vosskamp.

Remmer ließ das Telefon wählen und bestellte mit wenigen Worten die Schwester des Toten nach Porz. In all den Jahren hatte Remmer die Erfahrung gemacht, dass in solchen Momenten nichts besser war, als kurz und knapp alles ganz geradeaus zu sagen. Keine Redewendung, kein Zögern konnte den Schmerz lindern.

Gröber versuchte derweil, doch noch das ein oder andere von der Mutter des Ermordeten zu erfahren, doch Maria Vosskamp zeigte sich kaum in der Lage, Auskünfte zu geben.

»Haben Sie irgendeinen Verdacht, wer das getan haben könnte? Ist Ihnen irgendetwas in den letzten Monaten bei Ihrem Sohn aufgefallen?«

»Nein«, flüsterte sie.

»Wann haben sie ihn zuletzt gesehen?«

»Letztes Wochenende. Er hat mich besucht. Nur kurz. Es ging ihm gut.«

»Hat er etwas Besonders erzählt?«

»Nein. Alles war wie immer.«

»Hatte er eine Freundin, Frau Vosskamp?«, mischte sich Remmer ein.

»Zurzeit nicht. Seine Freundin hat ihn verlassen, vor ein paar Monaten. Das hat ihn schwer mitgenommen damals, aber jetzt ging es ihm wieder gut.«

»Wie heißt sie?«

»Fragen sie lieber meine Tochter. Ich weiß es nicht mehr ganz genau. Wiesenbach oder Biesenbach. Karin Wiesenbach, glaube ich.«

»Gibt es einen Vater?«, fragte Gröber etwas unbeholfen.

Sie schüttelte den Kopf.

»Ist er gestorben?«

Sie nickte. »Vor drei Jahren.«

Silvia Vosskamp war eine wunderschöne, starke Frau. Franks Schwester war die Art Frau, die stets alles souverän im Griff hatte, einschließlich sich selbst. Deren Präsenz man förmlich spüren konnte, wenn sie einen Raum betrat. Obwohl gleich mehrere Sitzgelegenheiten zur Auswahl standen, war Gröber aufgesprungen, um Silvia Vosskamp seinen Platz anzubieten. Sie ignorierte ihn, zog einen Stuhl an den Wohnzimmertisch und setzte sich direkt vor ihre Mutter, um wortlos ihre Hand zu nehmen. Gröber vergaß, sich wieder hinzusetzen.

Warum waren sie immer von einem Mörder ausgegangen?, fragte sich Remmer still angesichts der attraktiven Frau, die ohne sie zu grüßen, Platz genommen hatte. So wie sie selbst genoss, Stärke zur Schau zu tragen, hasste sie es, wenn ihr andere das Gefühl der Unterlegenheit vermitteln wollten. Dass Gröber die Frau angesichts ihres fast makellosen Gesichts mit offenem Mund anstarrte, machte sie aus Remmers Sicht noch unsympathischer. Die Vorstellung, dass eine starke, hassende Frau ihren Bruder umbrachte und mit dem Blut des Opfers ein Zeichen an die Wand malte, gefiel ihr. Sie ließ abschätzig ihren Blick über die Frau gleiten, bis sie erleichtert feststellte, dass Vosskamps Beine keine Chance hatten, mit ihren zu konkurrieren. So verkniff sie sich die Frage »Haben Sie Ihren Bruder getötet?« und sagte stattdessen nur: »Ihr Bruder ist vorgestern ermordet worden.«

Die schöne Frau ignorierte weiterhin die Anwesenheit der Polizei, kümmerte sich nur um die Mutter, so als wenn sie bereits alles wüsste, was Remmer ihr hätte erzählen können. Viel war das ohnehin nicht.

»Wann haben Sie ihren Bruder zuletzt gesehen?«

»Lange her«, sagte sie abfällig. »Wir hatten uns nicht so viel zu sagen.«

»Darf ich fragen, warum?«

»Finden Sie das passend jetzt?«, wies sie Remmer mit schroffer Stimme zurecht.

Remmer ließ ein paar Minuten verstreichen, ohne etwas zu sagen. Sie sah Silvia Vosskamp zu, wie sie leise auf ihre Mutter einredete, sie im Arm hielt und ihr schließlich half aufzustehen. Als die beiden Frauen den Raum verließen, freute sich Remmer darüber, dass Vosskamps Oberschenkel breiter als ihr Hintern waren. Ihr fiel der Vorschlag des Pathologen ein, gemeinsam in Urlaub zu fahren. Sie musste lächeln.

Gröber hatte damit begonnen, den Raum zu inspizieren. Auf einer Kommode standen die obligatorischen Familienfotos. Ein leicht vergilbtes Bild einer glücklichen Familie aus den siebziger Jahren. Vater, Mutter und zwei Kinder auf einer Bank vor einer Hütte in den Bergen. Der Sohn war der Tote, keine Frage. Die Tochter hatte sich dagegen sehr deutlich verändert, wie einige weitere Bilder dokumentierten.

»Der Sohnemann kommt hier ein bisschen zu kurz«, lautete Gröbers Fazit der statistischen Auswertung der Bildergalerie, als Silvia Vosskamp zurück in den Raum kam.

»Ich habe meine Mutter zu Bett gebracht. Wenn Sie wollen, können Sie mich jetzt noch etwas fragen«, sagte sie ruhig. »Mein Bruder und ich haben uns nicht besonders gemocht. Ich glaube, wir fanden uns beide gegenseitig ziemlich langweilig. Es gab nichts, worüber es sich lohnte zu reden. Da haben wir's gelassen. Wie ist er gestorben?«

»Lesen Sie keine Zeitung?«, antwortete Gröber mit einer Gegenfrage. »Da stand das drin. Unter einem Foto Ihres toten Bruders.«

»Ich glaube kaum, dass das Foto in der Zeitung abgedruckt war, die ich lese.«

Das kam genau so an, wie's gemeint war: Diese Frau kaufte keine Zeitungen, die sich mit dem piefigen Leben dieser Provinzstadt beschäftigen.

»Er wurde erstochen«, antwortete Remmer. »Ziemlich brutal erstochen. In seiner Wohnung. Der Mörder hat ihn dann in die Nähe des Chlodwigplatzes zur Bonner Straße gefahren, wo man ihn am nächsten Tag im Kofferraum eines gestohlenen Autos gefunden hat. Fällt Ihnen dazu was ein?«

»In der Bonner Straße wohnt seine Ex-Freundin«, sagte sie so, als wenn das völlig unwichtig wäre. »Karin Wiesberg heißt die. Soll ganz nett sein, sagt meine Mutter. Aber auch langweilig.«

Gröber und Remmer sahen sich an. Das war doch mehr als nichts.

»Die Hausnummer wissen Sie nicht zufällig?«, fragte Gröber, während er wieder zu der Kommode ging, auf der ein Telefonbuch lag.

»Nein«, antwortete Silvia Vosskamp gelangweilt.

Gröber hatte Karin Wiesberg schnell gefunden. »Es wäre ein bisschen zu einfach gewesen, oder?«, fragte er die Kollegin. »Sie wohnt in der Bonner Straße 84, und ihre Telefonnummer hat auch nichts mit einer Elf zu tun.«

»Mit einer Elf?«, fragte Silvia Vosskamp erstaunt.

»Der Mörder hat zwei Einsen an die Wand im Wohnzimmer Ihres Bruders gemalt. Mit dessen Blut«, sagte Remmer.

»Und dann den Wagen, in den er Ihren Bruder gelegt hat, in der Nähe der Bonner Straße geparkt«, ergänzte Gröber. »Vielleicht ein Zufall, vielleicht war's Absicht.«

Zum ersten Mal zeigte die hübsche Yuppie-Frau eine Gefühlsregung.

»Das ist ja widerlich.« Sie zog die Winkel ihres schmalen Mundes hoch. »Was bedeutet das?«

»Das wollten wir Sie fragen«, meinte Gröber. »Was bedeutet diese Zahl?«

✳

Ingo Gassmann hatte die Startnummer 5419. Eine schöne Zahl, dachte er, als er auf der Parkbank verschnaufte. Er genoss den Moment der Ruhe und Entspannung, sein Pulsschlag schien neben dem Gezwitscher von ein paar Vögeln das lauteste Geräusch in der Einsamkeit zu sein. Außer ihm hatte sich offensichtlich keiner zu dieser frühen Morgenstunde aufgemacht, um bei diesem unfreundlichen Wetter noch einmal vor dem großen Lauf zu trainieren. Dreimal dreitausend Meter hatte er schon hinter sich. Ein bisschen Tempotraining als Ergänzung zum Ausdauertraining. Das hatte sich in all den Jahren bewährt. Und in dieser morgendlichen Stille, in der er noch fast ganz allein durch die Grünanlagen rannte, war es ein ganz besonderer Genuss.

Er hatte alles minutiös geplant. Nichts durfte ihn aus der Ruhe bringen, dieser Ruhe, die sich dann am entscheidenden Tag in dieses Gleichmaß der Bewegung übersetzen würde.

Das galt auch für das schlimme Foto von Frank Vosskamp, das er gestern Morgen in der Kölnischen Rundschau gesehen hatte. »Wer kennt diesen Mann?«, hatte darüber gestanden. Über die Umstände seines Todes war nur wenig zu lesen. Er sei erstochen und in der Südstadt gefunden worden.

Er hätte sich unter der angegebenen Telefonnummer melden können. Doch wozu? Vosskamp kannten genug. In der Zeitung von heute würde sicher schon sein Name stehen. Er hatte sich davon noch nicht überzeugen können, denn sein Zeitungsbote war offensichtlich mal wieder später auf den Beinen als er. Die Identifizierung dürfte auch ohne seine Mithilfe kein Problem gewesen sein. Warum sollte er sich da freiwillig noch für irgendwelche lästigen Polizisten-Fragen zur Verfügung stellen? Das hätte ihn nur aufgehalten und zu Verunsicherungen geführt. Das hätte nicht zu einer professionellen Durchführung seines Trainings- und Lebensplans gepasst. Dazu bedurfte es der Ruhe. Planung war alles, fast alles.

Was für ihn als Hobby begonnen hatte, war zu einem Lebensinhalt geworden. Etwas, für das man bereit war, einiges zu opfern. Der Marathon war für Gassmann mehr als ein Freizeit-Spaß oder der einmalige Kick, den sich die vielen untrainierten, schwabbeligen Mitläufer bei ihrem ersten und letzten Lauf durch die Stadt holten. Er hatte das Laufen von Anfang an mit großem Ernst betrieben. Die Läufe wurden zu festen Bestandteilen seines Wochenrhythmus. Schon nach wenigen Wochen brauchte er die regelmäßigen Läufe wie ein heroinabhängiger Junkie seinen nächsten Schuss. Zunächst konzentrierte sich sein Ehrgeiz vor allem auf die Steigerung seiner Leistung, doch schnell bemerkte er, dass es ihm eigentlich um etwas ganz anderes als persönliche Bestzeiten ging. So begann er all seine Energie auf die Organisation seines Alltags zu konzentrieren, um seine ganze Wochenplanung nach seinem Sport ausrichten zu können. Er sortierte seine beruflichen und immer weniger werdenden privaten Termine, um feste Laufzeiten einplanen zu können. Er unterschied zwischen den wichtigen und unwichtigen Dingen und wunderte sich nicht, dass mit der Zeit immer weniger wichtig und immer mehr unwichtig wurde.

Dass dabei die Zeiten, die er bei Wettläufen erreichte, kontinuierlich besser wurden, war nur die logische Konsequenz eines Lebens, das Gassmann auf die gleiche Art durchstrukturierte, wie er Trainingspläne schrieb und analysierte. Schon bei seinem ersten Marathon war er deutlich unter vier Stunden gelaufen. Er hatte sich gewissenhaft vorbereitet, Buch geführt über Zeiten und Strecken, lange Dauerläufe mit ein wenig Tempotraining und Gymnastik kombiniert, einmal die Woche an einem Zirkeltraining für steife Vollidioten teilgenommen. Dabei hatte er Medizinbälle an Wände geworfen und war schwachsinnig über Bänke gehüpft.

Er hatte vermieden, ein Fitness-Studio zu betreten, und nicht bei diesem Irrsinn mitgemacht, bei dem sich fette Rechtsanwältinnen und schwitzende Sekretärinnen an technischen Geräten quälten, Bankangestellte die Oberarme aufpumpten und Ingenieure vom Waschbrettbauch träumten. Kein vernünftiger Handwerker würde ein Fitness-Studio betreten, kein Schreiner Hanteln stemmen und kein Gärtner auf einem Laufband joggen, glaubte er zu wissen. Die tranken lieber eine Flasche Bier, am besten schon bei der Arbeit. Das war ein viel effizienteres Fitnessprogramm. Marathon war was für echte Handwerker.

Er hatte seine Distanzen langsam gesteigert, seine Durchschnittszeit auf zehn Kilometer deutlich unter eine Stunde gedrückt, bevor er sich drei Wochen vor seinem ersten Marathonstart an die entscheidende Zweiunddreißig-Kilometer-Marke herangearbeitet hatte. Wer die laufend erreicht, ohne danach zusammenzubrechen, ist fit für die ganze Distanz. Danach hatte er sich drei Wochen Urlaub genommen und an nichts anderes mehr gedacht als an den Marathon.

Seine Frau hatte das schon damals gar nicht komisch gefunden, ihn aber mit blöden Bemerkungen verschont. Er konnte sich noch genau erinnern, was er gefühlt hatte, als er sich zum ersten Mal sicher war, die Distanz zu schaffen: Jetzt beginnt etwas Neues, hatte er gedacht. Jetzt wird mit dem Alten abgeschlossen. Ich werde es im wahrsten Sinne des Wortes hinter mir lassen. Nicht weglaufen, aber hinter mir lassen.

Die erste der drei Urlaubswochen hatte er mit Tempotraining begonnen. Vier Mal dreitausend Meter unter sechzehn Minuten. Es folgten Dauerläufe und ein Halbmarathontest, für den er sich das Rheinufer in Streckenabschnitte eingeteilt hatte. In der zweiten Woche schaffte er den Kilometer in sechs Minuten und zwanzig Sekunden, bis zum Wochenende sogar konstant auf zweiunddreißig Kilometer. Am Ende der dritten Woche rannte er mit einer Zeit von drei Stunden und achtundfünfzig Minuten in Frankfurt ins Ziel. Er hatte es geschafft, nicht als Schlappwurst ins Ziel zu torkeln, sondern stark und aufrecht die Teilnahmemedaille in Empfang zu nehmen. So hatte alles angefangen, vor zehn Jahren.

Damals war seine Frau noch mitgekommen. Irgendwie hat sie sich wohl dazu verpflichtet gefühlt. Man war noch jung, man musste alles gemeinsam machen. Das gehörte sich so. Sie hatte ihn gleich an drei Stellen auf der Strecke angefeuert.

Irgendwann, so nach dem dritten oder vierten Lauf, war ihm das auf die Nerven gegangen. Er brauchte diese Unterstützung nicht, von der alle Läufer vor allem in Köln so schwärmten. Sambatrommler, aufgeregte Familienmitglieder, bunte Schilder, aufmunternde Sprüche, Menschen, die Läufern ein Bier anboten – sollten die Leute doch ihren Spaß haben, ihn ließen sie besser in Ruhe.

Sein Antrieb war allein die Willenskraft. Das sorgfältige Training sorgte für ein gutes Gewissen. Auch für den Lauf machte er sich einen Plan, studierte auf Stadtplänen die Strecken, zerlegte sie in Teilaufgaben, fuhr zu markanten Punkten, um sie sich einzuprägen, ging Streckenabschnitte ab. In den letzten Tagen vor dem Wettkampf tat er nichts mehr außer laufen, entspannen und essen. Am Abend vor dem Start trank er eine Flasche Kölsch und ging früh zu Bett. Er hatte nie erlebt, dass er vor einem Start nicht richtig schlafen konnte.

Vielleicht hätte sich alles anders entwickelt, wenn wir ein Kind bekommen hätten, dachte er, während er seine Muskeln vor dem letzten Tempolauf dehnte. Aber Marion hatte nicht gewollt. Alles war ihr wichtiger gewesen, die Karriere, die Freizeit, die Freunde, Kunstausstellungen, Vernissagen, Malkurse, Urlaube. Sie hatte ihn nie gefragt, ob ihm das alles so passe, und er hatte viel zu spät bemerkt, dass sie ihn längst hätte fragen müssen. Dass er selbst etwas sagen, bitten, anregen oder fragen konnte, war ihm nicht in den Sinn gekommen.

Warum hatte er sich nie beschwert? Weil er kein Recht dazu hatte? Er wusste es nicht. Er wusste noch nicht einmal, was er hätte fragen müssen, damit sein Leben an irgendeinem längst verpassten Punkt in eine andere Richtung verlaufen wäre. Wahrscheinlich konnte Marion gar nichts dafür. Wahrscheinlich lag dieser verpasste Punkt noch länger zurück.

Eine Ewigkeit war das her, als er sich noch unschlagbar und unwiderstehlich gefunden hatte. Er hatte nicht viel dafür tun müssen. Er hatte immer ganz passabel ausgesehen, war überdurchschnittlich intelligent und sportlich. Irgendwann hatten ihn seine Mitmenschen sogar einmal humorvoll genannt. Man mochte ihn, das reichte ihm. Schon als Jugendlicher war er eher mitgelaufen, hatte sich mitnehmen und manches Mal verführen lassen, zu Dingen auf die er wahrscheinlich selbst nie gekommen wäre. Er war leicht zu begeistern, und weil er früher grundsätzlich zu wenig nachgedacht hatte, begeisterten ihn auch Aussichten auf Erfahrungen, die er später, nachdem er sie gemacht hatte, bereute.

Er konnte nicht sagen, an welchem Zeitpunkt in seinem Leben er diesen Punkt erreicht und überschritten hatte, an dem es keine Rückkehr gibt. Da war die Entscheidung gefallen, so zu leben, wie er lebte. Die Entscheidung, das beschissene Jura-Studium wirklich ernsthaft zu Ende zu bringen, nicht mehr nach dem Sinn der Gesetze zu fragen, sondern sie nur noch auswendig zu lernen. Die Entscheidung, in der Frau, die er kennen gelernt hatte, die Frau fürs Leben zu sehen, eine Hochzeit zu einem Lebensziel zu erklären. Die Entscheidung, eine Lebensversicherung abzuschließen.

Das ist der Lauf der Dinge, gegen den man sich nicht wehrt, dachte er. Diese Entscheidungen fallen, ohne dass man es merkt. Einfach so, von selbst. Irgendwann nimmt man seine Rolle an. Und bevor man's sich versieht, ist's zu spät, etwas zu ändern.

Weil er sich für das alles zwar unbemerkt, aber doch klar entschieden und sich damals keine Zeit zum Nachdenken gegönnt hatte, musste er jetzt laufen, lang laufen, schnell laufen. Und bewusst Entscheidungen treffen. Ändern konnte er nichts mehr, nur noch gerade rücken, ein bisschen sortieren, ein bisschen ordnen, um abzuschließen. Die nächste Aufgabe würde er heute Abend hinter sich bringen, wenn er mit Marion essen ging, um endlich zu tun, was lange überfällig war, und zwar mit ihr Schluss zu machen.

Ingo Gassmann rannte los. Auf zur letzten Temporunde.

*

Ferzi Yükel hatte die Nase voll. Jeden Morgen derselbe Mist.

»Warum können die Leute nicht selbst ihren Müll rausbringen?«, sagte er, als er den hellen Hof des ehemaligen Fabrikgeländes betrat. »Bezahlen viel Geld für die Putzfrauen und erlauben denen, die Müllsäcke rumstinken zu lassen.«

Er hatte sich schon ein paar Mal bei den Mietern beschwert. Das gehörte nicht zu seinen Aufgaben als Hausmeister. Doch die feinen Jungs in den schicken Lofts hatten offenbar Besseres zu tun, als sich mit ihren Putzfrauen auseinander zu setzen. »Mach du das doch«, hatte ihm einer der Schnösel gesagt, und Yükel musste schwer an sich halten, um ihm nicht ordentlich die Meinung zu sagen. Was hatte er mit den Putzfrauen zu tun?

Er ließ den blauen Sack hinter sich die Treppe runterschleifen, den Abfall der Werbeagentur im dritten Stock. Pizzareste, Verpackungen vom China-Imbiss, Zigarettenkippen – Wohlstandsmüll eben. Die Sonne war gerade aufgegangen. Der Hausmeister verweilte ein wenig auf dem Treppenabsatz.

Doch, das ist wirklich schön geworden hier, sagte er zu sich selbst. Das helle Weiß der Fassaden, die den Innenhof umschlossen, strahlte wie Schnee. Die Fenster waren ausgetauscht worden: weißes Plastik statt verwittertem Holz. An den Hauswänden waren Repliken alter weißer Straßenlaternen angebracht. Yükel zog mit dem blauen Sack über den Hof zu den großen grünen Müll-

tonnen. Die passen gar nicht her, dachte er, als er um die Ecke
bog. Gerade wollte er sich auch noch über den großen Pappkarton ärgern, den jemand einfach in den Weg gestellt hatte, anstatt
ihn in den Papiercontainer zu stopfen, da entdeckte er den Mann
in der Ecke. In sich zusammengesunken saß er da zwischen Mülltonne und Karton, mit dem Rücken zur Wand, die Hände im
Schoß.

»Hallo«, rief Yükel. »Hallo, aufwachen.«

Er hatte nichts gegen Penner, die sich in den Hof legten. Das
war nicht der erste, den er wecken musste. Wenn die ganzen Werbefuzzis, Rechtsanwälte und Design-Heinis nach Hause gegangen waren, durfte sich hier ruhig jemand hinsetzen, der das Innere dieser schönen Häuser wahrscheinlich nie im Leben sehen
würde. Doch dieser Übernachtungsgast wollte nicht aufwachen.

Ferzi Yükel tippte dem Mann an die Schulter, sprach ihn
nochmals an, doch er regte sich nicht. Der Hausmeister ließ den
Müllsack los, bückte sich und fasste den Mann an den Oberarmen. Als er ihn ein wenig vorzog, fiel der Kopf des Unbekannten
in den Nacken. Weit aufgerissene Augen, in denen kein Leben
mehr war, starrten ihn an. Erschrocken ließ er los, sodass der
Körper des Mannes rücklings mit dem Hinterkopf gegen die
Mauer knallte und zur Seite wegsackte. Yükel blieb regungslos
stehen, starrte auf die Kleidung des Mannes, die einmal eine andere Farbe gehabt haben musste. Der Mann ohne Schuhe und
Strümpfe trug einen Pyjama, der sich von seinem Blut braun gefärbt hatte.

*

»Gehen wir rein?«, fragte Gröber seine Kollegin, die neben dem
Eingang des Industriehofs in der Bismarckstraße in das Schaufenster eines Fahrradgeschäfts schaute.

»Was ist das hier?«, fragte Remmer zurück und deutete auf ein
seltsames Gefährt in der Auslage. Eine Mischung aus überdachter Seifenkiste, Zwei-Mann-Zelt und buntem Kinderwagen wurde da für einen unglaublichen Preis feilgeboten. Ihr Kollege sah

nicht gewillt aus, so früh am Morgen irgendwelche Gespräche über Angebote von Fahrradgeschäften zu führen. Sie konnte dagegen zu jeder Tages- und Nachtzeit Schaufenster begucken. Das war völlig aus der Mode gekommen, fand sie. Früher, da war man Samstag oder Sonntag in feinen Klamotten zum Bummeln losgegangen, obwohl die Geschäfte geschlossen hatten. Warum tat das heute keiner mehr?

Gröber stampfte ungeduldig von einem Fuß auf den anderen.

»Vorgestern habe ich Brillen auf Heu gesehen. Da musste ein Einzelhändler dieser Stadt sehr verzweifelt gewesen sein.«

»Gehen wir jetzt rein?«, drängelte Gröber.

»Erst wenn du mir erklärt hast, wozu das gut ist.«

»Das ist ein Kinderwagen, mit dem man laufen kann. Also schnell laufen kann, verstehst du. Da kannst du zwei Kinder reinpacken und dann mit ihnen durch den Park oder Wald joggen. Und wenn du keine Lust zum Laufen hast, hängst du das Ding als Anhänger an dein Fahrrad.«

Er hatte Muskelkater. Seine Knochen taten ihm weh wie lange nicht mehr, obwohl er eine halbe Flasche Franzbranntwein über seine Beine geschüttet hatte.

»Warum sollte ich mit zwei Kindern durch den Park joggen?«

»Weiß ich nicht. Es gibt Leute, die tun so was. Wirst du beim Marathon sehen. Da gibt es auch immer ein paar, die mit ihren Kindern laufen.«

»Leute? Oder Männer?«

»Weiß nicht«, antwortete Gröber. Er konnte sich beim besten Willen nicht erinnern, jemals eine Frau mit so einem Kinderwagen laufen gesehen zu haben.

Remmer schüttelte den Kopf. Wieder was gelernt über die Zeit, in der sie lebten. Wortlos ließ sie das Schaufenster zurück und ging unter der Durchfahrt in den Hinterhof des Hauses nebenan.

»Wohnen und arbeiten, Showrooms available«, stand auf einem gelben Plastikschild, das Interessenten in den Hof locken sollte. »Flächen ab hundertfünfzig Quadratmetern nach Mieterwünschen in ehemaligem Industriehof mit Loftcharakter.«

»Klingt gut«, meinte Gröber. »Hier hätte ich gerne mein Büro.«

Als sie sich den Kollegen, einem völlig verstörten türkischen Mitbürger und der Leiche näherten, hatten sie beide dasselbe ungute Gefühl. Zwei Leichen mit Stichverletzungen in drei Tagen, die Fundorte, die in beiden Fällen nicht die Tatorte waren, waren nicht weit voneinander entfernt. Das konnte nichts Gutes bedeuten. Ein bisschen Hoffnung kam auf, als ihnen Schmallenberg die Orte der Stichverletzungen mitteilte: kein Loch im Hals, dafür vier Stiche in den Körper, davon einer ins Herz.

»Der Täter hat die Klinge in der Wunde gedreht, damit das Opfer viel Blut verliert«, berichtete der Pathologe. Das sprach dafür, dass es sich doch um denselben Täter handeln könnte.

»Wir haben Papiere gefunden«, sagte Berger von der Spurensicherung. »Einen Ausweis und einen Führerschein. Der Tote heißt Klaus Leuschen, ist letzten Monat vierzig geworden und wohnt in Bayenthal.«

»Was soll der Mist?«, fluchte Remmer. »Warum lässt er die Leute nicht da liegen, wo er sie ersticht? Was ist das für eine Hausnummer hier?«

»Sechzig«, antwortete Berger mit verständnisloser Miene.

»Nur falls wir wieder eine Zahl an der Wand finden«, murmelte sie. »Habt ihr auch einen Wohnungsschlüssel gefunden?«

»Leider nicht.«

Remmer ließ sich die Adresse des Toten geben, zwinkerte Schmallenberg zu und drehte sich um.

»Willst du nicht auf uns warten?«, fragte Berger. »Dann kommen wir gleich mit. Wir brauchen noch ein paar Minuten hier. Außerdem läuft noch eine Recherche im Computer über den Toten.«

Die Hauptkommissarin hörte nicht mehr zu, rief Gröber, der sich noch mit Ferzi Yükel befasste, und stöckelte zurück auf die Straße. »Die Besetzer« stand auf dem Schaufenster auf der anderen Seite der Einfahrt. Unter normalen Umständen hätte sie das sehr interessiert. Eine Casting-Agentur hatte sich in dem Laden eingenistet, das Schaufenster einfach zugeklebt und sich einen Namen gegeben, der an die Zeiten erinnerte, als junge Menschen noch politisch waren. Sie hatte heute Morgen die falschen Schuhe angezogen. Die zu erledigende Aufgabe, aber auch das Wetter passte nicht zu den Pumps, die sie ausgewählt hatte.

*

Das Viertel in Bayenthal, benannt nach Dichtern und Denkern, war eine wunderschöne Wohngegend. Nicht zu nobel, trotzdem städtisch, schöne alte Einfamilienhäuser mit Gärten reihten sich aneinander. Klaus Leuschen war in der Novalisstraße gemeldet. Remmer parkte vor einem weißen Häuschen aus den dreißiger Jahren mit kleinem Vorgarten.

»Sollen wir nicht doch auf die Spurensicherung warten?«, fragte Gröber.

»Warum? Hast du Schiss mit mir allein?«

»Lass uns wenigstens warten, bis wir wissen, ob der Typ da allein gewohnt hat oder ob wir da jetzt auf eine ganze Familie treffen, deren Vater ermordet wurde.«

Daran hatte sie tatsächlich überhaupt noch nicht gedacht.

»Du brauchst nichts zu sagen«, sagte sie wie immer. »Falls überhaupt jemand da ist.«

Gröber hatte keine Chance. Remmer stand schon vor dem Klingelschild, als er immer noch überlegte, wie er das mögliche Zusammentreffen mit Angehörigen – schlimmstenfalls sogar mit Kindern – hinauszögern konnte.

Remmer klingelte, nichts tat sich. Gröber kletterte über ein kleines Gartentürchen neben dem Haus, um in den hinteren Garten zu gelangen. Die Tatsache, dass niemand öffnete, hatte seine Laune wieder deutlich verbessert.

»Bleib da stehen. Ich schaue mal nach, ob es eine Terrassentür gibt.«

Es gab eine. Sie war fachkundig aufgebrochen worden. Scheiße, dachte Gröber, als er über die kleine Veranda durch die geöffnete Tür in das Wohnzimmer trat. Er war darauf vorbereitet, wieder auf ein blutgetränktes Sofa zu stoßen. Doch nichts deutete darauf hin, dass hier jemand ermordet worden war. Eine Couch aus schwarzem Leder stand – sauber und ohne rote Flecken – hinter einem gläsernen, kleinen Tisch, auf dem die Fernbedienungen für Fernseher und DVD-Player neben einer weißen Vase mit einem rosa-roten Rosenstrauß lagen. Auch andere Einrichtungsgegenstände ließen keinen Zweifel zu: Leuschen lebte nicht allein. Er zögerte einen Moment, bevor er weiterging. Kein Mucks war zu hören. Totenstille. Er ging durch das Zimmer in den Flur und öffnete seiner Kollegin von innen die Tür.

»Wir hätten doch warten sollen. Dieser Leuschen wohnt hier nicht allein.«

»Was hätte das geändert?«, fragte Remmer nur gleichgültig.

Sie betrat das Wohnzimmer, von dem man einen herrlichen Blick in einen großen Garten hatte. Bunte Astern und spät blühende Sonnenblumen wuchsen um ein Vogelhäuschen. Verblühte Stauden in großer Zahl deuteten an, welche Blumenpracht hier im Frühling zu bestaunen war. Die beiden Polizisten inspizierten den Raum, ohne ein Wort zu sprechen, als plötzlich ein Geräusch die Stille durchbrach. Ein leiser Laut, so als wenn ein kleiner Gegenstand zu Boden gefallen wäre. Er kam von der oberen Etage. Remmer schickte Gröber mit einem leichten Kopfnicken voraus. Gröber zog seine Pistole.

Langsam schlich er voraus, die Treppe zum oberen Stockwerk hinauf. Remmer folgte ihm. Gröber drückte sich an die Wand des Treppenhauses, als er seine Waffe in den Flur der oberen Etage richtete. Nichts war zu hören. Auch Remmer hatte jetzt die Hand an der Waffe. Wieder ärgerte sie sich über ihre Schuhe.

Gröber öffnete mit einem Ruck die erste Tür, drehte sich blitzschnell, aber konzentriert mit ausgestreckter Waffe in den Raum. Nichts. Sie waren in einem Arbeitszimmer mit einem großen Schreibtisch und jeder Menge Bücher in Regalen, die bis unter die Decke reichten.

Remmer gab das Zeichen, den nächsten Raum unter die Lupe zu nehmen. Gröber ging weiter vorsichtig voran. Die Tür des Nachbarzimmers war nur angelehnt. Wieder stieß Gröber kraftvoll die Tür auf. Remmer sah, wie Gröbers Miene vor Schreck erstarrte. Sie trat neben ihn und verstand.

Auf einem großen Bett lag eine Frau auf dem Bauch, den Kopf in ein Kissen gedrückt. Die Frau war an Armen und Beinen an die Pfosten des Bettes gebunden. Ein weiteres Seil fixierte ihren Kopf, sodass ihr Gesicht von der freien Seite des Doppelbettes abgewendet war. Sie lag in einem weißen Nachthemd in einer Blutlache, die sich von der freien Betthälfte aus über die Laken, Kissen und Bettdecken ausgebreitet hatte.

Remmer stürzte zu ihr, ließ sich neben dem Bett auf die Knie fallen und sah in vor Angst weit aufgerissene Augen. Das Seil um den Kopf hatte die Frau nicht nur in diese Körperhaltung gezwungen, es hielt auch einen Knebel.

»Sie lebt, Gröber, Mann, sie lebt!«, brüllte sie außer sich.

Ungeschickt und erfolglos versuchte sie den ersten Knoten zu lösen, um die Frau von dem Knebel zu befreien. Gröber war schneller. Er erkannte, dass er das erste Seil zunächst vom Bettpfosten binden musste, um Spiel für den Knebel zu bekommen. Als sie der Frau das Tuch aus dem Mund ziehen konnten, rang sie wie ein aufgetauchter Apnoe-Taucher nach Luft. Sie musste Stunden in dieser Lage verbracht haben. Es dauerte, bis sie zu einem gleichmäßigen Atem durch den Mund zurückfand. Jetzt atmete sie laut und stöhnte. Vor Schreck hatte es Remmer und Gröber die Sprache verschlagen.

Erst als Gröber begann, die restlichen Stricke zu lösen, fand Remmer ein paar beruhigende Worte.

»Bleiben Sie ganz ruhig liegen. Es ist vorbei. Wir sind von der Polizei.«

Während sie die Nummer der Leitstelle in ihr Handy tippte, um einen Arzt kommen zu lassen, wanderte sein Blick über das voll geblutete Bett zu der gegenüberliegenden Wand. Der Mörder hatte die Frau so am Bett gefesselt, dass sie nichts von dem gesehen haben konnte, was in der anderen Betthälfte geschehen war. Sie hatte auch nichts von dem sehen können, was der Täter offensichtlich nach dem Mord an Klaus Leuschen getan hatte. An der Wand neben der Zimmertür, durch die sie eingetreten war, prangten zwei große blutrote Zahlen. Wieder akkurat und exakt gemalt: keine Elf, keine Sechzig, sondern eine Zweiundzwanzig.

Remmer brauchte ein paar Sekunden, um der Kollegin in der Leitstelle zu antworten, die sie mit rüdem Ton zum Sprechen aufforderte.

»Schicken Sie einen Arzt und die Spurensicherung«, flüsterte sie in den Hörer und gab die Adresse durch.

Die Frau musste bemerkt haben, dass Remmer Ungeheuerliches gesehen hatte. Nachdem Gröber ein weiteres Seil abgebunden hatte, nutzte sie die wiedergewonnene Freiheit, um sich umzudrehen. Als sie das Blut ihres Mannes sah, begann sie zu schreien. Sie holte nach, was ihr der Täter stundenlang verwehrt hatte. Sie schrie vor Angst, vor Panik und Schmerzen. Sie schrie, weil sie genau wusste, was hier passiert war, weil sie neben Klaus Leuschen liegen musste, als der wie ein Tier von seinem Mörder im Bett wie bei einer Schächtung abgeschlachtet worden war.

Remmer wusste nicht, wie sie die Frau beruhigen sollte. Sie drückte sie fest an sich und ließ sie einfach schreien. Erst jetzt bemerkte sie, dass sie selbst genau wie ihr Kollege, der im Bett hockte, um das letzte Seil zu lösen, über und über mit Blut beschmiert war. Beide knieten im Blut des Toten, den sie neben einer Mülltonne eines ehemaligen Industriehofes in der Bismarckstraße gefunden hatten.

Gröber rutschte vom Bett auf den Fußboden und atmete tief durch. Jetzt, wo alle Stricke gelöst waren, merkte er, wie übel ihm war. Der Ekel kletterte langsam von der Galle in seinen Hals. Alles schien sich zu bewegen, die roten Zahlen, der Raum, das Bett, sein Magen. Mühsam richtete er sich auf. Um zum Fenster zu gelangen, musste er sich an der Wand abstützen. Er riss den zugezogenen Vorhang auf, um das Fenster zu öffnen. Während er mit der rechten Hand nach dem Fenstergriff suchte, wurde sein Blick von einem Augenpaar angezogen. Auf dem Bürgersteig stand ein hagerer Mann und starrte ihn an. Es schien, als hätte er auf den Augenblick gewartet, dass jemand im ersten Stock dieses Hauses genau dieses Fenster öffnen würde, nachdem er eine Frau von ihren Fesseln befreit hatte. Gröber rang nach Luft, er wollte rufen, doch er brachte keinen Ton heraus. Wer war das? Gröber versuchte, seine Gedanken zu sortieren. Der Mann auf der Straße schien zu nicken, ganz leicht, so wie man jemandem zur Begrüßung zunickt. Dann drehte er sich um, ging auf die andere Straßenseite, um in einen dunkelblauen Kombi einzusteigen.

»Das Nummernschild. Merk dir das Nummernschild«, forderte er sich selbst auf, doch er konnte das Kennzeichen nicht erkennen, als der Wagen durch die enge Straße wegfuhr.

»Da war ein Mann«, stammelte er endlich, als der längst weg war.

❊

Die Morgensonne spiegelte sich im Glas des Dachs dieses tollen Denkmals deutscher Ingenieur- und Baukunst. Asis Kusnezow strich sich das Jackett seines grauen Anzugs glatt und starrte an die Decke des Kölner Hauptbahnhofs, die keine war. Der Russe liebte es, immer wieder nach Deutschland zu kommen. Er kannte Frankfurt und Berlin, jetzt würde er Köln kennen lernen.

Kusnezow reiste mit leichtem Gepäck. Mehr als einen kleinen Koffer, mit dem er aus der S-Bahn gestiegen war, die ihn vom Flughafen abgeholt hatte, hatte er nicht dabei. Seinen Mantel trug er über dem Arm. Die Adresse in der Kölner Altstadt, zu der er musste, hatte er im Kopf.

Es gab keinen Grund zur Eile. Er hatte im Internet recherchiert, Karten studiert und mit seinem alten Armeegewehr ein bisschen trainiert. Er war gut in Form.

Er schlenderte den Bahnsteig entlang, während sein Blick weiter an dieser filigranen und doch so beeindruckend starken Technik haftete, die dieses Bahnhofsdach hielt. Fast wäre er über einen Mann gestolpert, der in einer Reisetasche wühlte. Er stieß mit seinem Knie in die Seite des Mannes.

»Entschuldigung«, sagte Kusnezow knapp.

Höflich zu sein fiel ihm nicht leicht. Dabei wusste er, dass er stets ein bisschen freundlicher sein musste als andere. »Es sind deine Augen, Asis«, hatte ihm seine Schwester ehrlich geantwortet, als er sie einmal danach gefragt hatte, warum sich andere Menschen vor ihm erschreckten. Augen ohne Farbe, wie die eines Todkranken oder eines Mannes, der ohne Schlaf durchs Leben geht, in tiefen Augenhöhlen. Auch der schlanke Mann im Trainingsanzug auf dem Bahnsteig konnte seinem Blick nicht lange standhalten.

»Macht nichts«, murmelte er ängstlich auf Kusnezows Entschuldigung. »Es geht schon. Vielleicht war's mein eigener Fehler.«

Kusnezow widersprach nicht und machte stattdessen unbeholfen Anstalten, dem Mann aufzuhelfen.

»Ich habe in meiner Tasche nach der Wegbeschreibung zu meinem Hotel gesucht«, stammelte er.

Der Russe nickte nur.

»Das Dorint. In Deutz.«

»Gehen Sie aus dem Bahnhof, rechts am Dom vorbei. Dann können Sie zu Fuß über Eisenbahnbrücke. Da ist Deutz. Dann immer geradeaus bis zu großer Kreuzung, da links. Da ist Hotel Dorint.«

Der Mann sah entgeistert zu Kusnezow herauf. Er versuchte das Lächeln des großen, breitschultrigen Mannes zu erwidern. Kusnezow freute sich, hatte er doch gerade einem Fremden den Weg durch eine Stadt erklärt, in der er bislang nichts gesehen hatte als dieses tolle Bahnhofsdach.

»Danke«, murmelte der Mann.

»Sie laufen den Marathon?«, überraschte Kusnezow den Mann ein weiteres Mal.

»Ich habe mich angemeldet.«

»Dann, ich wünsche, viel Glück.«

Der Russe folgte den Schildern zum Ausgang Domplatte. Wieder faszinierte ihn der Anblick von Glasfenstern. Hinter den Fenstern der Eingangshalle zum Bahnhof wuchs mit jedem Schritt, den er auf den Ausgang zumachte, majestätisch der Dom empor.

Was für eine Begrüßung! Doch die Freude sollte schnell der Enttäuschung weichen. Als er den Bahnhof verließ, umbrandete ihn ohrenbetäubender Lärm. Es traf ihn nicht unvorbereitet. Die Stadt hatte die Touristen im Internet gewarnt: In Köln wurde zurzeit sehr viel gebaut.

Kusnezow strich sich durch sein glattes dunkles Haar und zog durch den Baustellenstaub über eine Behelfstreppe zur Domplatte, wo ihn ein buntes Treiben von Touristen, Demonstranten, Bettlern, ein paar Straßenmalern und einer ganz offensichtlich aus seiner Heimat stammenden Musikantengruppe erwartete. Drei Jungs, die im wilden Westen ihr Glück mit drei Musikstücken suchten, die sie alle zehn Minuten wiederholten. Sie hämmerten Bachs Toccata und Fuge in d-Moll, das vielleicht am häufigsten missbrauchte Stück der Musikgeschichte, in die Tasten ihrer Akkordeons. Kusnezow hatte Spaß. Noch mehr als die Spielkunst gefiel Kusnezow, wie einfach es war, den Passanten die Euros aus der Tasche zu ziehen. Folklore wurde mit Euros belohnt, die dumme, reiche Japaner und Chinesen in einen Hut warfen. So funktioniert das System hier, wusste er.

Asis Kusnezow mochte die Städte im Westen. Sie waren schön, sauber und gepflegt. Voller Trubel, wenig Elend auf der Straße. Er schätzte die Art, wie sich Europäer anzogen, die etwas auf sich hielten. Sie entsprachen seinen Vorstellungen davon, wie man auszusehen hatte. Sauber und ordentlich eben, mit ein bisschen Stil und Eleganz.

Umso mehr enttäuschten ihn dann diese hässlichen Jugendlichen, die sich von der Domplatte aus durch die Hohe Straße schlängelten. Übergewichtige Pickelgesichter mit knallbunten Klamotten, schlimmstenfalls schwabbelte trotz der niedrigen Temperaturen ein Bauch über der Hose. Das konnte man auch in Moskau oder Petersburg sehen. Wo kam solch eine Geschmacksverirrung her? Aus Amerika, nahm Kusnezow an, ohne es genau zu wissen. Eine bessere Erklärung hatte er nicht.

So sehr er seine Reisen in den Westen genoss, so sehr erleichterte ihn auch immer die Gewissheit, hier nicht dauerhaft bleiben zu müssen. Zu widerwärtig war ihm die Dekadenz und Gleichgültigkeit, die hier das Leben am Laufen hielt. Die Alternative zu diesem Leben kannte er noch nicht. Doch er war sich sicher, dass es eine geben musste.

Es hatte Phasen in seinem Leben gegeben, wo er all das, worauf es ankam, in allen Teilen seines Körpers gespürt hatte. Wenn sie ihn allein auf irgendein tschetschenisches Dach oder in ein zerbombtes Haus gelegt hatten, wo er stundenlang die gleiche Stelle durch sein Zielfernrohr fixieren musste, um nicht den Moment zu verpassen, in dem er abdrücken musste. Wenn ihn jemand entdeckt hätte, hätte er sich ohne Probleme an ihn heranschleichen und ihn hinterrücks abknallen können, so konzentriert war er auf das Ziel, das er treffen sollte.

Ein Scharfschütze war gleichermaßen mächtig wie wehrlos. Und er war ganz nah dran an diesem wunderbaren Zustand, an nichts Nebensächliches mehr denken zu müssen. Den Kopf regelrecht zu leeren, um nur noch zu erfahren. Kusnezow wollte nicht aus dem lernen, was war, sondern aus dem, was ist. Auf Augenhöhe mit der Gefahr, zeitgleich mit dem, was passiert. Während man die Erfahrung macht, schon wissen, was man mit ihr anfangen will.

Wenn er in Position gegangen war, da lag und zielte, reduzierte sich sein Lebensziel auf den Tod eines anderen. Ein Gewissen, das ihn hätte plagen können, kannte er nicht. Deshalb hatte er auch nie daran gezweifelt, dass er das, was er am besten konnte, auch nach seiner Rückkehr weitermachen wollte. Er musste nicht in dem Elend enden, das all seine Kollegen erlebten, wenn sie nach Hause zurückkamen, als Helden ohne Verwendung, als lebendige Erinnerung an einen Krieg, den alle Russen lieber verdrängen wollten. Wer länger als sechs Monate in Tschetschenien war, hatte gemeinhin eine ganz schlechte Prognose. Die Erste, die den Soldaten im Stich ließ, war die Frau, die unter großer Nervenlast auf ihn gewartet hatte und dann einen Mann zurückbekam, der nicht mehr derselbe wie früher war. Aus der Entfremdung wächst die Aggression.

Als er den Alter Markt in der Altstadt erreichte, sah er ein kleines Mädchen auf den Stufen zum Denkmal von Jan von Werth, das einen deutlich älteren Jungen anbrüllte. Es dauerte nur Bruchteile von Sekunden, bis Kusnezow neben dem etwa Fünfzehnjährigen stand, der das Mädchen fest am Arm hielt und offenbar bedrohte. Diesmal lächelte er nicht, als er dem Jungen in die Augen sah, während er ihn mit der rechten Hand am Ohr packte und es nach vorne drehte. Sofort ließ der Junge das Mädchen los und sich von Kusnezow auf die Knie drücken. Dem Jungen schossen die Tränen in die Augen.

Kusnezow konnte viel ertragen. Doch wenn Kindern Gewalt angetan wurde, verlor er unmittelbar die Kontrolle. Kalte Wut stieg in ihm auf, während ihm Bilder aus seinem Elternhaus durch den Kopf schossen. Er sah seinen Vater, wie er seine Schwester schlug, wenn sie wieder einmal nicht spurte. Jahrelang hatte Kusnezow seinen gewalttätigen Vater ertragen und sich beherrscht. Bevor er jedoch ging, im Wissen, dass er niemals zurückkehren würde, hatte er seinen Vater mit zwei kraftvollen Hieben durch die schäbige Wohnstube seiner Eltern geschlagen. Als der Mann blutend in dem in tausend Stücke zersplitterten Glastisch lag, hatte er auf den Fußboden gespuckt und sich mit einem Kopfnicken von seinen Eltern verabschiedet.

Es dauerte eine Weile, bis Kusnezow die anderen Jugendlichen wahrnehmen konnte, die sich um sie herum aufgebaut hatten. Sie baten ihn, loszulassen. Bevor er seinen Griff lockerte, suchte er nach dem Mädchen. Doch das schien längst weggelaufen zu sein.

»Sie hat mich bestohlen«, heulte der Junge, als er in sich zusammensackte.

Kusnezow verstand nicht gleich.

»Sie hat mein Geld gestohlen«, stammelte der Junge. »Ich wollte es wiederhaben.«

Die anderen Jugendlichen halfen ihm auf die Beine. Sie schienen genau wie der weinende Junge zu einer Schülergruppe zu gehören, die Köln besichtigte. Kusnezow hatte eine Taschendiebin befreit, die einem Bestohlenen nicht sein Geld zurückgeben wollte. Niemand konnte ihm anmerken, wie er sich fühlte. Nach außen blieb er gefasst und ungerührt, doch innerlich stieg in ihm die kalte Wut hoch. Er hatte sich getäuscht, eine Situation falsch eingeschätzt und unprofessionell reagiert. Es war weniger das Unrecht, das er dem Jungen zugefügt hatte, über das er sich ärgerte. Noch nicht einmal die Täuschung, der er auf den Leim gegangen war. Er hatte seine Gefühle nicht im Griff gehabt.

Er atmete tief durch, bevor er den Jungen nach der Summe

fragte, die ihm die Diebin gestohlen hatte. Der Junge sah ihn verwundert an, als Kusnezow seine Geldbörse aus der Hosentasche zog.

»Was sie dir gestohlen?«, wiederholte er seine Frage.

Der Junge beruhigte sich langsam und wischte sich die Tränen aus dem Gesicht. »Vielleicht zwanzig Euro. Ich weiß nicht genau, wie viel noch im Portemonnaie war.«

Kusnezow gab ihm wortlos einen Fünfzigeuroschein. Das fiel ihm leichter, als sich zu entschuldigen. Er drehte sich um und ließ den verdutzten Jungen und seine Freunde im Schatten des Denkmals stehen.

Er hatte sich dumm verhalten. Wie ein kleiner dummer Junge. Er wusste, dass er schlauer als die meisten der Soldaten war, die sich in den Kasernen im Kaukasus gegenseitig verprügelten oder gar totschlugen. Das waren die, die nach ihrer Rückkehr Bremsflüssigkeit oder Eau de Cologne tranken, weil das Geld für den Wodka nicht mehr reichen würde. Eau de Cologne – das war witzig, dass ihm das gerade hier einfiel in der Stadt, wo dieses Zeug erfunden worden war.

Anstatt sich aufzugeben, war er im Training geblieben, hatte Englisch gelernt und sein Deutsch aufgefrischt. Nach zwei Monaten hatte er den ersten Auftrag angenommen und zu aller Zufriedenheit erfüllt.

Als er vor der kleinen Szene-Bar in der Altstadt stand, die sich hinter der Adresse verbarg, die man ihm genannt hatte, musste er sich trotz aller Professionalität überwinden, durch die Tür zu gehen. Er fand die ganze schwule Szene widerlich.

Hinter dem Tresen stand zu seiner Überraschung ein ganz normaler Mensch. Er setzte sich auf einen Barhocker und bestellte einen Kaffee. Es war wenig los in dem Schuppen zu dieser Tageszeit. Ein schwules Pärchen trank Kaffee an einem kleinen Tisch, ein Englisch sprechendes Hetero-Paar aß an der Bar etwas, das wie ein belegtes Sandwich aussah.

Als er die Kaffeetasse ausgetrunken hatte, winkte er den Ober zu sich.

»Noch einen Kaffee?«, fragte der Mann freundlich.

»Später«, antwortete Kusnezow. »Bring mir die Tasche.«

Der Mann verstand nicht gleich. »Eine Tasche? Für dich, mein süßer Großer?«

Kusnezow griff über den Tresen, packte den Kellner im Nacken und zog ihn zu sich. Das Touristenpaar schien das nicht verwunderlich zu finden.

»Trotzki. Leo Trotzki. Die Tasche«, zischte er dem Kellner ins Ohr.

Was für eine alberne Idee, Trotzki als Codenamen auszuwählen. Diesen senilen Vollidioten, der sich von Stalin umlegen ließ. Der Kellner wich zurück und verschwand in einem kleinen Raum hinter der Bar. Zurück kam er mit einer schwarzen Sporttasche, die er Kusnezow umständlich über den Tresen reichte.

»Bitte, Herr Trotzki«, flüsterte der Barmann. Er fand diesen Codenamen offensichtlich äußerst amüsant.

»Jetzt ein Bier«, sagte der Russe und setzte sich mit der Tasche an einen der vielen freien Tische. Er öffnete die Vortasche, in der er einen kleinen Zettel mit der Anschrift seines Hotels fand. Er musste lachen, als er sie las. Auf seinen Namen sei ein Zimmer im Deutzer Dorint Hotel reserviert, stand da. Er zog den Reißverschluss des Hauptfachs der Tasche auf. Ein kleiner Spalt reichte, um den Lauf der zerlegten Waffe zu sehen. Sie lag in ihren Einzelteilen auf einem dicken braunen Briefumschlag, in dem Kusnezow die Informationen vermutete, die er noch brauchte. Er kannte den Namen und das Gesicht seines Opfers noch nicht. Daneben fand er ein Lederetui, in dem sich wie bestellt ein breites Nahkampfmesser befand.

»Zum Wohl«, sagte der Ober, als er das Kölsch auf den Tisch stellte. Kusnezow trank das kleine Glas in einem Zug aus. Das Spiel konnte beginnen.

＊

Christina und Klaus Leuschen waren seit vier Jahren verheiratet, seit zwei Jahren wohnten sie zur Miete in der kleinen Bayenthaler Villa. Die Frau war sechsunddreißig Jahre alt, arbeitete genau wie ihr Mann in einem großen Kölner Zeitschriften-Verlag. Dort hatten sie sich vor sechs Jahren kennen und lieben gelernt. Nachdem es bei einer Nubbelverbrennung des »Lapidariums«, einer Kneipe am Eigelstein, gefunkt hatte, beschlossen sie, dass Aschermittwoch nicht alles vorbei sein sollte. Zwei Jahre später heirateten sie. Kinder waren in Planung, wie eine Nachbarin zu erzählen wusste. »Ein nettes und glückliches Paar.«

Christina Leuschen musste ins Krankenhaus gebracht werden, nachdem Remmer und Gröber sie gefunden hatten. Sie litt unter einem schweren Schock. Es war nicht möglich, sie anzusprechen, geschweige denn irgendetwas über die vergangene Nacht zu erfahren.

»Das ist nicht schwer zu rekonstruieren«, meinte Berger. »Leuschen ist hier getötet worden. Der Mörder hat gewartet, bis er ausgeblutet war, hat mit dem Blut die Zahl gemalt und sein Opfer dann aus dem Zimmer geschleppt, um ihn in der Bismarckstraße abzulegen.«

»Warum hat er die Frau nicht getötet?«, fragte Gröber.

»Das ist euer Job«, antwortete Berger.

»Warum hat er sie so gequält?«

»Ich glaube nicht, dass er sie quälen wollte«, mischte sich Remmer ein. »Die Frau sollte nicht mit ansehen, was er hier gemacht hat. Deshalb hat er sie so gefesselt.«

»Weil er sie schonen wollte?«, fragte Gröber misstrauisch.

»Ich glaube schon. So sieht er das wohl. Sonst macht die aufwendige Knoterei wenig Sinn. Er hatte es nur auf den Mann abgesehen. Wahrscheinlich hat sie ihn noch nicht einmal gesehen.«

Remmers Handy klingelte.

»Der Chef will uns sehen«, sagte sie, nachdem sie ein Telefongespräch beendet hatte, zu dem sie ganz entgegen ihrer sonstigen Gewohnheit kein einziges Wort beigesteuert hatte. »Er war nicht zum Scherzen aufgelegt. Wir sollten uns vorher umziehen.«

*

Die übliche Standpauke beim Chef war genauso überflüssig gewesen wie der staatstragende Kurzvortrag des zuständigen Staatsanwalts. Sie wussten, dass sie bislang wenig hatten. Doch so schlimm es war, in einer halben Woche zwei Tote zu finden, so groß war ihre Hoffnung, nun durch Verbindungen zwischen den beiden eine echte Spur zu finden. Es war eine kleine Ermittlungskommission gegründet worden, sodass sie allerlei Rechercheaufgaben verteilen konnten.

»Wir brauchen zwei völlig lückenlose Lebensläufe«, hatte Remmer als Leiterin der Ermittlungen als Aufgabe ausgegeben. »Vom Geburtsvorbereitungskurs der Mütter über die Schule bis zum Bestattungsunternehmer, den die Angehörigen jetzt ausgewählt haben. Dazu Vereinsmitgliedschaften, berufliche Funktionen, Hobbys, Freundinnen, der Name ihrer Lebensversicherungen, sexuelle Vorlieben, einfach alles. Ich will, dass ihr alles zusammentragt, bis wir wissen, was beide gemeinsam hatten.«

Während Remmer die Mannschaft instruierte, saß Gröber mit Karin Wiesberg im Nebenzimmer. Frank Vosskamps Ex-Freundin war am Morgen von einer Dienstreise zurückgekehrt und hatte sich sofort bei der Polizei gemeldet, als sie die Nachricht vom Tode Vosskamps im Briefkasten gefunden hatte. Sie schien sehr gefasst.

»Hatte Ihr Freund Feinde?«, fragte Gröber ohne lange Umschweife.

»Hätte er welche gehabt, wäre ich vielleicht bei ihm geblieben«, überraschte ihn die junge brünette Frau. Sie wartete nicht auf eine Nachfrage: »Er war immer so lieb und nett, nie ein Konflikt, immer alles ganz harmonisch. Und wenn sich mal ein Streit anbahnte, gab er auf, bevor er begann. Können Sie sich so einen Menschen vorstellen?«

Gröber fand keine Körperhaltung, die den Muskelschmerz, der offenbar Tage andauern wollte, lindern konnte. Er erinnerte sich an die Aussage der Schwester.

»Er war langweilig, oder?«

»Langweilig ist überhaupt kein Ausdruck. Ich hatte ihn furchtbar gern. Aber irgendwann geht einem diese Harmoniesucht auf die Nerven. Nichts entwickelt sich mehr. Alles läuft so weiter, wie immer. Ein grausiges Leben.«

»Warum war er so?«

»Weiß ich nicht. Ich habe ihn mal gefragt: Frank, warum hast du Angst vor einem Streit? Warum bleibst du nicht bei deiner Meinung, wenn du merkst, dass du damit aneckst?«

»Und?«

»Nichts. Er hat nichts gesagt. Was willst du, hat er gefragt, ist aufgestanden und hat eine Flasche Wein aus dem Schrank geholt. Es sei nicht gut, wenn sich Menschen streiten, hat er gesagt. Es gebe genug Streit auf der Welt.«

Eine Frau, die Streit vermisste. Wie wunderbar. Gröber überlegte, wie es wäre, wenn diese Frau ihn ein wenig massieren würde. Er hätte viel dafür bezahlt. Karin Wiesberg wirkte traurig und doch nicht unglücklich, während sie von dem Toten erzählte. Sie schien zu wissen, was man für ein Leben braucht, das man irgendwann im Rückblick als ein gelungenes bezeichnen könnte. Für so eine Frau würde er sein Leben ändern, dachte Gröber. Und mal richtig aufräumen.

»Haben Sie eine Erklärung für diese Harmoniesucht?«, fragte er.

»Kennen Sie seine Schwester und seine Mutter?«, antwortete sie mit einer Gegenfrage. »Die haben ihm sicher Feuer unterm Hintern gemacht, als er klein war. Sein Vater hat wohl auch nicht viel zu sagen gehabt. Frank hat so was mal angedeutet. Mehr weiß ich aber nicht.«

»Kennen Sie einen Klaus Leuschen?«, fragte Gröber.

Karin Wiesberg schüttelte den Kopf. Gröber legte ein Polaroid-Foto von dem Toten auf den Tisch.

»Sieht nicht so gut aus. Aber so haben wir ihn gefunden. Er ist ähnlich gestorben wie Vosskamp.«

Wiesberg nahm das Foto, um es lange anzusehen.

»Haben Sie so ein Foto auch von Frank?«

»Ja, natürlich. Sie sollten ihn aber in besserer Erinnerung behalten.«

»Ich möchte es trotzdem gerne sehen.«

Gröber holte ein Foto von Frank Vosskamp aus einer Klarsichthülle, die sie in die Akte geheftet hatten.

»Warum sollte ich es Ihnen nicht zeigen?«, fragte er, während er es neben das Polaroid von Leuschen legte. Zwei Männer, fast gleich alt, mit zwei toten Augenpaaren und einem aufgerissenen Mund in einem blutleeren Gesicht.

»Er muss sehr große Angst gehabt haben«, sagte die Frau.

»Man könnte sich vorstellen, dass beide ihren Mörder gekannt haben«, sagte Gröber, während auch er die beiden Bilder betrachtete, die vor ihm auf dem Schreibtisch lagen. »Sie haben sich nicht gewehrt, davon können wir ausgehen. Der Mörder kommt ins Zimmer, vielleicht sagt er etwas, vielleicht auch nicht. Wahrscheinlich haben die beiden gewusst, dass der Besuch nichts Gutes bedeuten konnte«, spekulierte er. »Ihr Freund hat auf der Couch gesessen, als er erstochen wurde.«

Wiesberg sagte nichts dazu, nahm stattdessen noch einmal das Bild des zweiten Opfers.

»Ich weiß nicht«, sagte sie. »Vielleicht habe ich ihn mal gesehen. Bei einem Fest oder einer Party oder so etwas. Der Name sagt mir in jedem Fall nichts.«

»Hatten Sie nach Ihrer Trennung noch Kontakt zu Vosskamp?«

»Nein«, antwortete die Frau. »Wir haben ein, zwei Mal telefoniert. Wie gesagt: Frank wollte keinen Streit, auch nach der Trennung nicht. Er hatte irgendwie keine Kraft für so etwas. Als ich ihm gesagt habe, dass ich ihn verlassen werde, hat er nur ›schade‹ gesagt. Aber er könne mich verstehen. Am Telefon hat er dann einmal geweint. Ein bisschen. Das war's.«

»Also keine Anzeichen für irgendeine Bedrohung oder so etwas?«

»Nein. Er hat mir nichts dergleichen erzählt.«

»Gut, wenn Ihnen noch etwas einfällt, rufen Sie mich an.« Gröber schob ihr seine Visitenkarte herüber. »Wir machen noch ein Protokoll, das Sie unterschreiben müssen. Wir lassen das Band abtippen. Dann können Sie gehen.«

Gröber versuchte so aufzustehen, dass ihm die Frau nicht anmerken konnte, dass ihm alle Glieder wehtaten.

»Eine Frage muss ich Ihnen natürlich noch stellen. Nur fürs Protokoll: Wo waren Sie, als Frank Vosskamp ermordet wurde?«

»In München auf Dienstreise. Das wissen Sie doch. Es gibt genug Kollegen, die das bezeugen können.«

Gröber nickte.

»Sie können hier auf das Protokoll warten«, sagte er und verabschiedete sich.

Als er nach einer Dreiviertelstunde ins Zimmer zurückkam, um das unterschriebene Protokoll zur Lagebesprechung zu holen, lag nur noch das Polaroid von Klaus Leuschen auf dem Besprechungstisch. Das Foto von Frank Vosskamp war verschwunden.

*

Die russische Armee hat sogar in ihrer Dienstsatzung festgeschrieben, dass zum Dienst an der Waffe das standhafte Dulden von Belastungen und Entbehrungen gehört. Jedes Mal, wenn Asis Kusnezow in einem dieser schicken Hotels eincheckte, erinnerte er sich an den Tag, als er im Rekrutensammelpunkt Schelesnodoroschnoje bei Moskau seine Verpflichtungserklärung unterschrieben hatte. Die Soldaten setzten ihren Namen unter einen Vertrag, der sie für die nächsten Monate völlig entmündigen sollte. Als Gegenleistung bekamen sie Dreck, Schmerzen und Abhärtung. Jetzt hatte er für seine Unterschrift das Zimmer 116 bekommen.

Er mochte diese schlichte Eleganz, mit denen Innenarchitekten die neuen Hotels im Westen ausstatteten. Kein Möbelstück zu viel, um verschwenderisch Größe zu zeigen. Jedes Accessoire, jede künstliche Blume, jeder Lichtstrahler hatte eine Funktion. Nichts stand einfach nur herum, war überflüssig, alles war wohl überlegt an seinen Platz gestellt worden. Asketische Verschwendung, nannte Kusnezow so etwas. Er liebte das Detail.

Nur mit einem Handtuch um die Hüften lag er auf dem Bett. Neben sich das zusammengesetzte Gewehr. Es entsprach exakt seinen Wünschen, zweckmäßig, präzise und ohne unnötigen

Schnickschnack wie Laserentfernungsmesser oder Schalldämpfer. Nur einen Restlichtverstärker hatte er für den Fall von schlechtem Wetter verlangt. Es sah so aus, dass er ihn brauchen würde. Er strich mit der Linken über den Lauf des Repetiergewehrs. Schaftlänge und Wangenauflage waren durch Knopfdruck verstellbar. Das Zielfernrohr kam wie gewünscht von einem anderen Hersteller. Es ermöglichte eine zwölffache Vergrößerung des Ziels und eine Entfernungseinstellung bis zu tausendeinhundert Metern. Bis zu sechshundert Metern konnte er von einer hundertprozentigen Trefferwahrscheinlichkeit ausgehen. Erst ab achthundert Metern würde er unter Umständen eine zweite Patrone aus dem Fünf-Schuss-Magazin brauchen.

Auf seinem Bauch lag der geöffnete, große Briefumschlag mit allen Instruktionen, die er noch brauchte. Er studierte den Plan des Marathons, der am Sonntag unweit seines Hotels Tausende anlocken würde. Die Strecke zog sich von Deutz über die Brücke durch die Innenstadt mit kleinen Abstechern in angrenzende Stadtteile. Er hatte wenig Verständnis für dieses seltsame Hobby, freiwillig über zweiundvierzig Kilometer durch eine Stadt zu rennen. Woher nahmen die Leute diesen Ehrgeiz? Und was bekamen Sie dafür?

Laufen eigentlich Russen Marathon? Spontan fiel ihm kein Name eines russischen Sportlers ein, der bei Marathon-Wettkämpfen mitgemacht hätte. Unsere Marathonläufer sind in Tschetschenien.

Wer die Distanz nicht schaffte, desertierte. Rund zweihundertfünfzig Rekruten, hieß es, würden jeden Monat ihre Einheit widerrechtlich verlassen. Die meisten von ihnen waren im Kaukasus stationiert. Nicht wenige von ihnen gingen, indem sie auf ihrer Flucht ein Blutbad anrichteten. Wachposten wurden erschossen, Kameraden, mit denen man eine Rechnung offen hatte, zum Abschied erstochen oder Polizisten mit der Maschinenpistole niedergemäht, die Flüchtige wieder einfangen wollten. Das alles kam vor. Natürlich nicht öffentlich.

Kusnezow war froh, diesen Teil der Welt und seines Lebens weit hinter sich gelassen zu haben. Es war nicht so sehr sein Job als Scharfschütze an jenem Ende der Welt, der ihn fertig gemacht hatte. Es waren die anderen Soldaten, die um ihn herum immer mehr verwahrlosten. Menschen wurden zu wilden Tieren ohne Anstand. Sie kannten nur noch Töten und In-die-Luft-jagen. Der Rest war nach spätestens vier Wochen verlernt.

Auch Kusnezow konnte töten. Besser als fast alle anderen. Mit dem Messer, mit dem Gewehr, aus jeder Lage. Dieser Auftrag war etwas Besonderes, ohne Frage. Kein einfacher Mord, wo man irgendwo reingeht, zwei, drei Mal abdrückt und wieder rausgeht. Sein Auftraggeber verlangte eine Inszenierung, ein öffentliches Fanal. Er wollte mit einem Bekenntnis Aufsehen erregen, und Kusnezow war derjenige, den er dazu brauchte.

Kusnezow wusste so gut wie nichts über den Auftraggeber. Er konnte sich noch nicht einmal sicher sein, ob er es mit einem Mann oder einer Frau zu tun hatte. Was er wusste, deutete auf einen Racheakt hin. Warum sonst dieses öffentliche Aufsehen? Das klang für ihn eher nach einer Frau, die über seinen Kontaktmann in Moskau seine Dienste angefordert haben musste. Zehntausend Euro hatte er für die Reise, das Hotel und als Vorschuss bekommen. Der Rest würde nach Erledigung des Auftrags als Spende an das Kinderkrankenhaus in Bukarest überwiesen werden. Ein völlig diskreter und ruhiger Weg, um zumindest an einen Teil seines Honorars zu kommen. Ein nicht unerheblicher Teil der neunzigtausend Euro würde in Bukarest und Moskau hängen bleiben, damit die kleine Bürokratie zur Vermittlung der besonderen Dienstleistungen wie geschmiert funktionieren konnte. Obwohl Kusnezow mittlerweile ein wenig in der Welt herumgekommen war, hatte er keine Ahnung, ob hunderttausend Euro, von denen ihm nach Abzügen aller Spesen und Verwaltungskosten weniger als die Hälfte blieb, für das, was er tat, angemessen waren.

Schade, dass der Marathon nicht mehr am Dom endet, dachte Kusnezow und warf den Streckenplan auf den Boden. Er stand auf, zerlegte blitzschnell das Gewehr in seine wenigen Einzelteile und verstaute es wieder in der Tasche, die er in der Schwulen-Bar bekommen hatte. Nachdem er sie ohne besondere Vorsicht in den Kleiderschrank geworfen hatte, pflückte er den blütenweißen Bademantel vom Haken. Zeit für ein bisschen Entspannung: Er machte sich auf zum Whirlpool im Bad des Hotels.

*

Auf dem Tisch von Michaela Chrischilles stapelten sich links und rechts neben einer großen Kaffeetasse in zwei Haufen gut zwanzig Fotoalben. Links Vosskamp, rechts Leuschen, exakt gestapelt. Die Polizistin war ein sehr genauer Mensch, das gewissenhafte Mädchen für alles, um das sich jede Ermittlungskommission riss. Bislang hatten sie nichts gefunden, was darauf hindeutete, dass sich die beiden Toten kannten. Festplatten, Adressbücher, Kontobewegungen, Vereinsmitgliedschaften und die Schullaufbahnen der beiden waren abgeglichen, Nachbarn, Freunde und Lieblingskneipen abgefragt worden. Das Einzige, was beide gemeinsam hatten, waren ein paar Jahre Studienzeit an der Kölner Universität, der eine als BWL-Student, der andere als Germanist. Aber das hatten Zehntausende gemeinsam. Nichts deutete an, dass sie während des Studiums irgendetwas miteinander zu tun gehabt hatten.

»Also los«, sagte Remmer, die sich der jungen Kollegin gegenüber an den Tisch gesetzt hatte. »Sie Vosskamp, ich Leuschen.«

»Wo soll ich anfangen?«, fragte Chrischilles.

Remmer nahm das erste Album vom Stapel, den sie aus Leuschens Wohnzimmer mitgebracht hatten, schlug wahllos drei Seiten auf und riss jeweils ein Foto aus der Kinder- und Jugendzeit des Toten heraus.

»Suchen Sie ihn«, forderte sie, nachdem sie ihr die Bilder vor Vosskamps Alben gelegt hatte.

Dann nahm sie die beiden oberen Alben von Vosskamp, schlug wahllos ein paar Seiten auf und riss schließlich drei Bilder von Vosskamp aus dessen alten Alben, die sie von seiner Mutter bekommen hatten.

»So machen wir das jetzt mit jedem Lebensabschnitt. Wir suchen den Toten im Album des anderen.«

Chrischilles sagte nichts, griff nach dem ersten Fotoalbum, um es Seite für Seite mit ihren perfekt manikürten Fingern mit ihren künstlichen Fingernägeln mit rosa Glitzersteinchen durchzublättern. Wenn sie nichts fand, würde es auch kein anderer tun.

Schon gar keiner der Jungs aus der Truppe, dachte Remmer, während sich einige von ihnen hinter der gläsernen Trennscheibe darüber amüsierten, dass Chrischilles auch dieses Mal wieder ihre nicht gerade kleinen Brüste während der Büroarbeit unbewusst auf die Schreibtischplatte gelegt hatte.

*

Während sich Remmer und Chrischilles an eine Sisyphusarbeit machten, hockte Gröber neben dem Krankenbett von Christina Leuschen. Regungslos starrte sie an die Decke des Krankenzimmers des Severinsklösterchens, in das der Krankenwagen sie am Morgen gebracht hatte. Ärzte und Schwestern hatten sich liebevoll um die Frau gekümmert und ihn mehrfach um Rücksichtnahme gebeten.

»Frau Leuschen, wenn Sie uns helfen wollen, sollten Sie uns ein bisschen was erzählen.«

Es war der vierte Versuch, die Frau zum Sprechen zu bringen. In ihrer Apathie wirkte sie auf dem Krankenbett sehr zerbrechlich. Die Krankenschwestern hatten ihr die Haare zusammengebunden und sie in ein schneeweißes Nachthemd gesteckt. Gröber hätte der Kontrast zu dem Anblick vom Morgen nicht sein können, als sie gefesselt im Blut ihres Mannes gelegen hatte. Er versuchte sich zu erinnern, was sie angehabt hatte, doch es fiel ihm beim besten Willen nicht ein. Vielleicht hatte sie sogar nackt geschlafen. Er wusste es nicht.

Gröber ärgerte sich darüber, dass er die Aufgabe hier im Krankenhaus übernommen hatte.

Wahrscheinlich hätte Iris Remmer hier mehr ausrichten können als er. Doch als frisch ernannte Leiterin der Ermittlungskommission hatte sie befunden, dass es besser sei, wenn sie zu Beginn der Arbeit in der Großgruppe im Büro blieb. Er wusste, was sie da jetzt tat. Klare Anweisungen und die Bereitschaft, sich gleichzeitig zu niederen Diensten wie Fotoalben durchsuchen herabzulassen, kamen im Kreise der doch meist recht einfach gestrickten männlichen Kollegen an. So baute sie in Windeseile Autorität auf. »Jungs sind so leicht zu beeindrucken«, ärgerte er sich, auch wenn er seine Kollegin wie so oft bewunderte.

»Haben Sie den Mann gesehen, der Ihrem Mann das angetan hat?«, versuchte er es erneut.

Christina Leuschen machte keine Anstalten, Auskünfte geben zu wollen.

»Hat er was gesagt? Irgendetwas? Jede Kleinigkeit könnte uns helfen.«

Die zarte Frau schien kaum zu atmen. Hätte er es nicht besser gewusst, hätte man sie für tot halten können. Gröber stand auf und ging langsam durch das Krankenzimmer. Er sprach ruhig weiter:

»Hat Ihr Mann etwas gesagt? Haben die beiden miteinander gesprochen?«

Er sah aus dem Fenster auf die Dächer der Südstadt. Minutenlang stand er da und sah dem Tag zu, wie er Platz für die Nacht machte.

»Nichts«, flüsterte plötzlich eine schwache Stimme hinter ihm. »Nichts hat er gesagt.«

Gröber schöpfte Hoffnung. Christina Leuschen sprach.

»Wer hat nichts gesagt? Ihr Mann?«

Sie nickte.

»Und der andere Mann? Hat der etwas gesagt?«

»Er hat ihn begrüßt.« Ihre Stimme zitterte.

»Er hat was?«, fragte Gröber ungläubig, während er langsam zurück zum Stuhl ging.

Sie nickte nur zur Bestätigung.

»Haben Sie ihn gesehen?«

Sie schüttelte den Kopf.

»Es ging alles so schnell, viel zu schnell. Und danach dauerte alles viel zu lange. Es hörte nicht auf«, flüsterte sie. Das Reden bereitete ihr Schmerzen.

Gröber setzte sich und nahm vorsichtig ihre Hand. Wortlos

ermunterte er sie weiterzusprechen. Sie zögerte, starrte wieder regungslos an die Decke.

»Als ich wach wurde, saß der Mann auf meinem Rücken und drückte meinen Kopf in das Kissen. Ich wusste nicht, was geschah. Noch bevor ich schreien konnte, hatte ich dieses Tuch im Mund.«

Gröber sah ihr an, dass sie in Gedanken noch einmal erlebte, wie der Mann sie gefesselt hatte.

»Ich konnte mich keinen Millimeter bewegen. Das hat Sekunden gedauert.«

Es war klar, dass man für solche Kunstfertigkeit trainieren musste.

»Dann hat er von mir abgelassen. Ich konnte nicht sehen, was er gemacht hat.«

Tränen schossen ihr in die Augen, dann drehte sie ihm unvermittelt das Gesicht zu.

»Was hat er gemacht?«, fragte sie leise.

»Sie wissen es«, antwortete Gröber, ohne die Hand loszulassen.

Sie atmete schwer.

»Er war bestimmt drei Stunden da. Er ist ein paar Mal aus dem Zimmer gegangen, aber immer nur kurz. Die meiste Zeit hat er einfach nur dagestanden und gewartet. Ich habe ihn gespürt, nur seinen Atem gehört. Ich hatte fürchterliche Angst.«

»Was war mit Ihrem Mann, als Sie gefesselt wurden?«, fragte Gröber vorsichtig. »Da muss er doch wach geworden sein.«

Ihre Hände krallten sich ins Bettlaken.

»Ich weiß es nicht. Vielleicht hat er ihn betäubt oder so was. Vielleicht ohnmächtig geschlagen. Ich habe es nicht mitbekommen.«

Sie drehte den Kopf zurück und richtete ihren Blick wieder an die weiße Zimmerdecke. Gröber ließ sie nicht los.

»Was ist nach den drei Stunden passiert?«

»Er hat Klaus aus dem Zimmer getragen. Ich weiß nicht, wie.«

Gröber ließ seinen Blick durch das kahle Krankenzimmer schweifen. Warum gab es niemanden, der dieser armen Frau ein paar Blumen ins Zimmer stellte?

»Ich werde Sie gleich allein lassen, Frau Leuschen«, flüsterte er. »Nur noch eine Frage: Kennen Sie einen Frank Vosskamp?«
Er stand auf und beugte sich über das Bett der Frau.

»Wir haben ihn vorgestern hier ganz in der Nähe gefunden. Vielleicht haben Sie sein Bild in der Zeitung gesehen? Er starb wie Ihr Mann.«

Ein leichtes Zucken schien durch den kraftlosen Körper der Frau zu gehen, als er von dem Bild in der Zeitung gesprochen hatte. Sie ließ sich Zeit mit der Antwort.

»Ich weiß nicht«, sagte sie so leise, dass man es kaum verstehen konnte.

»Was heißt das? Sagt Ihnen der Name was?« Gröber wurde ein wenig energischer.

»Mir sagt der Name nichts. Aber gestern Morgen …«

»Ja?«

»Klaus war anders als sonst. Er hat sein Frühstück stehen lassen. Er war irgendwie erschrocken, als er die Zeitung durchgeblättert hatte.«

»Hat er was gesagt?«

»Nein.«

»Haben Sie danach gefragt?«

Christina Leuschen antwortete nicht mehr. Sie schloss ihre feuchten Augen. Tränen flossen ihr über die blassen Wangen.

»Hat er in der Zeitung von dem Tod eines Bekannten gelesen?«, fragte Gröber, ohne weiter Rücksicht zu nehmen.

Sie reagierte nicht mehr. Er suchte noch einmal den Blickkontakt mit der Frau des Ermordeten, doch er sah nur völlig leere Augen, die geistesabwesend ins Krankenzimmer blickten. Er gab auf, nickte und verließ grußlos den Raum.

Draußen wehte ihm der Geruch von Desinfektionsmitteln in die Nase, als ein dicker Mann mit einem Blumenstrauß an ihm vorbeiging. Er nahm sich vor, beim nächsten Besuch auch ein paar Blumen zu kaufen. Der Rücken tat ihm weh. Wie lange hatte er jetzt hier gesessen? Zwei Stunden, drei Stunden? Er suchte vergeblich eine Uhr im Krankenhausflur, bevor er auf sein Handy schaute.

»Zweieinhalb Stunden für ein äußerst mageres Ergebnis«, seufzte er.

Insgeheim hatte er darauf gehofft, noch am Abend einen Phantombild-Zeichner herschicken zu können. Die Idee kam ihm nun ziemlich naiv vor. Hier war ein Profi am Werk. Oder zumindest jemand, der seine Taten sehr professionell vorbereitet hatte.

Wo lernt man, so schnell zu fesseln?, dachte er, während er durch den langen Flur zum Ausgang ging. Wo, so zu töten? Irgendwo im Krieg?

Draußen wehte ein frischer Wind. Ein Genuss nach zweieinhalb Stunden Krankenhaus. Er atmete tief durch.

»Und dann diese Zahlen. Elf und Zweiundzwanzig. Was sollte das? Zweiundzwanzig ist das Doppelte von elf. Ja und?«

Er schlenderte die Severinstraße hinauf, an deren Ende er sein Auto geparkt hatte. Er erwischte sich dabei, wie er wie Remmer von Schaufenster zu Schaufenster spazierte und darauf hoffte, so etwas über die Stadt und ihre Menschen zu lernen. Die Auslagen hinter Glas zeugten noch von einer gewissen Ursprünglichkeit: Wurst, Fleisch, Bücher und Gemüse. Doch auch diese alte kölsche Straße, das Herz der Stadt, wie viele behaupteten, veränderte sich. Wie eine düstere Prophezeiung kam es ihm vor, dass die Kölner Verkehrs-Betriebe in einem der Ladenlokale ein Bürgerbüro eingerichtet hatten. Hier hatte mal etwas anderes im Schaufenster gelegen als Reklame für die neue U-Bahn, die durch den Untergrund fahren sollte. Die Planer und Bauarbeiter des neuen Tunnels hatten sich mittlerweile eindrucksvoll bei der Nachbarschaft vorgestellt, indem sie dem Viertel letzte Woche einen schiefen Turm als Touristenattraktion beschert hatten. Beim Bohren eines Versorgungsschachts war der Kirchturm von St. Johann Baptist abgesackt. Keiner wollte es gewesen sein. Die Staatsanwaltschaft ermittelte wegen eines Verstoßes gegen das Baurecht.

Da wird nicht viel bei rauskommen, dachte Gröber.

Der Turm war mit Stahlstützen gesichert worden, damit er nicht umfallen konnte. Der Eingang der Kirche stand offen, als er vorbeikam. Vor der Tür parkte ein Streifenwagen. Gröber betrat das Innere der steinalten Kirche, von der der Zweite Weltkrieg nur wenig übrig gelassen hatte. Nur eine Wand eines Seitenschiffs und Teile des Mittelschiffs waren stehen geblieben. Man hatte beim Wiederaufbau das Alte mit dem Neuen zu verbinden gesucht. Ein Mann kam auf ihn zu.

»Sie dürfen hier nicht rein. Die Kirche ist noch aus Sicherheitsgründen geschlossen. Wir haben nur für den Gutachter geöffnet, der sich das hier mal ansehen soll. Sie wissen schon, wegen der Ermittlungen und so«, erklärte der Mann höflich, von dem Gröber vermutete, es sei der Küster.

Er zog seinen Dienstausweis aus der Tasche und log: »Deshalb bin ich hier.«

Er setzte sich in eine Bank der Kirche, von der vor dem Unfall kaum ein Kölner groß Notiz genommen hatte. Im Altarbereich flüsterte der mutmaßliche Küster mit dem Gutachter. Draußen rauschte der Verkehr über die Severinsbrücke vorbei. Eine einsame Kerze flackerte vor einer alten, sitzenden Madonna.

Vielleicht hat die der Chef des Verkehrsunternehmens entzündet, dachte Gröber, so viele dürfen hier ja nicht mehr rein. Und der kann es wohl gebrauchen.

Er lehnte sich in der Holzbank zurück und ließ seinen Blick über Deckenbögen wandern. Ein Raum der Stille mit einer einzigen Kerze. Jedes kleinste Geräusch, die vorsichtigen Schritte der anderen Männer in der Kirche, ihr Gemurmel wirkte wie tausendfach verstärkt. Ein Ort zum Nachdenken.

Weil die Welt so laut ist, wirkt die Stille heilsam, dachte Gröber, den Kopf im Nacken, während ihm die Augenlider schwer wurden. Er streckte die Beine aus.

Wer tut so was? Wenn es ein Profi war, warum macht er dann nicht einfach seinen Job? Geht rein, sticht zu, geht wieder raus und Feierabend. Warum dieses Theater? Warum schleppt er die Toten in irgendwelche Einfahrten oder steckt sie in einen geklauten Citroën? Warum malt er mit Blut Zahlen an die Wände?

Die schwache Beleuchtung in der Kirche schien es dem Gutachter schwer zu machen. Er hatte eine starke Stablampe dabei, mit der er offensichtlich nach Rissen in den Wänden suchte. Der Lichtkegel tanzte über die schwarzen Wände. Gröber ließ sich ablenken.

Muss es dafür dunkel sein?, fragte er sich. Vielleicht hat er sich ja in Köln verfahren oder keinen Parkplatz gefunden. Und ist jetzt leider zu spät, um im Hellen nach Rissen zu suchen.

Er musste leise lachen.

Vielleicht muss man aber einfach nur den Blickwinkel auf eine Sache ändern, um klarer zu sehen. Die Wände absuchen nach Spuren der Zerstörung.

Der Mörder legte selbst Spuren. Warum? Für wen? Die unglaubliche Gewaltbereitschaft, die nötig war, solche Taten zu vollbringen, deutete auf einen starken Mann mit Selbstkontrolle. Die Zahlen an den Wänden sprachen eher für jemand, der nach Anerkennung suchte, der Aufmerksamkeit und Verständnis wollte. Kein Ausdruck von Stärke. Eher ein Ausdruck des Wunsches nach Stärke.

Sie brauchten diese Psychologin nicht, die man ihnen zur Seite gestellt hatte. Er und vor allem Remmer hatten selbst Erfahrung genug. Die meisten Morde geschahen im Affekt, aus Eifersucht oder Habgier, seltener aus Rache. Hier deutete alles auf Rache hin. Er schaute auf das Kruzifix, das Leid Christi. Die Evangelisten haben Jesus in ihren Erzählungen bluten lassen. Dornenkrone, Nägel, einen Speer. Das Blut als Zeichen des qualvollen Todes, der Schmerzen, die jemand erleiden muss, bevor er hingerichtet wird.

»Hingerichtet. Natürlich, sie wurden hingerichtet.« Gröber erschrak über seine eigene Stimme, hatte den Eindruck, sie würde lautstark von den Wänden der kaputten Kirche zurückprallen, doch die Männer, die um den Altar herumliefen, beachteten ihn nicht.

Eine Hinrichtung ist eine Strafe, keine Rache. Er bestraft sie. Blut an den Wänden, das hat was Religiöses. Ein Zeichen, das uns etwas sagen will. So etwas tut ein Profi nicht. Es sei denn, er hat dazu den Auftrag von einem Irren bekommen, der viel Geld dafür bezahlen kann.

Welches Hirn war in der Lage, sich so etwas auszudenken? Das eines Verrückten? Oder musste man völlig klar im Kopf sein, um so töten zu können? Was für ein Auftrag: Töte sie und male mit ihrem Blut Zahlen an die Wände! Zahlen für die Polizei, Zahlen für die Nachwelt, damit sie diese Taten immer mit mir in Verbindung bringen. Also waren die Zahlen doch ein klarer Hinweis auf den, der für diese Morde verantwortlich ist.

Was wussten sie über die Toten? Zwei Männer im besten Alter, wie man so schön sagt. Er wusste, dass es nicht das beste Alter war. Die Toten waren ungefähr so alt wie er. Vierzig Jahre gelebt, um dann von einem Irren abgeschlachtet zu werden. Es hatte Zeiten gegeben, da wurden die Menschen auch ohne Mörder nicht älter. Und? Waren das deshalb unglücklichere Zeiten?

Der Mann mit der Stablampe hatte einen Aktenordner aufgeschlagen, schien etwas hineinzukritzeln. Der andere Mann hatte sich in die erste Bank gesetzt. Was wird aus der Kirche mit dem schiefen Turm? Eine Kneipe, ein Konzertsaal oder wieder eine Kirche. Wahrscheinlich würde man alles wieder so herstellen, wie es mal gewesen war.

Die Menschen können nicht loslassen, dachte er. Alles soll so bleiben, wie es ist. Und dann kommt einer und treibt es ihnen aus, indem er ihnen ein Messer in den Hals oder sonst wohin sticht.

Gröber dachte an Vosskamp. Man sitzt auf seiner Couch, denkt vielleicht mal wieder über das eigene Alter nach, es klingelt, man macht auf. Ein Mann kommt rein. Ein überraschender Besuch, keiner, über den man sich freut, aber einer, den man reinlässt. »Hallo, alter Freund«, sagt der Besucher. Das kann man so meinen, aber auch einfach nur dahersagen. Er zieht sein Messer und sticht einfach zu. Das Opfer starrt ihn an, weil es nicht glauben kann, was da passiert. Das würde eher gegen die Theorie vom Profikiller sprechen, denn den hätten die Männer doch vor ihrem Tod noch nie gesehen.

In Bayenthal war es anders. Hier war der Täter eingebrochen. Warum? Hätte Leuschen ihn nicht hereingelassen, wenn er geschellt hätte? Ihm fiel der hagere Mann vor dem Haus ein. Sah so ein Mörder aus? Es ärgerte ihn, dass er kaum in der Lage war, diesen Mann zu beschreiben. Lang und dünn, schütteres Haar, vielleicht fünfzig Jahre alt, vielleicht auch ein bisschen jünger oder älter. Der Scheinwerferkegel der Stablampe traf ihn mitten im Gesicht.

»Hey Sie, schlafen Sie, oder was machen Sie da?«

Anstatt auf die recht unfreundliche Ansprache zu antworten, stand Gröber langsam auf. Er ließ sich Zeit, bevor er in die laute Welt zurückkehrte. Der Mann mit der Lampe machte einen weiteren Versuch, von ihm eine Antwort zu bekommen, doch Gröber ließ ihn mit seiner Frage allein und schlenderte wortlos Richtung Ausgang.

Welche Verbindung gab es zwischen Vosskamp und Leuschen?, dachte er, als er die Kirche verließ. Das muss der Schlüssel sein.

*

Im Polizeipräsidium war fieberhaft nach dieser Verbindung gesucht worden. Sie hatten telefoniert, im Internet recherchiert, Menschen zu Hause besucht und dabei so gut wie nichts gefunden. Remmer hatte sich keine Mühe mehr gegeben, die Souveränität und Gelassenheit einer Chefin auszustrahlen, während sie auf Strümpfen durchs Büro getigert war.

Den spitzen Schrei von Chrischilles hatten alle als Erlösung empfunden.

»Ich habe ihn, ich habe ihn!«, brüllte Chrischilles durchs Büro, genau in dem Moment, als Bernd Gröber vom Krankenhaus zurückkehrte.

Vor ihr lag ein Fotoalbum von Vosskamp. Davor ein Jugendbild von Leuschen. Remmer stürmte um den Tisch, Gröber stürzte dazu.

»Da ist er!« Sie tippte mit ihren glitzernden Fingernägeln auf ein Foto, das eine Gruppe Jugendlicher zeigte. »Ein Geburtstag, glaube ich.«

Zehn junge Leute standen in einem Wohnzimmer herum, verkleidet in der seltsamen Mode aus der ersten Hälfte der achtziger Jahre. Menschen mit Frisuren aus einer grauen Vorzeit, Lederarmbändern, Silberkettchen und unförmigen weiten Pullovern über Hemden mit kleinen Kragen standen um eine schmale Frau in einem braunen, sackähnlichen, ärmellosen Trägershirt, die einen Kuchen mit ein paar Kerzen ins Zimmer gebracht hatte. Einer der Pulloverträger war ohne Zweifel Frank Vosskamp. Vielleicht war er das Geburtstagskind. Rechts neben ihm stand ein junger Mann mit gestreiftem, dunklem Hemd und schulterlangen Haaren. Man musste genauer hinschauen und ihn mit den Bildern aus den anderen Alben vergleichen. Es war Klaus Leuschen.

»Gibt's da noch mehr Bilder von dieser Party?«, fragte Gröber.

Chrischilles schlug die Seite um. Die weiteren Bilder dokumentierten, wie der Kuchen gegessen wurde. Dazu trank man Bier. Alle schienen bestens gelaunt. Leuschen war auf einem Bild zu sehen, wie er sich ein riesiges Stück Torte in den Mund schob. Seine Nachbarn amüsierten sich. Ein weiteres Foto zeigte, wie Vosskamp, Leuschen, ein anderer Mann und eine Frau lauthals sangen. Vosskamp spielte Luftgitarre.

»Macht einen fröhlichen Eindruck, unser Langweiler«, sagte Gröber. »Da gab's noch was zu feiern.«

»Die guten Achtziger«, spottete Remmer. »Haschisch rauchen, Pornos gucken und dann nach Bonn, um gegen die Raketennachrüstung zu protestieren.«

»Na und?«, sprach einer der umstehenden Polizisten aus, was Gröber dachte. Für eine wie Remmer mussten die Achtziger das belangloseste Jahrzehnt der Zeitgeschichte gewesen sein. Für seine Generation war es aufregend und spannend.

Mittlerweile hatten sich alle anwesenden Mitglieder der Kommission um den Tisch versammelt.

»Wir müssen wissen, wo das ist und wer die anderen Leute sind«, gab Remmer die weitere Losung für alle aus. »Jeder bekommt Kopien von den Fotos. Einer fährt zur Mutter von Vosskamp, einer zur Schwester. Kennen wir Klassenkameraden? Schulfreunde? Zeigt ihnen die Bilder. Ich will wissen, wer das ist!«

Sie hatten eine Spur. Eine kleine zumindest. Eine Verbindung zwischen den Opfern, die sich vor etwas über zwanzig Jahren gekannt haben mussten. So gut, dass sie gemeinsam Geburtstag in einem überschaubaren Kreis feierten.

»Die Zweiundzwanzig«, rief Gröber. »Zwei runde Geburtstage in diesem Jahr. Vierzig minus zweiundzwanzig ist achtzehn. Und auf den Fotos sehen wir den achtzehnten Geburtstag von Vosskamp. Da wette ich drauf.«

»Hör auf mit den Scheißzahlen«, fluchte Remmer, während sie die Bilder aus dem Album riss und Chrischilles in die Hand drückte. »Kopien machen, zack, zack.«

Erst jetzt richtete sie ihren Blick auf die umstehenden Kollegen. Sie sah in äußerst müde Gesichter. Alle hatten auf ihr »Morgen ist auch noch ein Tag« gewartet, stattdessen mussten sie nun noch ein paar weitere Überstunden schieben.

»Sollen wir heute Abend noch raus zu den Leuten?«, wagte einer der Kollegen leise zu fragen.

»Wir treffen uns morgen früh um halb neun hier«, sagte Remmer, um dann die Erleichterung, die sich breit machte, sofort wieder wegzuwischen. »Bis dahin kennen wir alle Namen von dieser Feier, verstanden?«

Michaela Chrischilles bekam den schlechtesten aller Jobs. Sie musste im Büro am Telefon sitzen bleiben und darauf warten, welche Namen die Kollegen durchgaben, die sich alle bekannten Adressen von Verwandten und Bekannten der Toten aufgeteilt hatten. Sie würde erst nach Hause gehen können, wenn sie neben jeder Person auf den Bildern einen Namen und eine aktuelle Adresse geschrieben hatte.

Gröber und Remmer zogen sich in ihr Büro zurück.

»Zwei Morde in vier Tagen«, stöhnte Remmer. »Ich habe kein gutes Gefühl.«

»Er ist noch nicht fertig, oder?«, fragte Gröber und ließ sich in seinen Stuhl fallen.

»Keine Ahnung. Vielleicht. In jedem Fall sollten wir uns beeilen, um uns da nichts vorwerfen zu müssen. Was hat's im Krankenhaus gegeben?«

»Nicht viel. Sie hat ihn nicht gesehen. Es muss fürchterlich gewesen sein.«

Remmer schob die neuen Schuhe, die sie erst am letzten Wochenende günstig erstanden hatte, in den kleinen Rollcontainer. Sie hatte den Eindruck, dass sie nach einem langen Tag ein wenig müffelten. Da sollte der Rollcontainer unangenehme Ausdünstungen stoppen.

»Morgen früh werden wir alle zehn Leute abklappern, die auf den Bildern sind. Aber was fragen wir die?«

Remmer war sich unsicher. Sie klammerten sich an eine winzige Spur, weil es ihre einzige war. Selbst wenn die Leute auf den Fotos bestätigen würden, dass Vosskamp und Leuschen mal dicke Freunde gewesen waren: Damit hatten sie noch lange nicht den Mörder, der über zwanzig Jahre später loszog und beide umbrachte.

»Zehn Leute?«, murmelte Gröber. »Das waren keine zehn bei dem Geburtstag.«

»Was?«, fragte Remmer genervt. »Noch ein Zahlenspiel?«

»Kein Spiel. Eine einfache Rechnung. Zehn plus eins sind elf.«

»Natürlich«, rief Remmer und griff zum Telefon. »Chrischilles? Wir haben einen vergessen. Sie werden elf Namen aufschreiben müssen. Einer muss die Bilder gemacht haben. Und noch etwas: Während Sie warten, suchen Sie nach weiteren Bildern.«

»Es gibt keine«, erwiderte Chrischilles. »Das Jugendalbum von Vosskamp war das letzte, das wir durchgesehen haben. Davor und danach gibt's keine gemeinsamen Bilder. Auch nicht bei Leuschen.«

»Und ausgerechnet im letzten Album findet ihr das, wonach ihr stundenlang vorher gesucht habt?«

»Wir dachten, da sei die Wahrscheinlichkeit am geringsten, weil wir doch die Schülerlisten der Schulen schon durchhatten. Sie waren nicht auf der gleichen Schule. Leuschen hat sein Abitur auf dem Aufbaugymnasium in der Gereonsmühlengasse gemacht. War ein Spätberufener, nachdem er ein paar Jahre auf der Realschule ziemlich wenig geleistet hatte. Vosskamp war neun Jahre auf dem Porzer Stadtgymnasium. Ein guter Schüler, keine Auffälligkeiten.«

»Woher können die sich gekannt haben? Wo werden zwei Achtzehnjährige so gute Freunde, dass der eine den anderen zu einer Geburtstagsparty im kleinen Kreis einlädt?«

Gröber stöhnte und kniff die Augen zusammen.

»Iris, ich glaube, deine Füße stinken.«

Remmer überhörte die Bemerkung ihres Kollegen.

»Denk mal nach, Mann. Ein gemeinsames Hobby zum Beispiel. Eins, für das man nicht in einen Verein gehen muss. Vielleicht was Kirchliches, was Politisches. Nachrüstung und so. Vielleicht haben die gemeinsam gegen unsere Wasserwerfer gekämpft?«

»Unsere Wasserwerfer?«

»Ist nur so 'ne Idee. Das sind Jungs der achtziger Jahre. Da ist man mit dem Fahrrad nach Bonn geradelt, um gegen die US-Raketen zu demonstrieren.«

»In die Disko ist man auch gegangen, oder?«

Remmer stöhnte. Ohne die Namen würden sie nicht weiterkommen. Ihr Handy summte. Auf dem Display erkannte sie Schmallenbergs Nummer. Sie drückte den Anruf weg. Der Pathologe durfte auf die Mailbox sprechen.

*

Gassmann hatte sie mit der Idee, Essen zu gehen, überraschen können. Heute wollte er sich nicht lumpen lassen. Die Genüsse des »Selanti« passten hervorragend zum Anlass.

»Was verschafft mir diese Ehre?«, fragte sie, während sie aus dem Auto stiegen.

»Es gibt viel zu besprechen.«

»Ach? Tatsächlich?«

Er überhörte ihre Nachfrage. Es hatte angefangen, ein wenig zu regnen.

Besser jetzt als am Sonntag beim Marathon, dachte er. Im Regen zu laufen machte keinen Spaß.

Sie gingen über die Berrenrather Straße zu dem feinen italienischen Lokal, das mit seinem Äußeren den Unwissenden täuschte. Hinter der Fassade des Lokals, in dem man einen preiswerten Griechen vermuten konnte, wurde Exquisites serviert.

»Weißt du noch, wann wir das letzte Mal hier waren?« Er testete sie.

»Natürlich. An deinem letzten Geburtstag. Oder war's unser Hochzeitstag?«

»Es war der Hochzeitstag, Liebes«, antwortete er spitz.

»Natürlich.«

Sie betraten das rappelvolle Restaurant, in dem man ohne Reservierung keinen Tisch bekam. Auf engstem Raum befanden sich zwölf in schlichtem Weiß gedeckte Tische. Es herrschte eine angenehme, heitere Atmosphäre. Aus der Küche zog der verführerische Duft eines frischen Lammbratens durch das enge Lokal, das mit seltsamen Wandmalereien ausgestaltet war. Eine Kellnerin mit einer langen weißen Schürze bis zum Boden schleppte eine riesige Tafel durch die engen Reihen. Mit Kreide war die Tageskarte aufgemalt. Die beiden zwängten sich an der jungen Kellnerin vorbei. Ein Italiener, der gekonnt den Sommelier spielte, wies ihnen den letzten freien Tisch zu, nachdem Gassmann ihm seinen Namen genannt hatte.

»Womit wollen wir beginnen?«, fragte sie ihn.

»Wie wär's mit Prosecco?«, fragte er zurück und bestellte.

Die Kellnerin servierte am Nebentisch eine herrlich duftende Vorspeise. Der Koch hatte das Fleisch einer Ente in einem feinen Blätterteigmantel mit Speck und Gemüse versteckt.

»Kein gutes Wetter für den Marathon, oder?«, versuchte sie mit Belanglosigkeiten ein Gespräch zu beginnen. Er nickte nur. Der Kellner brachte den Prosecco, wünschte in holprigem Deutsch einen angenehmen Abend.

»Zum Wohl«, sagte sie.

Was sollen wir noch miteinander reden?, fragte er sich, während er die perlende Köstlichkeit herunterkippte. Wozu viele Wörter benutzen, wenn man doch weiß, woran man ist? Es gab keinen Grund, eines der unzähligen Gespräche, die sie in der Vergangenheit so oft geführt hatten, ein weiteres Mal zu wiederholen. Sie hatten sich nach all den Jahren nicht mehr viel, eigentlich gar nichts mehr zu sagen. Alles war gesagt, alles geklärt. Er kannte sie, sie kannte ihn. Die Vorstellungen von einer gemeinsamen Zukunft waren schon vor Jahren auf einen Minimalkonsens zusammengeschmolzen, an den keiner mehr rühren wollte. Die Kellnerin holte ihn aus seinen Gedanken, als sie mit der Speisetafel an den Tisch stieß.

Die arme Frau, dachte er. Warum muss sie dieses Ding hier herumschleppen, anstatt ein paar handliche DIN-A-4-Seiten mit dem Tagesangebot zu verteilen? Die junge Frau baute sich neben der Tafel auf, um das Italienische ins Deutsche zu übersetzen. Noch so eine Unart der italienischen Gastronomie, die etwas auf sich hielt. Warum konnten die die Namen nicht gleich auf Deutsch auf die Tafel kritzeln? Aber das gehörte hier zum guten Ton, zu der ganz speziellen Note des Lokals, weshalb die Gäste immer wieder kamen und nach dem obligatorischen Espresso eine stattliche Summe hinblätterten. Ihm hätte die Qualität des Essens gereicht. Seine Frau war in eine intensive Konversation mit der Kellnerin eingestiegen, in ein sinnloses Palaver über Pomodori, Piselli und Pinzimonio. Womit wird das Agnello serviert? Was ist der Unterschied zwischen Fusilli und Fettucine? Was kostet die Welt? Er wusste, dass ihr das ungeheuren Spaß machte. Sie wollte immer an allem interessiert sein oder zumindest so tun. Nur so blieb man in Bewegung. Und das musste man, um geistig frisch zu bleiben, damit man genau diese sinnlose Kommunikation bis zur Perfektion treiben konnte. Das ist meine Frau, dachte er und lachte.

»Was ist so komisch?«, fragte sie ihn erstaunt, und die Kellnerin schaute nicht weniger dämlich drein. »Vielleicht willst du auch mal was bestellen?«

Er entschied sich, ohne lange zu überlegen, für die Wachteln an Feldsalat und den Lammbraten. Sie bestellte dazu einen sardischen Vermentino für einundzwanzig Euro. Früher hätte er sich eine Bemerkung über diesen Preis für einen Wein nicht verkneifen können. Jetzt war er so weit, darüber zu lächeln. Er bestellte ein Bier. Als die Kellnerin verschwunden war, machte sie einen neuen Versuch.

»Was ist der Anlass für dieses schöne Essen? Hab ich irgendwas verpasst?«

Eine brillante Frage. Alles hatte sie verpasst. Nichts mitbekommen in den letzten Jahren und erst recht in den letzten Monaten.

»Ich denke«, leitete er vorsichtig die sorgfältig geplante Provokation ein und nippte an seinem Glas mit überteuertem Mineralwasser, das ihnen die Kellnerin unaufgefordert auf den Tisch gestellt hatte. »Ich denke, wir sollten uns trennen.«

Sie reagierte genauso, wie er es sich vorgestellt hatte: Sie fuhr mit ihrer rechten Hand durch ihr blond gefärbtes langes Haar, warf den Kopf zurück und lächelte. Der Mann, der den Sommelier spielte, kam gerade rechtzeitig mit dem Wein und dem Bier. Sie brauchten dringend etwas Alkoholisches zum Anstoßen.

»So, so«, sagte sie. »Du willst dich mal wieder von mir trennen. Warum diesmal, wenn ich fragen darf?«

Er hatte sich vorgenommen, dass es diesmal anders laufen sollte. Kein aufgebrachtes Rumgebrülle, wo er alles auskotzte, was sich in den letzten Wochen angesammelt hatte, um sich dann wieder zu beruhigen und ihr Angebot anzunehmen, es weiter zu versuchen. Nein, diesmal blieb er ganz ruhig. Kein Wort zu viel und erst recht keins, das so oft schon benutzt worden war. Er sagte erst einmal gar nichts, lehnte sich zurück und freute sich auf die Wachteln.

Der letzte große Krach war schon ein Jahr her. Damals hatte er herausgefunden, dass sie ihn betrogen hatte. Mit einem miesen Arschloch ins Bett gegangen war. Er hatte sich fürchterlich aufgeregt, geschrien und versucht zu weinen. Ein paar Tage später war ihm das alles schon wieder egal gewesen. Da ärgerte er sich mehr über sich selbst als über seine Frau. Darüber, dass er nicht über diesen profanen Dingen des Lebens stehen konnte, dass er sich von der Vorstellung hatte quälen lassen, wie, wann und wo es die beiden miteinander getrieben hatten. Mit Licht oder ohne, von hinten, von vorne, nackt oder nur mit heruntergelassener Hose.

»Sag es mir, sag es mir!«, hatte er sie angebrüllt. »Ich muss das alles wissen.« Was für ein Unsinn. Warum muss der Mensch so etwas wissen? Als er das hinter sich gelassen hatte, begann er sich einzureden, das Vorgefallene als Herausforderung zu sehen, die niederen Instinkte zu überwinden. Nun, ein Jahr danach, wusste er, dass er es geschafft hatte.

»Diesmal ist es Ernst«, sagte er, nachdem er sie schweigend drei, vier quälende Minuten lang verunsichert hatte. »Es gibt keinen Grund. Es ist einfach vorbei. Schluss, aus und vorbei.«

Sie machte nicht den Eindruck, dass sie ihm das abnahm. Er bestellte ein zweites Bier und leerte sein Glas.

»Ich darf nicht zu viel trinken, heute Abend. Ich will meine gute körperliche Verfassung vor dem Lauf nicht gefährden.«

»Ist mir egal, wann und wohin du läufst. Ich möchte wissen, warum du hier an diesem wunderbaren Ort mit mir Schluss machen willst.«

»Du kennst alle Gründe. Es ist kein neuer dazugekommen.«

»So. Und warum dann plötzlich dieser Sinneswandel, wenn es keinen neuen Grund gibt, der dazugekommen ist?«, zischte sie. Er hatte sie tatsächlich ein wenig verunsichern können.

»Menschen ändern sich. Ich habe mich geändert. Ich werde gehen.«

»Ach, du wirst gehen?«

»Ja.«

»Und wohin willst du gehen?«

»Weit weg.«

Sie blies die Backen aus und pustete laut Luft durch ihre Lippen. Die Nachbarin mit Ente in Blätterteig im Bauch schaute missbilligend zu ihrem Tisch herüber.

»Du brauchst nicht laut zu werden«, sagte er leise. »Das ist normalerweise mein Part, oder?«

Sie stöhnte. Die Kellnerin brachte die Vorspeisen. Saftige, knackige Garnelen versammelten sich für seine Frau auf grünem Salat, für ihn hatten sich fünf Wachteln herrlich kross braten und auf Feldsalat legen lassen. Ihm lief das Wasser im Mund zusammen. Den Appetit hatte er ihr nicht verderben können. Sie griff genau wie er zu Messer und Gabel, um sich vorsichtig diesem Gaumenschmaus zu nähern. Hier wurde das Essen nicht in großen Stücken heruntergeschlungen. Hier wurden Wachteln in ein Dutzend Mini-Stückchen zerteilt, um zu erleben, wie sich erlesene Speisen, die ein Meisterkoch liebevoll und zärtlich behandelt hatte, um ihren Eigengeschmack zu unterstreichen, im Mund in ein kleines Feuerwerk verwandelten, das man voller Lust und tiefer Freude genoss. Sie tat es ihm gleich.

»Siehst du, so schlimm ist das gar nicht. Wir trennen uns, und du wirst auch ohne mich weitermachen, vielleicht sogar noch besser als mit mir.«

»Was soll ich weitermachen?«, fragte sie mit vollem Mund. »Du redest wenig heute Abend, aber dafür ganz schön viel Unsinn.«

»Findest du? Ich finde, ich habe noch nie so wenig Unsinn geredet wie heute Abend.«

Jetzt hatte der Mann, der den Sommelier spielte, seinen großen Auftritt. Er kam an den Tisch und begann unverständlich über Aceto, Casalinga, Feuer und Zucker zu philosophieren. Dabei bot er einen großen Esslöffel mit einer braunen Soße feil.

»Schuldigung für mein Deutsch«, sagte er. »Spezialität, dieses hier, selbst gemacht, *casalinga* eben. Aceto caramel.«

Mein Gott, dachte Gassmann. Warum kann man beim Italiener nicht einfach essen? Der Mann, der den Sommelier spielte, hatte Balsamico-Essig karamellisiert. Nachdem sie verstanden hatten, was er da anpries, erlaubten sie ihm, die süße Soße über ihren Salat zu streichen. Zunächst nur ein wenig, um dann eine neue kulinarische Überraschung an diesem Ort der Lebensfreude zu erleben. Es schmeckte köstlich.

»Was meinst du mit ›weitermachen‹?«, fragte sie ruhig.

»So weiterleben, wie du lebst. Du kannst die Wohnung behalten, kannst noch ungestörter deiner Arbeit und deinen Freizeitaktivitäten nachgehen. Machst halt denselben Scheiß, den du jeden Tag machst. Nur ohne mich.«

»Du machst auch jeden Tag denselben Scheiß.«

»Nicht mehr.«

Sie legte das Besteck beiseite und versuchte, ihm tief in die Augen zu sehen. Er ließ sich nicht beirren, genoss die Wachteln, trank sein Bier.

»Was heißt das? Warum muss ich dir alles aus der Nase ziehen?« Sie wurde lauter. »Du willst dich trennen, hast aber keinen Grund, sagst nicht, wohin du gehen willst, redest verqueres Zeug daher, meinst, ich mache jeden Tag denselben Scheiß ...«

»Ich will mich nicht mehr anstrengen. Ich bin fertig damit, jeden Tag so enden zu lassen wie den letzten, ohne den Gewohnheiten entkommen zu können.«

»Klug dahergeredet, mein Lieber.« Sie griff zum Messer und schlug gegen ihr Glas, wie jemand, der eine Rede anzukündigen hatte. »Meine Damen und Herren«, rief sie in die verdutzten Gesichter der anderen Gäste. »Mein Mann, dieser Mann, ist endlich weise geworden. Er kann uns die Welt erklären. Er kann Ihnen, meine Damen und Herren, erklären, warum Sie jeden Tag aufstehen, um denselben Scheiß zu machen, und warum er das jetzt nicht mehr tut. Er will sich nicht mehr anstrengen. Applaus, Applaus.«

Mit dieser Reaktion hatte er nicht gerechnet. Die kluge, kühle, stets beredte Karrierefrau verlor zumindest für kurze Zeit die Kontrolle über sich. Er erlebte zum ersten Mal in ihrer Ehe, dass seine Frau nicht wusste, wie sie reagieren sollte. Er freute sich darüber, dass sie die Aufmerksamkeit des ganzen Lokals auf sich gezogen hatten. Und um den Genuss perfekt zu machen, aß er seine letzte Wachtel auf, während sich seine Frau blamierte. Der Mann, der den Sommelier spielte, stürmte an ihren Tisch.

»Bitte, Signora, bitte.« Er zog die betonten Vokale mit dem italienischen Sinn für Dramatik in die Länge. »Hören Sie. Beruhigen Sie sich.«

Ein herrliches Schauspiel. Sie beruhigte sich natürlich auf der Stelle. Contenance will gelernt sein. Doch diesmal fiel es ihr augenfällig sehr schwer, die Beherrschung zurückzugewinnen.

»Entschuldigung«, sagte sie leise zu dem Kellner. »Bringen Sie uns das Hauptgericht, bitte.«

»Sehr wohl«, murmelte der Mann.

Sie strich ihren Blazer glatt und suchte unsicher ihre Handtasche. Dann stand sie auf und ging zum Klo. Ingo Gassmann musterte die anderen Gäste. Die meisten taten so, als wäre nichts geschehen. Schicke Leute, fein gemacht für einen Abend in mediterranem Ambiente. Der Besuch eines Spitzenrestaurants ist eine Kunst, die mancher hier zur Vollendung gebracht hatte. Einerseits galt es, bewusst das Außergewöhnliche zu genießen, andererseits musste man dies so tun, als wenn man es durch tägliche Übung gewohnt sei. So hob man sich ab von der Masse, die sich einen solchen Abend nicht leisten konnte oder wollte, und denjenigen, denen man ansah, dass sie für diesen Abend gespart hatten und sich bei jedem Glas Wein fragten, ob er denn wirklich diesen unverschämt hohen Preis wert war. Ja, auch das Geld ausgeben, das Bezahlen war eine Kunst, dieses lässige Hinschieben der Kreditkarte, nachdem man nur flüchtig, demonstrativ achtlos einen Blick auf die hohe Rechnung geworfen hatte. Ein Mittfünfziger, Typ Journalist im öffentlich-rechtlichen Fernsehen, im schwarzen Sakko über schwarzem T-Shirt mit hübscher, dekorativer Begleitung war hier heute Abend ohne Frage der größte Künstler: Er bestellte die Crème brûlée und die Portion Zabaione für seine Begleiterin in der Sprache der Gastgeber. Der Mann, der den Sommelier spielte, tat, als fände er das ganz wunderbar.

Ihr Idioten, dachte Gassmann. Ihr zelebriert den Traum der ewigen Jugend, angetrieben vom Wahn, immer jung und in Bewegung zu bleiben, und gepeinigt von dem Zwang, das bloß niemanden merken zu lassen. Wisst ihr nicht, daß ihr mit jeder Stunde, die ihr hier sitzt, eine weitere eures beschissenen kleinen Lebens verliert? Was sagt ihr, wenn man euch eines Tages fragt, was ihr mit den Stunden angefangen habt? Ihr habt eure neue Freundin vorgestellt, über Altersvorsorge, eure Scheidung und Autos diskutiert, über Politik und Fußball geschimpft und so getan, als wenn es noch mehr im Leben geben müsste, um auf diese Weise Mitleid von Leuten zu gewinnen, die auch nur jemanden suchen, um sich mal richtig auskotzen zu können. Schönes Leben. Aber mit Stil geführt.

Die Kellnerin brachte sein Agnello alla pugliese und stellte einen Loup de mer mit Oliven, Knoblauch und Kapern vor den leeren Stuhl seiner Frau. Er ließ seine Nase über dem großen Teller, dem saftigen, rotbraunen Stück Lammbraten kreisen. Zwei Scheiben dieses duftenden Fleisches lagen neben fein geschnittenem Kartoffelgratin, eingehüllt in eine wunderbare Petersilienpaste mit frischem geriebenen Pecorino. Er wartete nicht, bis seine Noch-Gattin vom Klo zurückgekehrt war, und fing an, den zweiten Akt des Abends zu genießen. Das Fleisch zerging auf der Zunge.

»Schön, dass du gewartet hast«, zischte sie, als sie sich wieder setzte.

»Kein Problem«, gab er zurück, als sie begann, sich ihren Loup de mer vorzunehmen. Sie aß ohne Lust. Hatte sie die Garnelen noch sichtlich genossen, schien ihr jetzt der Appetit vergangen. Er fragte sich, ob der Grund dafür die von ihm angekündigte Trennung war. Oder ob ihr nicht die Einsicht, sich hier eben fürchterlich blamiert zu haben, den Spaß an der Zauberkunst des Kochs verdorben hatte.

»Wie geht es jetzt weiter?«, fragte sie betont sachlich, nachdem sie ein wenig in ihrem Essen herumgestochert hatte.

»Ich werde einfach verschwinden, verstehst du. Es gibt nichts zu besprechen. Ich will nichts von dir.«

Sie verstand ihn nicht.

Ein Zeitungsverkäufer betrat das Restaurant, die Abendausgabe des Marktführers auf dem Kölner Boulevard unterm Arm. »Angst vor einem Serienmörder« stand in schwarzen Lettern auf der Titelseite. »Zweiter Mord in vier Tagen – Opfer erstochen und aus Wohnung geschleppt« lautete die Unterzeile. Ein Bild zeigte, wie ein Zinksarg aus einem Innenhof getragen wurde, daneben war ein Passbild des Toten abgedruckt. Der Typ im schwarzen Sakko winkte dem Verkäufer zu. Gassmann vermutete, dass er als mutmaßlicher Fernsehjournalist die Konkurrenz beobachten musste. Das tat jeder Journalist. Was haben die, was haben wir, warum haben die das und wir nicht? Auch das waren weltbewegende Fragen, mit denen sich kostbare Lebenszeit verplempern ließ.

»Soll ich dir was erzählen über den Toten?« Gassmann war drauf und dran, zu dem Holzkopf im schwarzen Sakko zu gehen und ihn zu fragen.

»Was hast du gesagt?«, murmelte seine Frau in Gedanken versunken.

»Ich kannte den Toten da.«

Sie hob ihren Kopf. Sie konnte ihm heute Abend nicht mehr folgen.

»Den Mann da auf dem Foto«, sagte er und deutete auf die Zeitung, die der Verkäufer jetzt auch ihnen anbot. Gassmann gab ihm einen Euro und schmiss ihr die Zeitung vor die Nase. »Ich kannte den Mann da. Und den, von dem sie gestern geschrieben haben, kannte ich auch.«

Er sah ihr zu, wie sie die wenigen Textzeilen auf der Titelseite überflog.

»Sie haben seinen Namen heute Nachmittag im Radio genannt, weil sie die Bevölkerung zur Mithilfe aufgefordert haben. Die Polizei hat keine Spur, verstehst du? Sie haben gesagt, wer die Männer kannte und etwas über sie weiß, soll anrufen.«

»Hast du angerufen?«

»Nein.«

»Woher kennst du sie? Ich habe die noch nie gesehen«, sagte sie, während sie den Artikel über den Mord im Lokalteil las.

»Damit sind wir wieder beim Thema. Du weißt nichts von mir. Du kennst mich eben gar nicht.«

»So ein Quatsch. Dass du mir von irgendwelchen Leuten, die du irgendwo mal kennen gelernt hast, nichts erzählst, kann man mir ja wohl nicht vorwerfen, oder?«

Sie sah ihn an. Ingo Gassmann wich ihr nicht mehr aus. Ihm schossen Tränen in die Augen.

»Es tut mir leid«, sagte er. Jetzt hatte er die Kontrolle über die Situation verloren, die er bislang mit so viel Genugtuung beherrscht hatte. »Wir haben viel falsch gemacht in den letzten Jahren. Wir haben alles geschehen lassen und nie drüber nachgedacht, nie drüber geredet. Jeder hat gemacht, was er wollte.«

Sie griff über den Tisch nach seiner Hand.

»Was ist mit diesen Leuten?«, fragte sie vorsichtig.

»Ich kenne sie von früher. Ist lange her. Wir haben …«

Er zögerte. Was sollte er sagen? Zwei tote Freunde aus alten Zeiten in der Zeitung und zwei Eheleute aus alten Zeiten an einem Tisch mit zerrissenem Tischtuch. Warum sollte er sie mit seinen Ängsten belästigen? Sie waren kein Team mehr, in dem man Freud und Leid teilte. Schon lange nicht mehr.

»Mir tut es auch leid«, sagte sie zärtlich. »Es ist wirklich vorbei, oder?«

Er nickte. Sie verzichteten auf die leckeren Nachtisch-Spezialitäten.

*

Remmer steuerte den Wagen durch das düstere Merheim. Eigentlich ein ganz netter Stadtteil Kölns, doch wehe, die dunkle Nacht legt sich über dieses rechtsrheinische Fleckchen Erde. Dann gehen hier im wahrsten Sinne des Wortes die Lichter aus.

»Hier geht man früh ins Bett«, stellte Gröber fest.

Durch einige Fenster flimmerte das Licht von Fernsehern. Straßenlaternen waren hier nicht nötig, es ging sowieso keiner nach Einbruch der Dunkelheit vor die Tür.

»Meinst du, wir können noch schellen?«

»Natürlich«, antwortete Remmer. »Wir sorgen für ein bisschen Stimmung in diesem verschlafenen Nest.«

Es hatte gut drei Stunden gedauert, bis die ausgeschwärmten Mitglieder der Sonderkommission zumindest sechs der fehlenden Namen zusammenhatten. Mit Vosskamp und Leuschen waren also acht der jungen Leute, die auf den Bildern zu sehen waren, identifiziert. Außer den Opfern war nur einer in Köln gemeldet. Trotz der späten Uhrzeit hatten sich Remmer und Gröber nach Merheim aufgemacht.

»Was wissen wir über den Mann?«, fragte sie, nachdem sie hinter der wunderbaren alten Merheimer Pfarrkirche abgebogen war.

»Er heißt Michael Höllerbach, ist neununddreißig Jahre alt,

soll verheiratet sein, steht aber allein im Telefonbuch. Keinerlei Auffälligkeiten, keine Vorstrafen«, las Gröber vor.

Remmer parkte vor einer Doppelhaushälfte. Der kleine Vorgarten war angenehm verwildert, ein schöner Kontrast zum gestriegelten Nachbargarten. Neben der Mülltonne standen mehrere Tüten mit Abfall und Glas. Ein kleiner Weg führte zu einer hässlichen, mit Schmiedeeisen verzierten Haustür.

»Hier wohnt unser Mann«, sagte Remmer und schellte gleich mehrmals. Nichts tat sich.

»Der schläft tief und fest oder ist nicht zu Hause. Lass uns wieder fahren«, murmelte Gröber, wohl wissend, dass seine Chefin ihn überhören würde.

»Musst du wieder durch den Garten gehen, was?«, scherzte sie, doch Gröber fand die Vorstellung gar nicht witzig.

»Vielleicht ist er schon tot, oder was?«

Remmer drückte erneut den Klingelknopf und ließ ihn nicht mehr los. Sie hörten, wie ein schriller Ton durchs Haus schepperte. Im ersten Stock wurde ein Fenster geöffnet.

»Hallo, wer ist da?«, rief eine Stimme herunter.

Remmer trat zurück, doch sie konnte niemanden sehen.

»Herr Höllerbach?«, rief sie hinauf. Sie erkannte die Umrisse eines Mannes hinter einem Vorhang. Das Fenster war nur einen Spalt geöffnet. »Wir sind von der Polizei, entschuldigen Sie die späte Störung, aber wir möchten Sie etwas fragen.«

Der Mann im Fenster ließ sich Zeit mit seiner Antwort.

»Es ist schon spät«, rief er leise.

»Es ist noch keine elf Uhr, Herr Höllerbach. Und weil es wichtig sein könnte, dachten wir, wir sollten nicht bis morgen früh warten.«

»Gut«, sagte der Mann und schloss das Fenster.

Abermals verging eine ganze Weile, bis sie durch das matte Glas der Eingangstür eine Deckenlampe angehen sahen. Der Mann kam langsam auf die Tür zu.

»Schieben Sie Ihren Ausweis durch den Briefkastenschlitz«, forderte er Remmer auf.

Die beiden Polizisten sahen sich verwundert an. Remmer holte ihren Ausweis aus der Tasche und steckte ihn durch den Briefkastenschlitz am Fuß der Tür. Wieder vergingen Minuten. Dann öffnete sich die Haustür. Sie sahen in die rot unterlaufenen Augen eines anscheinend völlig verwahrlosten Mannes. Er trug einen abgewetzten Trainingsanzug, seine wenigen Haare standen in alle Richtungen ab. An den Füßen trug er alte Turnschuhe. Als er sie hereinbat, schlug ihnen der beißende Gestank von ausgekotztem Schnaps entgegen. Höllerbach hatte eine Fahne, mit der er an keinem offenen Feuer vorbeikommen durfte.

»Dürfen wir reinkommen?«, fragte Gröber, der ihm seinen Dienstausweis unter die Nase hielt.

»Bitte, wenn es sein muss«, lallte der Hausherr, der offensichtlich völlig betrunken war.

Er ging voraus in sein Wohnzimmer. Als er Licht gemacht hatte, sahen sie, dass sie in einem Chaos von leeren und halb vollen Flaschen, umgekippten Aschenbechern, leeren Chipstüten und Pizzaverpackungen standen. Auf dem mit Müll überfüllten Wohnzimmertisch lagen Zeitungen, ein Pornoheft und Fernbedienungen für diverse technische Geräte. Außer einer Couch gab es keine Sitzgelegenheiten.

»Ich bin leider nicht zum Aufräumen gekommen«, lachte Höllerbach. »Habe nicht mit Ihrem Besuch gerechnet. Setzen Sie sich.«

»Wohin?«, fragte Gröber.

»Oh, Entschuldigung«, rülpste Höllerbach und stiefelte in die Küche, in der es nicht besser aussah. Immerhin gab es dort zwei Stühle, die er unbeholfen ins Wohnzimmer schleppte. Er ließ sich auf die Couch fallen.

»Darf ich Sie fragen, was hier los ist?«

»Das geht Sie nichts an. Ist privat«, blaffte Höllerbach Remmer an und legte die Füße auf den Tisch. Neben dem Sofa fand er eine halb volle Flasche Ouzo, die er sich an den Hals setzte.

»Wohnen Sie hier allein?«

»Sieht so aus, oder?«

»Allein in einem ganzen Haus?«

Der stinkende Mann im Trainingsanzug starrte Remmer an,

als wenn er vergessen hätte, dass er sie eben zur Tür hereingelassen hatte.

»Gibt's neuerdings 'ne Trinkerpolizei? Kontrollen durch Hausbesuche? Ist es schon so weit in diesem Land? Wenigstens haben sie eine hübsche Trinker-Polizistin geschickt. Sehr nett.«

Remmer nahm sich einen der Stühle und setzte sich. Gröber drückte sich unauffällig aus der Tür, um sich den Rest des Hauses anzusehen.

»Wir sind von der Mordkommission. Wir ermitteln in den Mordfällen Frank Vosskamp und Klaus Leuschen.« Remmer blieb sachlich und legte eines der Geburtstagsfotos neben das Pornoheft. Ihr fiel auf, dass Höllerbach sämtliche Kölner Tageszeitungen vom selben Tag auf dem Tisch ausgebreitet hatte.

»Ja, ja, Frank und Klaus. Lange nichts mehr von ihnen gehört«, nuschelte Höllerbach. »Ich kannte die mal ganz gut, wissen Sie? Sehr gut. Ist aber auch privat, wissen Sie? Ich trinke auf das Wohl der Verstorbenen, auf eine gute Fahrt zur Hölle. Da gehören sie hin.«

Höllerbach leerte die Ouzo-Flasche und ließ sie fallen. Man konnte ihm anmerken, dass ihm das Sprechen körperliches Leid bereitete. Er kämpfte gegen den Würgereiz.

»Es ist nichts mehr privat, wenn jemand ermordet wird, Herr Höllerbach. Sagen Sie uns, woher Sie die beiden kennen?«

»Ist lange her. Sehr lange her, habe die sehr lange nicht gesehen, die Herrschaften …«

»Woher kennen Sie die beiden?«, fragte Remmer hartnäckig.

»Wie man sich so kennt eben. Vom Geburtstag zum Beispiel, wissen Sie doch.« Höllerbach zeigte auf das Bild neben dem Pornoheft, das ihm offenbar nicht peinlich war.

»Waren Sie befreundet?«

»Oh, was für eine schwere Frage. Befreundet. Was ist das? Kann man mal befreundet gewesen sein und dann nicht mehr?«

Remmer verstand nicht.

»Ich meine: Man geht irgendwann mal durch dick und dünn zusammen, wir hatten einen Heidenspaß, standen zusammen, wollten die Welt und die Leute verändern, und dann ist plötzlich alles vorbei. Man sieht sich nicht mehr, hört nichts mehr, bis eines Tages zwei Bullen im Wohnzimmer stehen und nach den Knallköppen fragen. Ist das Freundschaft?«

»Man kann sich aus den Augen verlieren. Das ist ganz normal, finde ich. Auch Freunden passiert so was.«

»Das ist ein Scheiß, oder? Vielleicht ist das bei Frauen so. Männer halten zusammen. Sonst sind es keine Freunde, verstehen sie? So was müsste man doch wissen bei der Polizei.«

Gröber kam zurück ins Zimmer. Aus dem Schlafzimmer hatte er einen kleinen Bilderrahmen mitgebracht. Hinter dem zersprungenen Glas lächelten Höllerbach, eine brünette Frau und ein kleines Mädchen. Ein Familienidyll. Höllerbach sah jung und tatendurstig aus, das Haar mit Gel zurückgekämmt, mit gepflegtem Drei-Tage-Bart, weißem Hemd mit bunter Krawatte, Wange an Wange mit der fröhlich dreinschauenden Frau mit kecker Nickelbrille. Das Kind sah Höllerbach sehr ähnlich.

»Ihre Tochter?«, fragte Gröber und schmiss den Rahmen neben die Kopie des Geburtstagsfotos.

Höllerbach drehte den Kopf weg. In seinen Augen sammelte sich Wasser.

»Sie wohnen nicht mehr hier«, sagte er leise, während er gegen die Tränen ankämpfte. »Ich hab's kaputtgemacht. Aber das geht Sie nichts an.«

»Ist privat, wir verstehen«, meinte Remmer ruhig.

»Was ist mit Vosskamp und Leuschen?«

»Nichts.« Jetzt weinte der Mann richtig. »Sie sind tot. Das wissen Sie doch. Zur Hölle gefahren.«

Gröber stieß Remmer an. »Das hat keinen Sinn hier, lass uns fahren, mir wird langsam schlecht«, flüsterte er der Kollegin ins Ohr.

Remmer beugte sich vor und forderte Höllerbach auf, sie anzusehen.

»Wir möchten Sie morgen früh bei uns im Präsidium sehen. Haben Sie verstanden? Ein Kollege wird Sie morgen früh gegen zehn abholen. Das müsste reichen, wenn Sie nun ins Bett gehen und Ihren Rausch ausschlafen.«

Erst nickte Höllerbach wie ein kleines Kind, doch dann schlug er mit der Faust auf den verdreckten Tisch.

»Morgen ist nichts anders als heute. Ich kann Ihnen nichts erzählen.«

»Weil Sie nicht können oder nicht wollen?«

»Weil ich nicht darf.«

Remmer wartete in der Hoffnung, Höllerbach würde eine Erklärung folgen lassen, doch die kam nicht.

»Ich muss kotzen«, sagte er stattdessen, jetzt wieder völlig unaufgeregt.

Mit Mühe kletterte er aus dem Sofa und schleppte sich zum Klo neben der Haustür. Als Remmer und Gröber gingen, hörten sie die unangenehmen Geräusche einer unfreiwilligen Magenentleerung.

»Was für ein Typ, total kaputt«, grunzte Gröber.

Es war zu spät, um die Nachbarschaft nach Höllerbach auszufragen. Es war auch zu dunkel, um den Wagen zu bemerken, der auf der gegenüberliegenden Straßenseite geparkt hatte, während sie den besoffenen Höllerbach befragt hatten.

✳

Er wusste, dass Höllerbach noch wach war, also war es ein Leichtes, sich Zugang zu dem Haus zu verschaffen. Kaum war das Auto mit den beiden Polizisten um die Ecke gebogen, stand er vor der Tür und klingelte. Er zog die Handschuhe stramm und strich sein Haar zurück. Es dauerte nur wenige Sekunden, bis Höllerbach achtlos öffnete. Fleischgestank.

»Na, Frau Kommissar, haben Sie was vergessen?«, brummte der betrunkene Mann abwesend, während er zurück ins Wohnzimmer schlich und die Haustür hinter sich offen ließ.

Er trat ein und schloss die Tür selbst. Der Flur führte in das hell erleuchtete Wohnzimmer, aus dem der bestialische Gestank drang. Er strich mit seinem Zeigefinger über das kleine Brett, das über dem Heizkörper als Ablage für Schlüssel diente, und wischte eine dicke Staubschicht ab. Endzeitaussicht.

»Ich habe Sie verstanden. Auch wenn ich total besoffen bin, Frau Kommissar«, grölte Höllerbach aus dem Wohnzimmer. »Aber, Herr, äh, Frau Kommissar, ich glaube, dass Sie mich nicht verstanden haben. Ich kann nicht helfen. Ich kann niemandem helfen. Und mir kann auch keiner mehr helfen. Da ist ein Wahnsinniger unterwegs, wissen Sie? Vielleicht kommt er auch zu mir. Wer weiß das schon?« Jetzt sang Höllerbach fast. »Oh, wer weiß das schon?«

»Ich bin schon da«, sagte er leise, als er in das Zimmer trat. »Nett hast du's hier, Penner.«

Der Penner starrte ihm ins Gesicht, die Augen wie den Mund weit aufgerissen, Spucke lief ihm aus dem Mundwinkel. Höllerbach begann rhythmisch seinen Kopf vor- und zurückzubewegen, atmete schwer.

»Bist doch ein bisschen überrascht, oder?«

Höllerbach schnappte nach Luft und schüttelte den Kopf, ohne das Hin-und-Her-Gewackel einzustellen.

Er baute sich vor Höllerbach auf, öffnete seinen schwarzen Trenchcoat und zog ein glänzendes Messer aus einem Köcher, den er an der Innentasche seines Trenchcoats befestigt hatte. Die lange Klinge funkelte, als er die Waffe hob. Schlachtfest. Genau in dem Moment, in dem er zustechen wollte, kehrte das Leben zurück in den Betrunkenen. Er rollte sich auf dem Sofa zur Seite und ließ sich auf den Boden fallen. Der Messerstich ging ins Leere.

»Mich bekommst du nicht!«, brüllte Höllerbach, während er sich an dem Stuhl, auf dem eben noch der Kommissar gesessen hatte, hochzog. Ein lächerlicher Versuch. Höllerbach griff nach einer Weinflasche und zerschlug sie an der Heizungsverkleidung. Breitbeinig suchte er Halt, um sich dem Angreifer zu stellen.

Er wich einen Schritt zurück, aber nur, um dann mit zwei schnellen Schritten wieder anzugreifen. Höllerbach streckte ihm die kaputte Flasche entgegen, versuchte, ihn damit im Gesicht zu treffen. Die armselige Gestalt schwankte, sodass sie sich mit der Linken am Fensterbrett festhalten musste. Höllerbach schien auf einen neuen Messerstich gefasst, nicht aber auf den gewaltigen

Tritt, den er ihm jetzt verpasste. Höllerbach jaulte auf und krümmte sich, da zerschnitt er ihm die Sehnen im rechten Arm. Höllerbach ließ die Flasche fallen und schrie vor Schmerz. Der Überlebenswille des Betrunkenen überraschte ihn. Höllerbach trat die Flucht nach vorn an, indem er ihm vor Schmerz gebückt seinen Kopf mit aller Kraft in den Magen rammte. Er verlor das Gleichgewicht, stolperte zurück und fiel über den Wohnzimmertisch. Er riss Zeitungen, den Bilderrahmen und das Pornoheft mit sich, als er zwischen Couch und Tisch hinknallte. Für einen kurzen Moment war er nicht mehr Herr der Lage. Er sah, wie seinem Opfer wie einem Selbstmörder das Blut aus dem Arm floss und es mit der linken Hand nach dem Stuhl griff, um ihn ihm über den Kopf zu ziehen. Er musste sich doch ein wenig anstrengen, rollte zur Seite, um dem Stuhl auszuweichen. Blitzschnell stand er wieder auf den Beinen. Seine Augen funkelten, schnell hatte er sein Lächeln wiedergefunden. Höllerbach pinkelte sich in die Hose. Offensichtlich realisierte der Mann im schäbigen Trainingsanzug, dass ihm nur die Flucht als einzige, winzige Chance blieb. So drückte sich sein Opfer an der Wand entlang, wohl um den Moment abzupassen, in dem es losrennen wollte.

»Gib auf«, sagte er ruhig. »Du hast dich gewehrt, um dein elendes Leben gekämpft, das ist doch schon was.«

Er wusste um seinen Vorteil, dass dieser Mann nach den Alkoholexzessen der letzten Tage sowieso keinen wirklich überlegten Gedanken mehr fassen konnte, auch wenn alle äußeren Symptome eines Volltrunkenen plötzlich wie weggeblasen schienen. Höllerbach stürmte, ohne weiter nachzudenken, los. Der Mann brüllte, während er ihn verfolgte. Höllerbach brüllte, während er zustach. Sein Opfer brach vor der Haustür im Flur zusammen. Das Messer steckte in seinem Rücken. Gestanksvernichtung.

Er packte ihn an den Füßen und zog ihn zurück ins Wohnzimmer. Höllerbach schrammte über die Scherben der Weinflasche und schlug mit dem Kopf gegen den Wohnzimmertisch. Mit einem kräftigen Ruck schleuderte er sein Opfer auf die Couch, wodurch das Messer noch tiefer in seinen Rücken eindrang. Höllerbach atmete schwer, während sich das Blut in seinem Rachen sammelte. Er musste sich von Höllerbach anspucken lassen und ertragen, dass der blutige Schleim seines Opfers nun am Mantel herunterlief. Höllerbach versuchte offenbar sein Lächeln nachzumachen. Er ließ ihn nicht gewähren und drückte seinem Opfer den Kopf zwischen die Beine. Bevor er das Messer aus dem Rücken zog, drehte er es zwei Mal herum. Dann stieß er Höllerbach wieder zurück. Jetzt glotzt du genauso wie die beiden anderen, dachte er und nahm den linken Arm seines Opfers. Langsam, als ob er ein zartes Stück Schweinebraten aufschnitt, ließ er die Messerklinge den Unterarm aufschlitzen. Dann vergrößerte er die Wunde am rechten Unterarm. Höllerbach starrte ihn an, während er auf dem bislang ungenutzten Stuhl gegenüber der Couch Platz nahm. Er nahm das Pornoheft, auf dessen Titelseite eine Frau ohne Hose an einer Schultafel stand und so tat, als ob sie schreiben könnte, während ein junges Mädchen in Schulmädchenuniform einen Mann in einem aufgeknöpften Hausmeister-Overall mit dem Mund befriedigte. Auf dem Schreibtisch der Lehrerin standen allerlei Utensilien, die eine aufregende Geschichte im Heftinnern versprechen sollten. Spießersex. Er wischte die Messerklinge mit dem Heftchen ab und schmiss es Höllerbach auf den Schoß. Der senkte den Kopf und blickte apathisch auf den Schund zwischen seinen Beinen.

»Sehr passend, oder?«, flüsterte er. Er zögerte noch, die Waffe mit der geputzten Klinge wieder einzustecken. »Doch, wirklich sehr passend.«

Er erhob sich, packte Höllerbach mit der Linken an der Schulter und rammte das Messer mit aller Gewalt in das Gesicht der Frau mit nacktem Unterleib. Nachdem er das Messer gedreht hatte, war Höllerbach entmannt. Zum Schreien hatte der längst keine Kraft mehr. Eunuchengestöhn.

»Es wird nicht lange dauern«, sagte er abschätzig.

Er ging mit der blutverschmierten Klinge die Treppe zu Höllerbachs Schlafzimmer hoch. Im Gegensatz zu Wohnzimmer und Küche war hier alles picobello aufgeräumt. Er musterte die durchaus geschmackvolle Einrichtung des Schlafzimmers. Toll, wenn Leute auf einen Kleiderschrank im Schlafzimmer verzichten können, dachte er. Er mochte die Einfachheit, die Leichtigkeit und Eleganz ausstrahlte. Neben dem Bett standen weiße Nachtschränkchen mit kleinen, schlanken Lämpchen. Eine Betthälfte war schön säuberlich gemacht, Kissen und Decke aufgeschüttelt. An der Wand hing ein großes Bild moderner Kunst. Verschiedene Blautöne in einem diffusen Licht, das ihn ans Meer erinnerte. Die Farben, so ähnlich und doch so verschieden, verschwammen und blieben trotzdem klar unterscheidbar. Eine wunderbare Täuschung, die dem Betrachter die Grenzen der Sinneskraft aufzeigten. Ein Bild, in dem man sich verlieren konnte. Er ging ins Bad.

»Wie war das? Jedes Gesicht ist ein Irrtum? Was hatte der Mann im Spiegel in Vosskamps Wohnung gesagt?«, flüsterte er, als er sein Spiegelbild betrachtete. Er gefiel sich deutlich besser. Sein Gesicht hatte klare Konturen, sein Blick war klar. Keine Spur mehr von dieser aufgedunsenen Kugel, die ihn in Vosskamps Badezimmer angewidert hatte. »Gut, dass er sich gewehrt hat.«

Er wusch die Klinge ab und wischte sie mit Klopapier trocken. Das war eine Erfahrung, aus der sich lernen ließ, während man sie machte. Volle Konzentration, Aug in Aug, Auftrag erfüllt. Er war über sich hinausgewachsen. Kraftbeweis. Ein Besoffener ist wie ein wildes Tier, redete er sich ein. Nicht wie Vosskamp oder Leuschen, diese Weicheier. Hier hatte er was fürs Leben gelernt, entsprechend zufrieden war er mit dem Bild, das er diesmal im Spiegel sah. Kein alter Mann, sondern einer, der die Reife besaß, die Jugend hinter sich zu lassen. Dieser Wahn, mit dem die Menschen hofften, die Tatsache verdrängen zu können, dass ein kleines Menschenleben in über fünfzehn Milliarden Jahren Geschichte der Materie nichts anderes ist als eine winzige Sekunde. Anstatt sich über den Wert dieser kurzen Zeit auf diesem Staubkorn in einem unermesslichen großen Kosmos klar zu werden, klammert sich der Mensch an die Millisekunde, die er Jugend nennt.

»Und die vergeudet er auch noch«, sagte er zu seinem Spiegelbild. »Er tut Dinge, die er sein ganzes Leben bereuen wird, ob er will oder nicht.«

Er wusch sich die Hände, trocknete die Armaturen ab und warf das Papier in die Klospülung. Er löschte das Licht und ging zurück ins Wohnzimmer. Michael Höllerbach saß tot auf seinem Sofa. Freundschaftsdienst. Er vermied in die riesige Blutlache zu treten, die sich auf dem Boden ausgebreitet hatte. Er hielt keine der vier Wohnzimmerwände für geeignet. Deshalb ging er in die Küche und suchte einen sauberen Spülschwamm. Er nahm eine kleine Plastikschale, die er zwischen Müll und ungespültem Geschirr fand, und kehrte zurück. Den Schwamm zog er langsam durch die Lache, bis er sich voll gesogen hatte. Anschließend wrang er ihn über dem Schälchen aus, das sich langsam füllte. Als er genug Blut in der Schale gesammelt hatte, warf er den Schwamm in die Zimmerecke und zog sich zurück in die obere Etage des Hauses. Es war das wunderschöne Bild im Schlafzimmer, das ihn anzog. Diesmal keine weiße Wand, sondern Blut auf blauer Leinwand. Indem er die geschmackvolle Schlafzimmereinrichtung zerstörte, wollte er den schönen blauen Traum vom Meer vernichten, das er nie mehr wiedersehen wollte. Er riskierte viel, das wusste er. So kann man Spuren hinterlassen. Doch es war ihm egal. Er kniete sich auf das Kopfkissen der ungemachten Betthälfte, tränkte seinen Zeige- und Mittelfinger im Handschuh mit dem Blut Höllerbachs und begann über das Bild zu malen. Sorgfältig zeichnete er eine Drei und eine Null ins diffuse Licht.

»Jetzt fehlt nur noch eine«, murmelte er. »Bald ist alles vorbei.«

*

»Er macht nicht auf, was soll ich machen?«

Der junge Polizist, den Remmer nach Merheim geschickt hatte, um Höllerbach abzuholen, hatte ihre Besprechung unterbrochen. Sie hatten damit begonnen, die gesammelten Daten über die Teilnehmer der Geburtstagsfeier auszutauschen und zu diskutieren. Alle Personen auf den Bildern waren Gymnasiasten, die meisten waren mit Vosskamp zur Schule gegangen. Außer Vosskamp, Leuschen und Höllerbach hatten sie einen weiteren Namen einem Menschen zuordnen können, der in Köln wohnte. Der Rest war verzogen. Gröber hatte bereits die zuständigen Polizeipräsidien in den anderen Städten benachrichtigt und ihnen einen Fragekatalog gefaxt. Eines der Mädchen auf den Bildern schien nach Mallorca ausgewandert zu sein. Die spanische Polizei sollte die Adresse herausbekommen und die Frau auffordern, sich in Köln zu melden.

»Der schläft seinen Rausch aus. Klingeln Sie weiter.«

»Ich schelle seit fünf Minuten, es tut sich nichts«, jammerte der Kollege am anderen Ende der Leitung.

»Dieser Höllerbach geht mir langsam auf die Nerven. Haben Sie mal angerufen?«

»Ja. Es tut sich nichts.«

»Gehen Sie mal ums Haus, vielleicht können Sie ihn im Wohnzimmer in seiner Müllhalde schlafen sehen. Ich bleibe dran.«

Sie konnte hören, wie der Polizist stöhnte und über die Wiese schlurfte. Dann durfte sie zuhören, wie der Mann gegen eine Scheibe klopfte.

»Es tut sich nichts. Man kann nichts sehen, die Vorhänge sind vorgezogen.«

»Können Sie eine Tür aufbrechen, ohne dass uns das hinterher teuer zu stehen kommt?«, fragte Remmer. Die umstehenden Polizisten mussten lachen.

»Nein, so was hab ich nicht gelernt«, antwortete der arme Kollege in Merheim.

»Verdammt noch mal! Dann treten Sie die Tür eben ein. Ich nehme das auf meine Kappe.«

Das zerspringende Glas schepperte durch den Telefonhörer.

»Scheiße, Scheiße, Scheiße«, brüllte der Polizist so laut in sein Handy, dass es alle anwesenden Mitglieder der Sonderkommission hören konnten. »Mein Gott, Scheiße, Scheiße.«

Gröber griff nach seiner Jacke und beorderte zwei Kollegen, mitzukommen. Ein anderer alarmierte unaufgefordert die Spurensicherung.

»Hören Sie. Bleiben Sie ganz ruhig«, rief Remmer ins Telefon.

Sie hielt den Hörer zu. »Wie heißt der Mann? Kennt ihn jemand?«

Chirschilles kannte den Namen des Polizisten, den die Leitstelle losgeschickt hatte. Sie hatte ihn instruiert.

»Er heißt Obermeyer. Ist erst ein paar Tage bei uns.«

»Herr Obermeyer, gehen Sie langsam wieder in den Garten. Sie müssen sich das nicht ansehen. Hören Sie, das ist ein Befehl.«

Der Mann in Merheim wimmerte. »Scheiße, Scheiße, was ist hier los?«

»Gehen Sie raus da!«, brüllte Remmer jetzt. »Sie bekommen in wenigen Minuten Verstärkung. Gehen Sie raus und berichten Sie. Los!«

Eine Minute herrschte Funkstille in der Leitung, dann meldete sich Obermeyer wieder. Er hatte sich gefangen.

»Hier ist alles voller Blut, das ganze Wohnzimmer ist voller Blut. Hier ist jemand geschlachtet worden. Eine Leiche gibt es nicht. Zumindest hab ich im Wohnzimmer keine gesehen.«

»Es wird keine da sein«, sagte Remmer ruhig. »Es war unser Mann. Bleiben Sie da, bis die Kollegen kommen. Dann können Sie nach Hause fahren. Wenn Sie Hilfe brauchen, melden Sie sich.« Remmer schmiss den Hörer über den Besprechungstisch und fluchte.

»Wir hätten ihn mitnehmen müssen. Was für ein Mist. Warum haben wir ihn nicht mitgenommen und in eine Ausnüchterungszelle gesperrt?«

»Es gab keinen Grund dazu«, versuchte sie ein älterer Kollege zu beruhigen. »Ihr hättet ihn gar nicht mitnehmen dürfen.«

»Na und? Jetzt ist er tot, der Mistkerl. Liegt irgendwo in dieser Stadt herum als ausgeblutetes Stück Vieh. Mausetot. Und wir hätten es verhindern können. Wie heißt der vierte Mann von den Bildern, verdammt? Ist es wirklich so einfach? Wir finden ein blödes Foto von einem albernen Geburtstag. Von den Gästen wohnen vier heute noch in Köln, und drei davon sind jetzt tot. Das kann doch wohl nicht wahr sein.«

Remmer tobte, rannte im Zimmer auf und ab, schnaufte wie ein Pferd.

»Der vierte Kölner heißt Ingo Gassmann«, sagte Chrischilles vorsichtig. »Was sollen wir machen?«

»Ich fahre dahin. Gib mir die Adresse. Keine Fehler mehr und ein bisschen Tempo, Leute. Gröber wird sich melden und euch eine verdammte Zahl durchgeben. Vier von euch werden sich in ein Zimmer setzen, das wir am besten von außen abschließen. Ihr werdet euch eure Hirne zermartern und alles aufschreiben, was euch zu den Zahlen einfällt. Der Rest macht sich wieder auf die Suche nach einer Verbindung der drei. Bezieht diesen Ingo Gassmann mit in die Recherche ein. Vielleicht findet ihr was? Woher kannten die sich? Was verband sie, und warum haben sie sich nicht wieder gesehen? Warum haben sie sich verkracht? Chrischilles, du sorgst dafür, dass die Spurensicherung Tempo macht und alle Streifen Ausschau nach dem toten Höllerbach halten. Besorg ein Foto. Und haltet die Presse raus.«

Sie stürmte aus dem Zimmer.

✳

Gröber trat auf die Bremse und riss, ohne auf den Gegenverkehr zu achten, das Lenkrad herum. Die Olpener Straße war nicht breit genug, um in einem Zug wenden zu können. Fluchend setzte er zurück, um dann mit Vollgas dem dunkelblauen Kombi nachzusetzen, der vor wenigen Augenblicken an ihm vorbeigefahren war. Den Mann hatte er schon einmal gesehen. Es dauerte ein paar Sekunden, bis er das Gesicht zuordnen konnte. Wieder hatten sich ihre Blicke getroffen. Gröber hatte keinen Zweifel, dass hinter dem Lenkrad des Kombis derselbe hagere Mann gesessen hatte, den er in Bayenthal vor dem Haus von Leuschen gesehen hatte. Nur kurz hatten sie sich in die Augen gesehen, dann hatte der Mann seinen Blick abgewendet und Gas gegeben.

Diesmal hatte Gröber alle Sinne beieinander. Er griff zum Funkgerät und forderte Verstärkung an. Höllerbachs Haus hatte Zeit. Er wusste ohnehin, was ihn dort erwarten würde. Jetzt galt seine ganze Aufmerksamkeit diesem Mann.

»Sperrt die Straßen, verdammt noch mal!«, brüllte er ins

Funkgerät. »Er fährt stadtauswärts, vielleicht will er auf die Autobahn.«

Gröber versuchte zu überholen. Etwa dreihundert Meter und drei Wagen vor sich sah er den Kombi abbiegen. Er drückte auf die Hupe. Blaulicht hätte ihm das Leben sehr erleichtert. Der Kombi fuhr mit hohem Tempo Richtung Autobahnauffahrt. Mit Mühe schaffte es Gröber, den ersten Wagen vor sich zu überholen. Er durfte ihn nicht verlieren. Einen Kombi einzuholen, das müsste doch zu schaffen sein.

»Schickt Wagen auf die A4, in beide Richtungen«, gab er Anweisungen.

Der Unbekannte bretterte auf die Autobahn.

»Dieses Rennen wirst du verlieren!«, rief Gröber, als ihm die Leitstelle durchgab, dass in beiden Fahrtrichtungen Streifenwagen auf den Standstreifen warten würden. Manchmal konnte die Polizei ganz schön schnell sein.

Als Gröber auf die Autobahn auffuhr, sah er im Rückspiegel, wie ein Wagen der Autobahnpolizei im Affenzahn auf der Überholspur die Verfolgung des Kombis aufnahm. Auch er gab Gas, näherte sich immer weiter dem Unbekannten. Dieser zeigte sich von seinen Verfolgern unbeeindruckt und raste mit vollem Tempo auf die nächste Abfahrt zu, eine ansteigende Fahrspur, die sich vor zwei Ampeln teilte. Gröber ahnte, was passieren würde.

Der Wagen der Autobahnpolizei schaffte wenige Meter vor der Abbiegespur, den Kombi zu überholen und sich vor ihn zu setzen. Gleichzeitig mussten die Polizisten bremsen, um nicht auf die Autos aufzufahren, die wahrscheinlich vor der Ampel warteten. Sie hielten ihren Wagen mitten auf der Fahrspur, um dem Kombi keinen Platz zum Überholen zu lassen, doch anstatt zu bremsen, raste der Wagen rechts der Fahrspur die Böschung hoch.

Wie bei einer Skisprungschanze schoss der Kombi über die Anhöhe hinaus. Gröber sah, wie sich das Auto nach links um die eigene Achse drehte und so rund dreißig Meter durch die Luft flog. Der Wagen landete auf dem Dach, titschte wie ein Ball zwei Mal auf, um dann ungebremst in den Verkehr der Hauptstraße zu

rutschen, auf die die Autobahnausfahrt mündete. Es knallte und
schepperte. Gröber, der genau wie die Autobahnpolizisten den
Wagen verlassen hatte, konnte zunächst nicht sehen, was der
Kombifahrer angerichtet hatte. Erst als er auf allen vieren die Bö-
schung hochgeklettert war, wurde ihm das ganze Ausmaß der
Verwüstung klar.

Vier Autos waren ineinander gerast, ein Lastwagen hatte sich
quer über die Fahrbahn geschoben und den umgekippten Kombi
in den Straßengraben gedrückt. Ein Mann und eine Frau liefen
blutüberströmt und schreiend über die Straße, während die beiden Autobahnpolizisten anderen Fahrzeuginsassen aus ihren Autos helfen wollten. Ein junger Mann hing leblos über dem Lenkrad seines Golfs.

Gröber griff nach seinem Handy und alarmierte die Feuer-
wehr, während er über die Straße zu dem Kombi rannte. Die Rä-
der des Wagens drehten sich in der Luft, die Fahrertür war durch
den Aufprall abgerissen worden. Vom Fahrer fehlte jede Spur. Er
musste schon vor dem Aufprall aus dem Auto geflogen sein.
Gröber rannte zurück, nahm kaum wahr, was um ihn herum passierte. Auch die beruhigenden Worte des Polizisten, dass offensichtlich alle Unfallopfer mit dem Leben davongekommen waren, konnten ihn nicht erreichen. Er suchte den Mann, der das
hier verursacht hatte. Den Mann, der wahrscheinlich ein geistes-
kranker Mörder war. Der ihnen zugesehen hatte, wie sie sich über
blutige Zahlen an Wänden den Kopf zerbrachen.

Gröber schäumte vor Wut. Wieder erreichte er die Spitze der
Böschung, wo der Wagen abgehoben sein musste, doch von dem
Fahrer fehlte jede Spur. Das konnte nicht sein. So etwas überleb-
te man nicht unverletzt. Irgendwohin musste der Mann geschleu-
dert worden sein.

Mehrere Krankenwagen trafen ein. Notärzte und Sanitäter
stürmten zu den Verletzten. Feuerwehrmänner machten sich mit
einem Brecheisen an dem Golf zu schaffen, um den jungen Mann,
der offensichtlich doch bei Bewusstsein war, zu befreien. Was für
eine Szene. Was aussah wie eine mittlere Katastrophe, schien sich
zu einem kleineren Unfall mit wenigen Verletzten und Blech-

schaden zu entwickeln. Gröber traute seinen Augen nicht. Da war einer mit höheren Gewalten im Bunde.

»Verdammt, verdammt«, fluchte Gröber. »Das hätte man alles vermeiden können, verdammt noch mal.«

Es gab keinen Zweifel mehr: Der Mann, den er verfolgt hatte, war entwischt. Immerhin hatten sie sein Autokennzeichen.

*

Remmer hatte gerade die Auffahrt zur Zoobrücke passiert, als ihr Handy summte. Sie kramte ihr Telefon aus der wie immer viel zu großen Handtasche, die neben ihr auf dem Beifahrersitz lag.

»Eine Dreißig«, rief Gröber ins Telefon. »Er hat eine Dreißig auf ein blaues Bild gemalt. Mit dem Blut von Höllerbach. Sieht aus, als hätte es diesmal einen Kampf gegeben.«

»Von der Leiche keine Spur?«

»Natürlich. Das Blut hat er hier gelassen, die Leiche mitgenommen.«

»Was für ein Horrortrip«, stöhnte Remmer. »Ich fahre jetzt zu diesem Gassmann. Keine Ahnung, ob uns das irgendetwas bringt. Wir sehen uns im Präsidium.«

»Warte mal«, sagte Gröber scharf. »Das ist noch nicht alles. Hast du Polizeifunk gehört?«

Sie verneinte. Gröber fiel es hörbar schwer, von der erfolglosen Verfolgungsjagd nach dem unbekannten hageren Mann zu berichten. Remmer hörte schweigend zu, während sie ihren Wagen über die Innere Kanalstraße steuerte. Ein paar Männer luden in strömendem Regen rot-weiße Barken von einem Lastwagen, mit denen übermorgen während des Marathons der Verkehr geregelt werden sollte. Am Straßenrand wurde eine übergroße Reklame einer Uhrenfirma mit dem Hinweis, dass hier die letzte Zeitmessung vor dem Ziel stattfinden sollte, installiert.

»Vergiss es«, unterbrach sie Gröber schließlich, der immer wieder sein Unverständnis über das Verschwinden des Unfallfahrers bekundete. »Beruhige dich. Wie machen die das eigentlich mit der Zeitmessung bei der Masse an Läufern?«, fragte sie ihren verdutzten Kollegen.

Sie stellte sich vor, wie mehrere verzweifelte Menschen mit großen Blöcken und Stoppuhren am Rand standen und zwanzigtausend Zwischenzeiten hinter Startnummern notierten.

»Weiß ich nicht«, stammelte Gröber kleinlaut durch den Hörer.

»Was hat die Halterabfrage des Kombis ergeben?«, fragte Remmer ruhig.

»Ist auch so eine dumme Geschichte. Der Mann hat den Wagen am letzten Wochenende auf eine Kleinanzeige in der Zeitung hin gekauft und ihn bislang nicht umgemeldet. Der Kombi gehört einem braven Familienvater aus Bickendorf, der dem Käufer seines Wagens blind vertraut hat und sich keinen Ausweis zeigen ließ, als dieser mit Michael Groß unterschrieb.«

»Origineller Name. War das nicht ein Schlagersänger?«

»So was Ähnliches. Ein Schwimmer.«

»Lass uns weitermachen, Gröber. Wir sehen uns im Präsidium.«

Über die Subbelrather Straße erreichte sie die Ehrenfelder Leostraße, in der Gassmann mit seiner Ehefrau wohnen sollte. Ein Anruf bei der Stadtverwaltung, für die Gassmann im Bauverwaltungsamt arbeitete, hatte ergeben, dass er sich fünf Tage freigenommen hatte.

Gassmann öffnete Remmer in einem langen weißen Bademantel die Wohnungstür in dem schicken Mehrfamilienhaus. Remmer stellte sich vor, Gassmann bat sie freundlich herein.

»Sie müssen entschuldigen, ich hatte noch keine Lust, mich anzuziehen«, sagte Gassmann, während er in die große Altbauküche ging. Eine ungewöhnliche Situation, fand sie. Ein gut aussehender, sportlicher Mann im Bademantel bot ihr einen Stuhl und Kaffee an.

»Danke, Herr Gassmann. Ich weiß nicht, ob Sie sich denken können, warum ich hier bin.«

Ingo Gassmann drückte gewandt ein paar Knöpfe eines Kaffeevollautomaten, der dann lautstark begann, Bohnen zu mahlen.

»Geht es um Frank Vosskamp und Klaus Leuschen?« Gassmann übertönte mit fester, ruhiger Stimme den Automaten, der nun in zwei Tassen Kaffee spuckte. »Ich habe überlegt, ob ich mich bei Ihnen melden sollte, als ich die Geschichte in der Zeitung gelesen habe.«

»Warum haben Sie's nicht getan?«

»Ich hab's vor mir hergeschoben, und dann haben Sie ja auch ohne meine Hilfe Vosskamps Namen herausbekommen. Vielmehr hätte ich Ihnen auch nicht sagen können.«

Remmer legte Kopien der Geburtstagsbilder auf den Küchentisch, auf dem noch Brot und Marmelade vom Frühstück standen.

»Kennen Sie diese Bilder? Können Sie sich an die Feier erinnern?«

Gassmann nahm die Fotos. Man konnte ihm ansehen, dass er sie noch nie zuvor gesehen hatte. Er schien sich zu freuen angesichts des schon etwas vergilbten Zeugnisses vergangener Zeiten.

»Mein Gott, wie sahen wir da aus. Das sind lustige Bilder. Wo sind die gemacht worden?« Er zeigte auf sich und lachte.

»Fällt Ihnen nichts zu den Bildern ein?«

Ingo Gassmann zog demonstrativ die Augenbrauen hoch. »Was soll mir einfallen?«

»Kennen Sie alle, die da zu sehen sind?«

»Ich müsste ein bisschen nachdenken. Das war bei Vosskamp, oder? Ja, genau. Ein Geburtstag, ich erinnere mich. Er hatte ein paar Leute von seiner Schule eingeladen, die kannte ich nur vom Sehen.«

»Und Leuschen?«

»Das war schon ein gemeinsamer Freund, würde ich sagen. Aber ich habe ihn genau wie Vosskamp ewig nicht gesehen.«

»Warum nicht?«

Gassmann holte den Kaffee und stellte ein Kännchen aufgeschäumte Milch auf den Tisch. Er setzte sich ans Kopfende und nippte an seiner Tasse.

»Gute Frage. Warum haben wir uns ewig nicht gesehen? Man verändert sich, geht einen anderen Weg als der andere. Einer hat studiert, einer ist ins Ausland gegangen, einer machte eine Lehre. Wie das so geht. Die Schule ist irgendwann zu Ende, und dann war's das eben. Man wird erwachsen.«

»Waren Sie gute Freunde?«

»Ja, ich glaube schon. Wir haben einiges miteinander erlebt.«

»Und da hat niemand jemals den Wunsch verspürt, die Erinnerungen aufzufrischen und sich mal wieder zu sehen?«

»Ich nicht. Vosskamp habe ich mal getroffen beim Einkaufen. Der wohnte hier in der Nähe. Da haben wir ein bisschen geplaudert. ›Hallo, wie geht's?‹ und so. Dann stellt man schnell fest, dass man sich eigentlich nichts mehr zu erzählen hat. Wie bei einem Klassentreffen. Zwanzig- bis dreißigmal muss man sagen, was man von Beruf ist, ob man verheiratet ist und Kinder hat. Und danach fällt einem nichts mehr ein, was man noch erzählen könnte …«

»Und jetzt sind Vosskamp und Leuschen tot«, unterbrach sie ihn.

Gassmann senkte den Kopf und kratzte sich über die unrasierte Wange. Sie fand den Mann attraktiv, so wie er vor ihr stand. Solange Männer nicht völlig nackt sind, können sie sogar allgemein gültigen Maßstäben der Ästhetik standhalten, dachte sie.

»Das ist sehr traurig«, sagte er leise. »Wissen Sie schon irgendetwas über den Mörder?«

»Wenig«, gab sich Remmer offen. »Nicht genug.«

»Das ist schlimm. Wer tut so etwas? Hatten die beiden noch Kontakt?«

»Das ist das, was uns stutzig macht. Es sieht nicht danach aus, als wenn Vosskamp und Leuschen ihre Freundschaft weiter gepflegt hätten. Im Gegenteil. Uns fehlt die Verbindung zwischen beiden. Wo haben Sie die beiden kennen gelernt?«

Gassmann stützte seinen Kopf auf beide Hände, schlug die Augen auf und tat, als ob er eine weite Reise in die Vergangenheit antreten musste.

»Es ist so lange her«, stöhnte er. »Ich glaube, dass wir uns in einer Disko getroffen haben. Durch Zufall. Da hat man ein bisschen gequatscht, hat ein Bier zusammen getrunken und sich fürs nächste Wochenende wieder verabredet. So ging das ein paar Wochen, bevor man angefangen hat, sich auch mal an anderen Tagen zu treffen. Wir haben uns gut verstanden, waren auch mal zusammen Ski fahren.«

Remmer glaubte ihm nicht. Das klang ein bisschen seltsam, so als ob er sich die kleine Geschichte gerade im Moment ausgedacht hätte. Sie verzichtete trotzdem auf eine Nachfrage.

»Was ist mit dem?«, fragte sie stattdessen und zeigte auf den jungen Höllerbach, der vor einem großen Glas mit irgendeinem scheußlich bunten Longdrink neben Leuschen in die Kamera lachte.

»Das ist Michael«, antwortete Gassmann ohne langes Zögern. »Der gute Michael Höllerbach. Unser Clown. Wir haben viel über ihn gelacht. Er konnte sehr witzig sein. Ein guter Kumpel, ein bisschen triebgesteuert, aber sonst sehr nett.«

»Was heißt das, ›triebgesteuert‹?«

»Der war heiß auf jede Frau in seiner Umgebung. Ich weiß nicht, wie viele Freundinnen der gehabt hat damals. Wir waren jedenfalls ziemlich neidisch.«

Iris Remmer beugte sich zu Ingo Gassmann, bevor sie die Fotos und die Kaffeetassen zur Seite schob. Wie fühlte man sich, wenn man erfuhr, dass ehemalige Freunde grausam ermordet worden waren? Sie war sich nicht sicher, ob ihr Gegenüber ehrlich war. Vielleicht bedeutete ihm der Tod von Vosskamp und Leuschen wirklich nicht viel. Von ihrem Tod hatte Gassmann in der Zeitung erfahren, jetzt wollte Remmer seine Reaktion auf eine neue Nachricht testen.

»Höllerbach ist auch ermordet worden«, sagte sie langsam.

Gassmann schwieg. Unter der Haut der Wangen sah man Muskeln zucken. Hatte sie ihn überraschen, gar schockieren können? Der Mann im Bademantel kniff die Augen zusammen, stand auf und ging zum Fenster.

»Das ist ungewöhnlich, oder?«, fragte Remmer, während sie ihm auf die seltsam behaarten Beine starrte. Ingo Gassmann hatte weiße Flecken auf den Waden, richtige Inseln, auf denen kein Haar wuchs. Bademäntel müssten länger sein, dachte sie. »Da sterben drei Männer in kürzester Zeit hintereinander. Alle drei haben sich vor zwanzig Jahren mal gut gekannt und sich danach nie wieder gesehen. Dazu müsste Ihnen doch irgendwas einfallen, finde ich.«

Während sie weiter auf seine Waden starrte, machte sie eine kleine Pause. Als immer noch keine Reaktion kam, wurde sie ein bisschen lauter.

»Sind Sie der vierte?«

Gassmann fuhr herum, sodass sein flatternder Bademantel ein bisschen mehr von der nackten Haut preisgab.

»Der vierte was?«, brüllte er. »Was wollen Sie? Der vierte Tote? Ich stehe hier und spreche mit Ihnen. Mir geht es gut. Ich bin lebendig. Niemand hat mich bedroht.«

»Was regen Sie sich so auf?« Es machte ihr Spaß, ihn ein wenig aus der Reserve zu locken. Der Mann, der gut und gerne fast zehn Jahre jünger als sie war, war Wachs in ihren Händen. »Sie müssen mich verstehen, Herr Gassmann. Ich habe gestern Abend in der Wohnung Ihres Freundes Höllerbach gestanden. Da war der auch quicklebendig. Heute Morgen ist er tot. Helfen Sie mir! Denken Sie nach, damit ich weiterkomme. Wie kann ich sicher sein, dass ich Sie morgen wiedersehe?«

»Es gibt keinen Grund, warum mich jemand umbringen sollte.«

Gassmann beruhigte sich wieder und kam zurück zum Tisch.

»Glauben Sie mir, es gibt keinen Grund.«

»Gut. Ich möchte, dass Sie noch einmal über alles nachdenken. Jede Kleinigkeit kann wichtig sein. Rufen Sie mich sofort an, wenn Ihnen was einfällt.«

Remmer legte ihre Visitenkarte auf den Tisch.

»Sagen Ihnen die Zahlen Elf, Zweiundzwanzig und Dreißig etwas?«

Gassmann schüttelte mit dem Kopf.

»Diese Zahlen hat der Mörder an die Wand geschrieben, bevor er gegangen ist. Es will uns etwas zeigen, aber wir wissen nicht, was. Ich möchte Sie bitten, in den nächsten Tagen möglichst vorsichtig zu sein. Gehen Sie am besten nicht allein vor die Tür.«

Gassmann lachte.

»Das wird nicht möglich sein.«

»Warum nicht?«

»Ich trainiere für den Marathon am Sonntag. Da muss ich schon noch mal vor die Tür«, sagte Gassmann und fügte scherzhaft hinzu: »Sie können ja einen Polizisten mitlaufen lassen.«

Remmer stand auf.

»Keine schlechte Idee.«

Das wäre der richtige Auftrag für Gröber. Sie freute sich über diesen erheiternden Gedanken. Da könnte ihr altersschwacher Kollege doch mal zeigen, was er als Enddreißiger noch so draufhatte.

»Wie alt sind Sie?«, fragte sie unvermittelt.

»Neununddreißig.«

»Das passt ja gut.«

Gassmann sah Remmer verwundert an, als sie sich für den Kaffee bedankte und zur Tür bringen ließ.

»Ach, eine Frage hätte ich noch«, sagte sie im Gehen. »Wie messen die Veranstalter vom Marathon die Zeiten der ganzen Läufer? Können Sie mir das erklären?«

Gassmann schien die Frage zu überraschen.

»Wie kommen Sie denn darauf?«

»Nur so. Ich hab mich das gefragt, als ich hierher gefahren bin.«

»Jeder Läufer hat einen Chip im Schuh, mit dem sich die Zeiten elektronisch einzeln messen lassen. Das ist eine tolle Sache. Man läuft durch eine Lichtschranke, und der Computer registriert die exakte Zeit zu jeder Startnummer.« Es schien ihm Spaß zu machen, ihr das Prozedere zu erklären.

»Tolle Sache«, wiederholte Remmer brummend.

Gassmann schloss hinter ihr die Wohnungstür. Ein Geräusch ließ sie auf der ersten Treppenstufe noch einmal innehalten. Es klang, als würde sich der Mann im Bademantel in seiner Wohnung mit dem Rücken zur Tür in die Hocke fallen lassen. Vielleicht nahm ihn der Tod der alten Bekannten doch mehr mit, vielleicht auch die Drohung, dass er der Nächste sein könnte. Warum haben Wohnungstüren keine Schlüssellöcher, durch die man schauen kann?

So eine Marathon-Vorbereitung muss hart sein, dachte sie. Da stößt man wahrscheinlich nicht erst beim Lauf an seine physischen Grenzen. Das muss die totale psychische Erfahrung sein. Die Herausforderung an die eigene Bequemlichkeit, die schmerzhafte Überwindung der Angst. Darauf konnte sie gut und gerne verzichten. Dieser Sport war Unsinn, befand sie. Wie alle anderen Sportarten auch.

*

Asis Kusnezow stand inmitten des tosenden Verkehrs und staunte über die Verkehrsführung. Zwischen Deutzer Bahnhof, Messe und Deutzer Brücke hatten die Verkehrsplaner all ihr Können aufgebracht, um die Autofahrer möglichst bequem an ihr Ziel zu führen. Zumindest diejenigen, die sich hier auskannten. Der Rest war verloren. Neben den Straßen wurden Tribünen und Gerüste aufgebaut. Auf der Fahrspur stadteinwärts sollte der Zieleinlauf entstehen. Rechts von ihm würde der Startbereich ausgeschildert werden.

Er ärgerte sich darüber, dass die Veranstalter den Zieleinlauf von der Domplatte ins rechtsrheinische Deutz verlegt hatten. Die Stadt wollte den Trubel vor dem Dom begrenzen. Am Dom hätte er es leichter gehabt.

Wo sollte er sich hier postieren? Die Wahl fiel schwer. Er musste nah genug sein, um sein Opfer auch erwischen zu können, wenn es sich in einer Gruppe aufhalten sollte, und weit genug, um in Ruhe arbeiten und anschließend flüchten zu können.

Zwischen Rheinufer und Straße verbaute der Landschaftsverband die Rücklagen seiner Pensionskasse in einem hundertzehn Meter hohen Haus. Die Kölner nannten den Turm tatsächlich Hochhaus, wie Kusnezow in seiner vorbereitenden Lektüre feststellen konnte. Eine riesige Diskussion hatte sich an diesem kleinen Turm entzündet: Die Zeitungen hatten berichtet, dass die

Bauherren zunächst ihr Geld ohne Baugenehmigung investiert hatten. Als sie die dann nachträglich bekamen, begann die Debatte um die Höhe des Hauses, weil es angeblich dem Dom im Wege stand. Einige Hochhausgegner hatten sogar erreichen können, dass die Unesco den Kölnern damit drohte, ihren geliebten Dom von der Weltkulturerbeliste zu streichen. Das hatte die Stadt im Mark erschüttert. Denn alles, was den Dom betrifft, schien diese Stadt im Mark zu erschüttern.

Was für ein Unsinn, dachte Kusnezow und musterte die noch unverglasten Räume des Rohbaus. Eine Alternative war das Dach des Bürogebäudes, hinter dem der Turm emporwuchs. Oder eines der Büros, in die sich sicher sonntags leicht einbrechen ließe. Ein Büro an der Seite zum Zielbereich wäre ein idealer Arbeitsplatz.

Ein Zugang zum Turm wie auch zum Bürogebäude ließ sich leicht über dem großen orangefarbenen Baukran finden, der etwa hundertzwanzig Meter hoch neben dem Hochhaus über vier Stahlstreben an dem Gebäude befestigt war. Kusnezow überquerte die Straße und ging die Zufahrt zum Kopf der Hohenzollernbrücke hoch, um sich den Kran aus der Nähe anzusehen. Die Baufirma hatte sich wenig Mühe gegeben, die Baustelle abzusichern. Es sah nicht so aus, als wenn er am Wochenende irgendwelche Schwierigkeiten bekommen könnte, die ihm den Aufstieg erschweren würden. Ein kleiner Aufzug ersparte dem Kranführer die Strapazen, die Leiter in sein etwa hundertzehn Meter hohes Führerhaus zu klettern. Kusnezow würde ihn nicht benutzen können.

Wichtiger als die Frage, wie lange er zum Heraufklettern bräuchte, war die, wie lange es wohl dauerte, wieder unten zu sein. Er musste rund siebzig Meter überwinden, um dann über eine der Stahlstreben, die den Kran hielten, in den dreiundzwanzigsten Stock des kaum gesicherten Turms klettern zu können. Von dort aus könnte er das Dach des vorgelagerten Bürokomplexes erreichen, von dem er eine perfekte Sicht auf den Zieleinlauf haben würde. Er schätzte, dass er etwa fünfzehn Minuten für den Aufstieg und zehn Minuten für die Flucht hätte.

Kusnezow machte noch ein paar Polaroid-Fotos vom Baustellenzugang und von dem Kran. Danach drehte er sich um und schlenderte in aller Ruhe die Brücke hinauf. Der nicht enden wollende Nieselregen machte ihm nichts aus. Er genoss den Blick auf die linke Rheinseite. »Eine wunderbare Stadt.«

*

»Wir haben was gefunden.« Die Kollegin Schiller warf ein kleines, rotes Büchlein auf Remmers Schreibtisch.

»Liber AL vel Legis«, las Remmer den in schwarzen Buchstaben aufgedruckten Titel. »Was ist das?«

»Noch nie was davon gehört?«, fragte die Kollegin. »Haben wir in einer Kiste im Keller von Vosskamp gefunden. Ein ganz besonderes Buch.«

Remmer blätterte in dem Heftchen, eine seltsame Verssammlung mit nummerierten Sprüchen.

»Es gibt keinen Gott außer dem Menschen«, zitierte sie. »Der Mensch hat das Recht, nach seinem eigenen Gesetz zu leben.«

»Wo Sie gerade dabei sind …«, unterbrach sie Schiller. Sie nahm ihr das Buch aus der Hand, schlug eine bestimmte Seite auf und gab es ihr zurück. »Lesen Sie das mal, Chefin.«

»Als Wohlgeruch vermische Mehl und Honig und dicke Reste roten Weins, dann Abramelin- und Olivenöl, und danach weiche und glätte es mit reichlich frischem Blut.«

»Was ist das für 'n Scheiß?«, fragte Gröber, der ihr gegenüber saß.

Seine Chefin starrte mit offenem Mund auf das Heft in ihrer Hand. Wortlos schmiss Schiller ein zweites Exemplar auf den Schreibtisch.

»Sie können mitlesen. Das haben wir bei Höllerbach gefunden. Ganz normal im Bücherregal.«

»Das beste Blut ist vom Mond, monatlich, dann das frische Blut eines Kindes oder Tropfen vom Wirt des Himmels, dann vom Priester oder den Anbetern, zuletzt von irgendeinem Tier, egal welches.«

Remmer sah Schiller angewidert an.

»Was ist Blut vom Mond?«

»'ne Monatsblutung«, antwortete die Kollegin, ohne die Miene zu verziehen.

Gröber hatte die Seite gefunden, die Remmer vorgelesen hatte, und fuhr fort:

»Brenne dies; daraus mache Kuchen und iss sie für mich. Dies hat auch noch einen anderen Nutzen; lass es vor mir hingelegt sein, dicht bedeckt mit dem Duft deiner Lobgesänge. Es soll voll von Käfern werden und Kriechtieren, die mir geweiht sind. Diese erschlage, deine Feinde benennend, und sie werden vor dir fallen …«

»… ebenso werden diese Lust und Kraft zur Lust erzeugen in dir, während du von ihnen isst«, vervollständigte Remmer die Verse.

Sie schleuderte das Buch über den Tisch.

»So ein Dreck. Kuchen aus Monatsblutungen mit Käfern drin. Das ist ekelhafter Scheiß.«

»Der Mann, der das geschrieben hat, hat seine Leute Ziegenscheiße fressen lassen. Als so 'ne Art Aufnahmeprüfung für seinen Orden. Er hat das Wort ›ich‹ verboten, und jeder, der es benutzte, musste sich mit einem Rasiermesser in den Arm schneiden.«

»Aleister Crowley«, las Gröber den Namen des Autors vom Buchdeckel ab. »Ein Satanist, oder?«

»Du kennst das?«, fragte Remmer erstaunt.

»Ich bin eben noch etwas jünger als du. Aber keine Panik, ich hab keine Ahnung, was es damit auf sich hat. Ist in jedem Fall altes Zeug.«

»Nicht ganz. Die Geschichte ist wieder in Mode gekommen. Es gibt Leute, die noch heute versuchen, nach seinen Lehren zu leben. Und es gibt Leute, die daraus einen regelrechten Blutrausch machen. Erinnern Sie sich an den grausamen Mord von diesem Satanisten-Pärchen aus Witten?«, fragte Schiller. »Die glaubten, im Auftrag des Teufels höchstpersönlich zu handeln.«

»Ein Buch als Anleitung zum Mord?«

»Natürlich nicht«, antwortete Schiller. Sie nahm sich einen Stuhl und setzte sich zu den beiden, die offensichtlich ein paar Trends ihrer Jugend nicht mitbekommen hatten.

»Nicht jeder, der das Buch gelesen hat, ist ein mordender Satanist. Das ist ein bisschen Kulisse fürs Gläserrücken. Sie wissen schon, dieses Glas, das über einen Tisch zu Buchstaben des Alphabets wandert und einem Fragen beantwortet. So ein Buch haben sich Leute in den Schrank gestellt, weil's schick war. Das wirkt schön verrucht, sieht nach cooler Opposition gegen alles und jeden aus. Nicht jeder nimmt das ernst.«

Remmer und Gröber staunten über die Nachhilfe.

»Wie alt sind Sie, Schiller?«, fragte Gröber.

»Fünfunddreißig.«

»Gut, dann bin ich zu alt für so einen Unsinn.«

»Okkultismus war immer in«, belehrte ihn die Kollegin. »Mal mehr, mal weniger. Ozzy Osbourne hat mal einer Fledermaus den Kopf abgebissen. War das nicht in ein Star Ihrer Jugend, Herr Gröber?«

»Bilden Sie sich bloß nichts auf läppische vier Jahre ein, Frau Kollegin. Dieser Spinner gehört in die Jugend einer älteren Generation«, gab er den Ball an Remmer weiter.

»Den habe ich vor ein paar Monaten in ›Wetten dass ...‹ gesehen. Ein alter Tattergreis, der mit seiner Tochter ins Mikrofon stammelt.«

»Genau. Ich sag's ja. Alles kommt immer wieder«, freute sich Schiller. »Der hat früher ganz lustige Sachen auf der Bühne gemacht.«

»Können wir mal zum Fall zurückkommen?«, fragte Remmer, »ich glaube kaum, dass Herr Osbourne unsere Opfer erstochen hat. Was machen wir mit diesen Büchern hier?«

»Schlagen Sie mal die erste Seite auf«, forderte Schiller sie auf.

Remmer nahm das Buch mit spitzen Fingern und blätterte es auf. Mit einer schwer lesbaren Schrift waren Worte und ein Zeichen in den Einband geschrieben. Sie versuchte den Text zu entziffern.

»Der Mensch hat das Recht, zu leben, nein, zu lieben, wen er will. Erfülle dich nach Willen in Liebe, wie du willst«, las sie holprig.

Darunter standen zwei Namen. Der eine sah aus wie Mona, der andere konnte Randy heißen.

»Eine Widmung. Vielleicht ein Geschenk«, vermutete Remmer.

»Das klingt so, als hätten die mit dem Buch mehr gemacht, als es in den Schrank zu stellen«, sagte Gröber. »Der Mist hat denen was bedeutet.«

»Der Spruch, den die da reingeschrieben haben, ist auch von Crowley. Die beiden Mädchen haben das Buch gelesen und wollten, dass es Vosskamp auch tut«, sagte Schiller.

»Was wissen Sie noch von diesem Typ, der den Mist verzapft hat?«

Schiller holte einen eng beschriebenen Zettel aus der Tasche.

»Ich habe ein bisschen recherchiert. Crowley lebte von 1875 bis 1947 und hielt sich selbst für das ›große Tier‹, so eine Art Inkarnation des Leibhaftigen. In Ägypten will er einen Minister des Teufels kennen gelernt haben, der ihm dann an drei Tagen dieses Buch diktiert haben soll.«

»So, so, ein Minister des Teufels«, höhnte Gröber.

»Er hat eine Art Religion geschaffen. Ihr wichtigster Grundsatz: Tu, was du willst, das sei das ganze Gesetz. Er hat eine feine Suppe angerührt aus alten Traditionen, ein bisschen Geheimwissen und Hexenkult sowie indischem Geistesgut. Er gründete eine Art Geheimbund für Auserwählte, die die Welt aus all ihren Beschränkungen befreien sollen, einschließlich aller überlieferten Moralvorstellungen. Um eine vollkommenere Bewusstseinsstufe zu erreichen, sollen allerlei Rituale mit Tieropfern, viel Blut und Sex helfen. Da ist es ganz schön rundgegangen. Es gab ein regelrechtes Ekeltraining: Exkremente fressen, um seinen Willen zu trainieren, der möglichst keine Schranken mehr kennt. Und das kann die Jünger schon mal in unsere Karteien führen.«

»Von dem meisten dürften wir nie was erfahren«, warf Gröber ein. »Alles schön geheim. Und keiner packt aus, weil er Angst hat.«

»Ich erinnere mich an diesen wahnsinnigen Amerikaner, der damals diese Schauspielerin getötet hat«, sinnierte Remmer. »Wie hieß er noch?«

»Manson, Charles Manson«, las Schiller von ihrem Zettel ab. »Der hielt sich für den Teufel und Christus zugleich und hat in Kalifornien acht Menschen rituell getötet.«

»Die Zeitungen waren voll davon. Die Leute waren angeekelt und gleichzeitig fasziniert«, erinnerte sich Remmer.

»Mit der Berichterstattung über den Fall kam der Satanismus nach Europa«, sagte Schiller lapidar, »und bis heute gibt es Leute, die in Geheimlogen, Sekten oder ganz offen diesem Crowley huldigen. Wenn Sie mehr wissen wollen, tippen Sie seinen Namen in eine Suchmaschine im Internet.«

»Haben wir so ein Buch auch bei Leuschen gefunden?«

»Bis jetzt noch nicht«, antwortete Schiller. »Wir müssen mit der Frau sprechen. Wir konnten da nicht einfach das ganze Haus durchsuchen.«

»Gut, tun Sie das.« Remmer stand auf und drehte auf Socken eine Runde durchs Zimmer. »Was ist mit unserer Namensliste von den Geburtstagsfotos? Stehen da eine Mona oder eine Randy drauf?«

Gröber schüttelte den Kopf.

»Dann müssen wir eben alle fragen, ob sie eine Mona oder eine Randy kennen. Lasst die Jungs auch nach diesem Buch fragen. Wer hat das noch? Wieso, weshalb, warum und so weiter. Dann müssen wir unsere Karteien durchsuchen, ob uns irgendwelche aktiven Freaks dieser Szene bekannt sind. Wo läuft so was hier? Bei der Sitte? Oder bei Betrug?«

»Vielleicht bei den Politischen«, spekulierte Schiller.

»Wie auch immer. Fragen Sie nach, ob jemand was weiß. Wir müssen wissen, ob eines unserer Opfer etwas mit der Szene zu tun hatte.«

»Die sahen nicht so aus wie Satanisten, oder?«, meinte Gröber.

»Was heißt das schon. Vielleicht hatten sie früher mal Spaß dran. Vielleicht ist das die Verbindung, nach der wir suchen. Vielleicht haben sie sich heimlich zum Rumexperimentieren getroffen, ohne dass es jemand mitbekommen hat. Eine Geheimloge eben …«

»… mit knallhartem Peitschensex in dunklen Kellergewölben …«, ergänzte Gröber.

»… und Ziegenscheiße zum Nachtisch«, fuhr Schiller fort.

»Ist mir egal«, schloss Remmer, »holt euch die Leute, die ihr braucht, und sucht. Vielleicht kommen wir mit diesem Liber al Dings weiter.«

*

Es dämmerte schon. Er war zu spät losgelaufen. Das Gefühl war anders als sonst, sein Tempo außerordentlich hoch. Die Umgebung kam ihm fremd vor. Er rannte durch einen Park mit hohen Bäumen, in dem er noch nie gewesen war. Mit voller Geschwindigkeit an Baumreihen entlang. Sch-sch-sch-sch. Das Geräusch störte nicht das Gefühl von Ruhe, Freiheit und Ausgeglichenheit. Im Gegenteil. Sch-sch-sch.

Nach einer Weile trieb es ihn regelrecht an, weil es ihn einengte und bedrückte. Er suchte nach einer Möglichkeit, den Weg zu verlassen, abzubiegen auf eine Strecke, die durch lichteres Gelände oder gar über eine Straße führte. Er fühlte sich beobachtet. Jemand schien ihn zu verfolgen, doch wenn er sich umschaute, konnte er nichts entdecken. Alles nur Einbildung?

Wenn man Angst hat, wird man unsicher, sieht und fürchtet Dinge, die gar nicht da sind. Es regnete in Strömen und war bitterkalt. Obwohl er rannte wie ein Verrückter, wurde ihm nicht warm.

Endlich eine Möglichkeit, abzubiegen: Er lief durch ein kleines, offenes Tor. Der Weg wurde etwas breiter, immer noch säumten hohe Baumreihen die Strecke. Er schaute nach links und rechts. Das war sonst nicht seine Art. Da rannte er geradeaus, den Blick nach vorne gerichtet, unbeirrbar, mit einem klaren Ziel vor Augen. Sch-sch-sch. Bäume, Bäume und plötzlich schemenhaft dazwischen die Umrisse von zunächst gesichtslosen menschlichen Gestalten.

Sch-sch-sch. Zwischen jedem Baum ein Mensch, ein Mann, der ihm zuzusehen schien. Regungslos und doch bedrohlich. Ein wenig Licht fiel auf die Szenerie, gerade so viel, dass er die Gesichter der Männer erkennen konnte. Blutleere Gesichter, aschfahl im Mondschein. Es waren ihre Gesichter. Sie schienen zu lachen, doch er konnte sie nicht hören. Sch-Vosskamp-sch-Leuschen-sch-Höllerbach und wieder von vorne. Tote lachten über sein albernes Training.

Er wusste nicht mehr, wo er war. Das war ihm noch nie passiert. Er hatte sich verlaufen im Wald der Toten. Er wusste nicht, ob er umkehren oder einfach weiterrennen sollte, als er vor sich ein großes Kreuz auftauchen sah.

Das Symbol des Todes und der Erlösung ragte meterhoch vor ihm empor. Ihm wurde klar, dass er auf einen der großen Kölner Friedhöfe geraten war. Auf welchen, wusste er nicht. Er erkannte Grabsteine in der Dunkelheit. Er suchte die bekannten Gesichter, doch Vosskamp, Leuschen und Höllerbach schienen verschwunden. Kein Mensch weit und breit. Er bog ein weiteres Mal rechts ein, meinte, so automatisch den Weg zurück zu finden. Doch tatsächlich schien er sich nur noch mehr zu verirren.

Kleine rote Kerzenlichter in Grableuchten, die Flämmchen vor dem immer stärker werdenden Regen schützten, schimmerten durch die Baumreihen. Wo war sie hin, seine Ruhe und Gelassenheit, die seine Vorbereitung für den großen Lauf bislang kennzeichnete? Es waren die Toten, die ihm Angst machten.

Plötzlich knackte es laut vor ihm, Äste zerbrachen, Holz splitterte: Auf dem Weg baute sich eine große und schlanke, ganz in Schwarz gekleidete Gestalt auf, um ihm den Weg zu versperren. Ihr Gesicht hatte sie mit einer schwarzen Kapuze verhüllt. Er hätte die Gestalt kaum bemerkt, hätte das schwache Dämmerlicht, das durch die Baumkronen fiel, nicht die blinkende Klinge eines langen Messers funkeln lassen.

Gassmann drosselte sein Tempo. Dieser Mann würde ihn nicht vorbeilassen. Er kam mit langsamen, ausladenden Schritten auf ihn zu. Ingo Gassmann fühlte sich wehrlos, hatte keine Ahnung, wie er sich verhalten sollte. Schreien? Umdrehen? Wegrennen? Nichts von allem tat er.

»Was wollen Sie?«, flüsterte er stattdessen hilflos. Er war nicht vorbereitet auf so eine Situation. Sie war nicht vorgesehen im minutiös ausgearbeiteten Plan, der ihn ins Ziel des Köln-Marathons führen sollte. Was für ein Ende. Ein Überfall auf einem Friedhof, den er noch nicht einmal kannte. Nein, das konnte es nicht sein nach all den Strapazen. Das war kein würdiger Abschluss seines fast vierzigjährigen Lebens.

Ingo Gassmann stand regungslos auf seiner Laufstrecke, und während sich der Mann näherte, wunderte er sich darüber, dass er gar nicht außer Atem war. Er atmete ruhig und gleichmäßig. Er würde sich nicht einfach ergeben. Er war stark und druchtrainiert, kein Waschlappen. Angst war dazu da, sie zu überwinden. Der Mann hatte einen Hut tief ins Gesicht gezogen, Gassmann konnte nicht erkennen, mit wem er es tun hatte. Der Mann schien zu nicken, wie zur Begrüßung. Dann hob er das Messer.

Gassmann wartete nicht. Er stürmte auf den Mann los, brüllte all seine Angst hinaus, um sie in Wut zu verwandeln. Als er seinen Körper mit aller Gewalt gegen ihn warf, spürte er, wie ihm die Messerspitze am Oberarm entlangschrammte. Ein fürchterlicher Schmerz durchfuhr ihn. Sofort spritzte Blut. Beide stürzten in den Matsch des Friedhofwegs. Dabei rammte Gassmann dem Messerstecher sein Knie in den Unterleib. Der Mann versuchte, ein zweites Mal zuzustechen, doch Gassmann konnte ausweichen. Während er zur Seite abrollte, donnerte er dem Mann seine Faust ins Gesicht. Schnell stand Gassmann wieder auf den Beinen. Bevor sein Gegner reagieren konnte, trat er ihm mit voller Wucht auf den rechten Unterarm. Wieder stürzte er sich auf ihn. Die Hand, die immer noch das Messer hielt, behielt er unter Kontrolle. Er nahm noch einmal alle Kraft zusammen und schlug mit seinem Kopf auf die blutverschmierte, gebrochene Nase des Mannes, der keinen Laut von sich gab.

Jetzt griff Gassmann nach dem Messer. Ohne große Mühe konnte er die Waffe in seine Gewalt bringen, so schnell und einfach, dass er überrascht innehielt, als das Messer in der eigenen

Hand funkelte. Ingo wurde ganz ruhig. Der Täter war überwältigt. Was alles möglich ist, wenn man nur will.

Er atmete tief durch. Es war die Wut auf sich, auf seine Mitwelt, auf die Menschen, die mit ihrem erbärmlichen Leben seines zur Hölle machten, die ihn antrieb. Er schaute auf seine Verletzung am Arm, das Blut, das über sein Hemd und den Mann lief. Wie sollte er das übermorgen schaffen, wenn er hier literweise Blut verlieren sollte? In seinem Mund sammelte sich Speichel, den er dem Mann auf die Kapuze spuckte.

»Soll ich dich töten?« Er sprach leise und deutlich. Sein Hass war stärker als die Angst. »Warum wolltest du mich töten?«

Jetzt sah er sie wieder, seine Freunde aus alten Tagen. Es schien, als würden sie auf einem Grabstein sitzen, mit den Beinen schaukeln und ihm zusehen.

»Sie trauen mir nicht zu, dass ich dich abstechen kann«, schrie er in die dunklen Augen des Mannes, die weit aufgerissen durch die Schlitze der schwarzen Kapuze lugten. Er glaubte, brüllen zu müssen, weil sonst seine Stimme gezittert hätte. »Sie glauben, ich könnte das nicht«, sagte er und nickte den dreien auf dem Grabstein zu. »Was glaubst du?«

Er setzte das Messer auf den dunklen Kapuzenstoff unter das linke Auge des Mannes. Er dachte darüber nach, wie es sein würde, eine scharfe Klinge über die Haut der Wange zu ziehen. Würde sie sich wie Papier zertrennen lassen? Er blickte sich um. Niemand würde jemals herausbekommen, was hier vorgefallen war, oder? Er erhöhte den Druck auf das Messer. Mit der Linken griff er nach der Kapuze. Während er sie ihm vom Kopf riss, zerschnitt die scharfe Messerklinge den Stoff. Er erstarrte.

Die weit aufgerissenen Augen des überwältigten Mannes waren seine eigenen.

Schweiß lief ihm über den ganzen Körper. Sein Speichel schmeckte nach Dreck und Blut. Er stank widerlich. Wie konnte er am helllichten Tag einschlafen? Wer tagsüber schläft, riskiert schlimme Träume, das wusste jedes Kind. Er lag, immer noch im Bademantel, auf seinem Bett. Der Traum hatte ihn geängstigt, aber auch erregt. Er hatte sich dem Tod ganz nahe gefühlt. So oder so ähnlich musste sich das Ende anfühlen. Er ließ seine Hand über die rechte Betthälfte streichen, doch da war niemand mehr. Seine Frau hatte eine Tasche gepackt und war zu einer Freundin gezogen. Er hatte ihr versprochen, in Kürze die Wohnung zu räumen, damit sie wieder einziehen konnte.

Wie lange hatte er nicht mehr mit seiner Frau geschlafen? Nie mehr würde er mit seiner Frau schlafen. Nie mehr würde er mit irgendeiner Frau schlafen.

Mit Willenskraft hatte er auch geschafft, seine Libido zu besiegen. Dieser Zwang zur Befriedigung der eigenen Lust, der einen immer wieder in Besitz nimmt, an nichts anderes denken lässt, einen auf immer neue Irrwege treiben will, sollte ihn nicht weiter beherrschen. Manchmal hatte er sehr kämpfen müssen, obwohl seine Frau es ihm sehr leicht gemacht hatte. Sie schien regelrecht die Lust verloren zu haben in all den Jahren. Oder war es nur die Lust an ihm? Wenn ihn wie jetzt doch einmal die Lust gepackt hatte, bereitete er ihr mit ein paar Handgriffen ein schnelles Ende. Dazu bedurfte es keiner wilder Verrenkungen, keiner Belästigung eines anderen Menschen, keiner weiteren verschwendeten Stunde der knappen Lebenszeit. In höchstens einer Minute war die Sache erledigt.

Er stand auf und schaute auf die Uhr. Hatte ihn sein Gefühl, in der Form seines Lebens zu sein, getäuscht? Warum schlief er zwei Tage vor einem Marathonstart am helllichten Tag ein? Hatte er sich nur vorgemacht, dass ihm der Tod der Jugendfreunde wenig anhaben konnte? Wo war sie hin, die ganze Kraft, die ihn in den letzten Tagen zu Höchstleistungen angetrieben hatte? Der Tod der drei Männer nahm ihn mehr mit, als er geglaubt hatte. Dann dieser Besuch von dieser Polizistin. Wollte sie ihn nun unter Polizeischutz stellen? Sollte ein Bulle mit ihm durch die Stadt rennen? Über zweiundvierzig Kilometer in deutlich unter dreieinhalb Stunden? Eine Begleitung beim neuen persönlichen Rekord, den er sich vorgenommen hatte? Gab es wohl einen Polizisten, der so etwas konnte, oder würden sie sich abwechseln müssen, wie die Schüler bei ihrer Marathonstaffel?

Während er seinen Kopf unter den Wasserhahn hielt, dachte er an den dunklen Friedhof, an Vosskamp, Leuschen und Höllerbach auf dem Grabstein, wie sie ihn beobachteten, abschätzig, misstrauisch, hämisch.

»Diese Mistkerle, diese verdammten Mistkerle!«, rief er.

Das kalte Leitungswasser lief über seinen Kopf in den Nacken. Langsam kam die Energie zurück. Er ärgerte sich über sich selbst. Er hatte sich gehen lassen. Eine Unkonzentriertheit, eine Nachlässigkeit. Er trocknete sich ab und zog sich an. Dieser Ruhetag am vorletzten Tag vor dem Start nervte ihn, doch alle Experten fürs richtige Marathontraining, alle großen Läufer dieser Welt schienen an diesem verdammten Tag vor dem Lauf zu pausieren. Also musste es einen Sinn haben. Er entschloss sich, eine große Runde mit dem Fahrrad durch den Kölner Norden zu drehen und dann ins Neptunbad zu gehen, um sich in der Sauna zu entspannen und ein wenig im warmen Wasser zu planschen. Dort konnte man unter Wasser Musik hören. Leider teilten die Betreiber des Bades nicht seinen Musikgeschmack.

✳

Die Suche nach einem Exemplar des »Liber AL vel Legis« bei Leuschen hatte zu keinem Ergebnis geführt. Seine Frau lag voll gepumpt mit Psychopharmaka weiter regungslos auf ihrem Krankenbett. Diesmal war Remmer mit ins Krankenhaus gekommen. Mit Mühe hatte sie den behandelnden Arzt überreden können, dass sie die Frau befragen durfte. Remmer stellte ausschließlich Fragen, die Christina Leuschen durch ein einfaches Nicken oder Kopfschütteln beantworten konnte.

Erreicht hatte sie bislang wenig. Die Ehefrau des Ermordeten hatte nichts von den anderen Toten gehört, und auch die Frage, ob ihr irgendein Grund einfallen würde, weshalb jemand ihren Mann auf diese Weise töten konnte, hatte sie mit einem schwachen Kopfschütteln verneint. Remmer fragte geduldig weiter. Sie formulierte lang und umständlich, vermied Pausen. Gröber konnte spüren, wie sich seine Kollegin zusammenreißen und konzentrieren musste.

»Wir kommen nicht richtig weiter, Frau Leuschen«, sagte Remmer vorsichtig. »Wir suchen nach einer Verbindung zwischen den drei Toten. Es kann sein, dass die schon etwas zurückliegt. Die drei kannten sich als Zwanzigjährige. Vielleicht haben sie etwas Besonderes zusammen erlebt. Hat Ihr Mann mal etwas angedeutet?«

Wieder schüttelte Leuschen schwach den Kopf.

»Haben Sie schon mal was von einem gewissen Crowley gehört? Ein Satanist. Hat er Ihnen mal was erzählt von schwarzen Messen oder so einem Zeug?«

Das Kopfschütteln wirkte diesmal ein bisschen zögerlicher. Mit einer Handbewegung signalisierte Remmer Gröber, ihr das Buch zu geben. Sie hatten Vosskamps Exemplar, das die Spurensicherung in eine Klarsichtfolie eingepackt hatte, mitgebracht.

»Kennen Sie das?«, fragte Remmer, während sie das Buch der Frau unter die Nase hielt. »Sie haben uns die Erlaubnis gegeben, Ihr Haus zu durchsuchen. Wir dachten, vielleicht finden wir ein solches Buch bei Ihnen. Haben Sie's mal in der Hand gehabt?«

Christina Leuschen zögerte, starrte auf den Buchdeckel, auf den ein Symbol eingestanzt war. Dann nickte sie.

»Habe ich Sie richtig verstanden? Sie haben das Buch schon mal in der Hand gehabt?«

Die Frau holte tief Luft.

»Ja.«

Remmer beugte sich zu ihr herunter, zog den Stuhl näher ans Bett.

»Wir wissen nicht, ob das was zu bedeuten hat. Alles kann wichtig sein, vielleicht auch dieses Buch. Woher kennen Sie es?«

Das Sprechen fiel ihr schwer. Sie wirkte, als wenn sie jedes einzelne Wort irgendwo in ihrem Hirn zusammensuchen musste, um die Wörter dann unter größter Anstrengung aneinander zu reihen.

»Ich habe es weggeworfen«, stammelte sie schließlich. »Wir

haben uns darüber gestritten. Und dann habe ich es in den Müll geschmissen.«

Remmer sah sie fordernd an, wartete ohne weitere Fragen auf weitere Erklärungen. Leuschen schloss die Augen, schien eine lang verschüttete Erinnerung aus ihrem Gedächtnis zu kramen.

»Ich hatte es in einem Umzugskarton gefunden, als ich unser Bücherregal einräumte. Ich hatte es nie zuvor gesehen. Dann habe ich drin rumgeblättert und seltsame Sachen gelesen. Ich fand's vulgär und obszön, einfach ekelig.«

Sie versuchte, sich ein wenig aufzurichten.

»Klaus hat es aus einem Müllsack wieder rausgeholt und gesagt, dass er's als Erinnerungsstück gern behalten wolle. Das habe ich nicht verstanden und ihn gefragt, an was ihn der Dreck erinnern könnte, all dieses seltsame pseudoreligiöse Gequatsche über Gewalt, Glauben, Macht und Blut. Ich habe ihm gesagt, dass ich es sehr ungewöhnlich, ja abstoßend finde, so ein Buch im Haus zu haben. Da hat er einen Streit angefangen über Meins und Seins, ich hätte keinen Humor und sei zu empfindlich und so weiter. Er hat die Tür geschlagen, ist rausgerannt und hat nach einer Stunde so getan, als wenn nichts gewesen wäre. Das war's.«

»Und das Buch?«, fragte Renner.

»Hab ich doch gesagt: Ich habe es weggeschmissen. Wir haben uns nicht oft gestritten, wissen Sie? Da erinnert man sich gut, vor allem wenn es um so eine Kleinigkeit wie so ein Esoterik-Buch ging. Hätte er drauf bestanden, hätte ich's ins Regal gestellt.«

»Haben Sie ihn noch mal danach gefragt, nach diesen Erinnerungen?«

»Er hat mir nichts gesagt. Das Buch sei in seiner Jugend ›in‹ gewesen. Man hätte es cool gefunden, daraus zitieren zu können. Ich weiß noch, ›cool‹ hat er gesagt. Hat er sonst selten benutzt, dieses Wort. Dann hat er irgendeinen dieser Verse zitiert, es ging um den ›wahren Willen‹ und Disziplin. Er hat drüber gelacht und gesagt, dass das alles Unsinn aus seiner Vergangenheit sei. Nichts Wichtiges eben.«

Leuschen begann zu weinen. Dicke Tränen rannen über ihre Wangen, während sie an ihren Mann dachte.

»Gelacht hat er drüber. Wunderbar gelacht.«

»Frau Leuschen«, versuchte Remmer sie zu weiteren brauchbaren Erinnerungen zu bringen. »Das ist nicht nur irgendein Esoterik-Buch. Das ist ein wichtiges Buch für Leute, die sich Satanisten nennen. Verstehen Sie? Leute, die an Übersinnliches glauben, an Satan, an die Wirkung von schwarzen Messen und solche Sachen. Hat Ihr Mann da mal drüber gesprochen? Sind Sie mal mit so etwas in Kontakt gekommen?«

Gröber dachte an die Ziegenscheiße und den Peitschensex. Mal sehen, wie die einfühlsame Kollegin das Thema Sexualität abhandeln würde. Christina Leuschen wirkte nicht wie eine, die sich zu ungewöhnlichen Sexualpraktiken überreden ließ.

»Es war mal ein Mann bei uns«, erinnerte sich Leuschen, nachdem sie ein wenig nachgedacht hatte. »Ein seltsamer Mann, ganz schwarz gekleidet, mit langen schwarzen Haaren. Hat eine Zigarette nach der anderen geraucht. Der hatte sich mitten in unseren Vorgarten gestellt, einfach so. Er stand da und ging nicht mehr weg. Hat sich kaum gerührt, nur einmal gegen unsre Hauswand gepinkelt. Klaus hat gesagt, ich soll mich nicht um ihn kümmern. Das sei ein Bekannter aus alten Tagen, der sich freiwillig ins Landeskrankenhaus eingeliefert habe. Als er nach einer Stunde immer noch da stand, wollte ich die Polizei holen. Da ist Klaus zu ihm rausgegangen. Ich habe am Fenster gestanden und gehört, wie ihn der Mann angebrüllt hat. Er werde zur Strafe verrecken und im Feuer verbrennen. Er hat ihn immerzu Heide genannt. Er sei gekommen, um zu sehen, wie ein Verräter lebe. Solche Dinge hat der Mann geschrien, während Klaus versuchte, ihn zu beruhigen. Es war richtig unheimlich. Schließlich ist die Polizei gekommen, weil sie ein Nachbar angerufen hatte. Die haben den Mann dann mitgenommen.«

Remmer wartete vergebens auf eine Fortsetzung der Geschichte. Auch damals habe ihr Mann nur gelacht, als er wieder ins Haus gekommen war, sagte Leuschen.

»Hat Ihr Mann Ihnen den Namen des Mannes gesagt?«

Leuschen musste nicht lange nachdenken.

»Nein. Aber er hat ihn mir selbst gesagt. Mehrmals. Er hat

noch ein paar Mal angerufen. Beim ersten Mal hat er gesagt, dass er der Mann sei, der uns einen Besuch abgestattet hätte und dann von der Polizei abgeholt worden sei. Er hat mich beschimpft, weil er dachte, ich hätte das veranlasst. Jedes Gespräch endete dann damit, dass er sagte: Grüß deinen Mann herzlich von seinem alten Freund Andreas Gollembeck. Er komme bald wieder.«

Bei den letzten Worten stockte sie. Nur langsam wurde ihr klar, was sie da gerade gesagt hatte. War der Mann aus dem Garten wiedergekommen, um Klaus zu töten? Remmer dachte das Gleiche, gab Gröber ein Zeichen, sofort Kontakt mit der Leitstelle aufzunehmen. Er verließ leise das Zimmer.

»Wie oft hat er angerufen? Wann zuletzt?«, fragte Remmer.

»Fünf Mal vielleicht. Ich weiß nicht, ob er danach weiter mit Klaus gesprochen hat. Vielleicht hat er ihn auf der Arbeit oder am Handy angerufen. Die Sache mit dem Vorgarten ist lange her. Wir waren gerade eingezogen. Vor fünf Jahren war das ungefähr. Angerufen hat er dann noch drei, vier Monate später.«

Remmer war die Enttäuschung deutlich anzusehen. Das war lange her.

*

Der Anblick seiner Mitwelt fiel ihm schwer. Das änderte sich auch nicht, als er nach einer furchtbaren Straßenbahnfahrt endlich die Deutzer Messehalle betrat, in der er seine Startunterlagen abholen musste.

Die eine Hälfte der Menschheit scheint nur noch gelangweilt, die andere rennt nur noch gehetzt durchs Leben, dachte er, während er durch die laute Menge schlecht gekleideter Freizeitsportler geschubst wurde. Diese zweite Hälfte hatte sich hier in Deutz versammelt und irrte wie bei einem Schlussverkauf in einem großen Kaufhaus durch die so genannte »Marathon-Messe«, mit der Stadt, Messe und allerlei ungebetene Firmen, die hier Verkaufstheken bestückten und bunte Reklame von der Decke baumeln ließen, Geld an dem Marathonlauf verdienen wollten. Die erste Hälfte konnte man am besten bei einer Fahrt mit der Bahn besichtigen, wenn man nicht zufällig das Pech hatte, als Lehrer in einer Schule voller lustloser Jugendlicher arbeiten zu müssen. Die meisten Jugendlichen waren seit der Erfindung der unseligen Playstation vor lauter Langeweile dick und träge geworden.

Was hätte er getan, wenn er, wie er es eigentlich immer gewollt hatte, tatsächlich Vater eines dieser Jugendlichen geworden wäre, eine dickbäuchige, in der Nase popelnde Tochter im Haus gehabt hätte oder einen Sohn, der schon nach zehn Minuten Schulaufgaben die Geduld verloren hätte, weil ihm vor lauter Spielerei und Ballerei an allen möglichen elektronischen Geräten die Fähigkeit abhanden gekommen war, seinen eigenen Grips zur Lösung einer nicht selbst gestellten Aufgabe einzusetzen? Wohin würde sich diese Gesellschaft entwickeln, wenn ihr nicht eine Katastrophe einen neuen Sinn geben würde?

Als er auf die Bahn gewartet hatte, hatte er einer Gruppe Jugendlicher zugesehen, die sich um einen Fahrradständer an der Haltestelle versammelt hatten. Sie saßen auf den Stangen, an denen ein anderer vielleicht gern sein Rad abgeschlossen hätte, rauchten, tranken Bier und grölten ab und zu schwer verständliche Satzfetzen. In der Bahn dann dasselbe Spiel: hässliche deutsche Achtzehnjährige, betrunkene Erwachsene, die wirres Zeug vor sich hin lallten, ein paar bauchfreie Blond-Gefärbte, ein stinkender Junkie, der wenigstens die Fresse hielt. Normale Menschen, die in der Bahn durchaus noch in der Überzahl waren, nahm Gassmann gar nicht mehr wahr. Er suchte nach Schmutz, um die letzten Zweifel zu verscheuchen. Nach all den Jahren der Verlogenheit, hatte er diesmal richtige, unmissverständliche Entscheidungen getroffen.

Warum rege ich mich eigentlich auf?, fragte er sich beim Weg durch die überfüllte Messehalle.

Er wollte laut lachen, um seine Anspannung abzuschütteln, aber es gelang ihm nicht. Stattdessen quälte er sich zur Anmeldung durch. Jeder Läufer musste das Gleiche tun, ob er wollte oder nicht. Hatte man in den letzten Jahren noch die Wahl gehabt, ob man sich so etwas antun sollte, war man nun gezwungen, diesen Tempel des Sport- und Wellnesskommerzes zu durchqueren, um seine Startunterlagen für den Marathon abzuholen. Alle Läufer waren quasi zum Messebesuch zwangsverpflichtet worden.

*

Vor der Einfahrt zur Garage, die zu der grau verwitterten Doppelhaushälfte gehörte, stand ein klappriger alter VW-Bus. Auf dem Dach der Garage lag ein Boot samt Trailer, offensichtlich aus Platzgründen dort hingestemmt. Ein kleiner Balkon über der Garage diente allenfalls noch als Zugang zum Dach, um das Boot und den Transporttrailer, die dort seit Jahrzehnten zu liegen schienen, irgendwann mal wieder an eine Anhängerkupplung zu hängen. Wer sich länger auf diesem Balkon aufhalten wollte, drohte abzustürzen, so baufällig sah der Anbau aus. Der Vorgarten war verwildert. Blumen, Sträucher und Gräser wucherten über den kleinen Gehweg, der zur Haustür führte.

»Hier wohnt ein Bastler, der nicht mehr basteln kann«, sagte Remmer, während sie sich den Weg durch das Vorgartendickicht bahnten.

Es hatte ein wenig gedauert, bis sie Gollembeck ausfindig gemacht hatten. Gemeldet war er unter einer Adresse einer Wohngemeinschaft, in der sich jedoch keiner der Anwesenden an seinen Namen erinnern konnte. Es musste eine halbe Ewigkeit her gewesen sein, dass Gollembeck dort tatsächlich gewohnt hatte. Zumindest konnte sich derjenige, der von den drei Bewohnern am längsten dort lebte, nicht mehr an einen Andreas Gollembeck erinnern. Der Student hatte das Zimmer in der Wohngemeinschaft vor sieben Jahren bezogen.

Weder Einwohnermelde- noch Finanz- oder Sozialamt konnten viel mit dem Namen des Mannes anfangen, der vor fünf Jahren mal vorläufig festgenommen worden war, nachdem er in einen Bayenthaler Vorgarten gepinkelt hatte. Bei der Polizei war er dagegen kein Unbekannter: Es gab zwei Anzeigen wegen Körperverletzungen und eine Verurteilung wegen Brandstiftung. Er habe die Scheune eines Bauern in Fühlingen angezündet. Eine aktuelle Adresse fand sich in den Polizeiakten jedoch nicht.

Ein paar Zufälle hatten schließlich geholfen, seinen Wohnort in Holweide ausfindig zu machen. Gollembeck wohnte im Haus seiner verstorbenen Mutter, die den Namen seines verzogenen Stiefvaters angenommen hatte.

Nachdem Gröber geschellt hatte, öffnete ein dünner, großer, hässlicher Mann die Tür. Seine ungekämmten, langen, tiefschwarzen Haare fielen ihm ins Gesicht, auf seinem schwarzen T-Shirt, auf dem völlig verwaschen der mittlerweile unleserliche Slogan irgendeiner Hardrock-Band stand, sammelten sich die Schuppen. Die Augen waren rot unterlaufen.

»Was wollen Sie?«, fragte Andreas Gollembeck und blies ihnen durch schiefe Zähne und grünlichen Zahnstein üblen Mundgeruch entgegen.

Remmer zeigte ihren Ausweis.

»Guten Tag, schöner Mann. Wir möchten uns mit Ihnen über ein paar Leute unterhalten, die Sie mal gut gekannt haben.«

»Hab ich mir gedacht«, murmelte Gollembeck nur und schlurfte voraus, ohne sie hereinzubitten. Remmer und Gröber betraten eine Wohnung, in der offensichtlich seit Monaten nicht mehr Staub gewischt worden war, und folgten ihm durch einen unaufgeräumten Flur in ein Zimmer, das wohl in grauer Vorzeit mal ein Wohnzimmer gewesen war. Überall fanden sich Zeichen der totalen Verwahrlosung. Der Boden einer zerschnittenen Colaflasche aus Plastik und eine leere Katzenfutterdose dienten als Aschenbecher, Nikotin hatte Tapeten und Vorhänge gelbbraun gefärbt. In dem Zimmer befanden sich außer einer mit Zeitungen, Abfällen und Kleidungsstücken zugemüllten Matratze und einem klapprigen Stuhl keine Möbel. Auf dem Boden lagen ausgetretene Zigarettenkippen, die dicke Löcher in den Teppichboden gebrannt hatten. Eine schmutzige Katze mit verfilztem Fell hinterließ Fußspuren auf der dicken Staubschicht, die die Fensterbank und eine schimmelnde Heizungsverkleidung bedeckte.

»Nett haben Sie's hier«, sagte Remmer, doch Gollembeck reagierte nicht. Er trat mit dem Fuß ein bisschen Müll beiseite, bot den Stuhl als Sitzplatz an und schmiss sich selbst auf die Matratze, ohne Bücher und Zeitungen zur Seite zu räumen.

»Sie wollen was über die kleinen Spinner wissen, was?«, murmelte er, während er nach Zigaretten suchte. »Habe ich in der Zeitung von gelesen. Tot sind sie. Haben sie verdient.«

»Was heißt das?«, fragte Remmer.

Gollembeck ließ sich Zeit mit der Antwort, zündete sich erst einmal umständlich eine Zigarette an, die er in einer angebrochenen Schachtel zwischen den Zeitungen und einem schmutzigen Pullover unter sich gefunden hatte.

»Die Sklaven sollen dienen«, zischte er mit einem Lächeln und blies den Rauch der Zigarette in den Raum.

»Können Sie sich ein bisschen klarer ausdrücken, Herr Gollembeck?« Remmer blieb ruhig.

»Das haben die Jungs immer gerufen. Die Sklaven sollen dienen. Die fanden das witzig, haben aber nichts verstanden. Aber Recht hatten sie trotzdem.«

»Wir verstehen auch nicht so ganz.«

»Das wundert mich nicht. Sie haben sich ihr Gehirn waschen lassen, ohne das jemals gemerkt zu haben. Jetzt rennt ihr als Marionetten durch die Gegend und sucht nach Dingen, die ihr nicht verstehen werdet, wenn ihr sie gefunden habt.«

»Das klingt interessant.« Remmer ließ sich nicht aus der Ruhe bringen. »Erklären Sie's mir.«

Gollembeck blies sich auf, kniff die Augen zusammen und verschränkte die Arme vor der Brust, während ihm die Kippe im Mundwinkel hing. Was für ein Clown, dachte Remmer, die all ihre Selbstbeherrschung aufbringen musste, um nicht über diesen Irren zu lachen.

»Es gibt ein paar Gesetze, wissen Sie?«, raunte die Fettfrisur. »Was man tun und was man lassen soll. Der Mensch hat das Recht, nach seinem eigenen Gesetz zu leben, und so weiter. Das schließt das Recht, zu sterben, wann und wie er will, mit ein.«

»Das ist von diesem Satan-Spinner«, flüsterte Gröber Remmer zu. »Diesem Crowley.«

Remmer stand auf und ging um die Matratze, auf der Gollembeck saß, herum. Als sie hinter ihm stand, beugte sie sich vor, um ihm ins Ohr sprechen zu können. Sie musste durch den Mund atmen, um nicht den üblen Gestank aufzunehmen, den Gollembeck verbreitete. Ihr kamen die Ekeltests in den Sinn, die dieser Crowley von seinen Jüngern verlangt hatte, um Selbstbeherrschung zu erlernen. Jetzt war die Zeit für ihren Ekeltest.

»Sie brauchen uns hier nichts vorzuspielen. Sie sind ein Wrack. Wir kennen den Mist, den Sie da zitieren. Der Mensch hat das Recht, diejenigen zu töten, die ihm die Rechte zu nehmen suchen. Stimmt's?«

Während sie das sagte, packte sie ihn mit der linken Hand fest an der Schulter und drückte ihn in den Müll. »Deshalb sind wir hier. Wir suchen den, der Vosskamp, Leuschen und Höllerbach getötet hat. Denjenigen, der sich das Recht genommen hat, zu entscheiden, ob die leben oder sterben sollen.«

»Verräter verdienen den Tod. Es ist gut, dass das jemand übernommen hat«, antwortete Gollembeck völlig unaufgeregt. »Sie haben sich angepasst, es sich nett gemacht in diesem bürgerlichen Scheiß und damit unsere Sache verraten, da kann so was passieren.«

»Unsere Sache?«, fragte Remmer. »Was ist das? Ihre Müllhalde hier? Ihr Leben? Sie haben die Sache doch längst selbst verraten.«

Gröber wunderte sich über die Taktik seiner Kollegin.

»Sie wissen nichts«, flüsterte Gollembeck. Seine Miene verfinsterte sich. War es bislang Gleichgültigkeit, die aus seinen Augen sprach, so wirkte er nun gefährlich. Remmer hatte den Griff gelockert, sodass er sich langsam von der Matratze erheben konnte. So gewann er eine ganz neue Statur. Der schmutzige Mann wirkte plötzlich äußerst kräftig. Seine Augen funkelten. Er sprach nun deutlich, sein Tonfall erinnerte Remmer an lang vergangene Zeiten, als sie einen katholischen Priester bei der Wandlung am Altar erlebt hatte.

»Nur die Höchsten sind unser. Sie werden jubeln, unsere Erwählten. Wer trauert, gehört nicht zu uns«, rief Gollembeck, ohne Gröber und Remmer anzusehen. Dann lachte er, während er vom Sofa langsam in den Raum trat. »Sie kommen hierher und belästigen mich mit profanem Mist. Warum tun Sie das? Wer sagt Ihnen, was Sie zu tun haben? Ihr Chef, Ihr Gewissen, Ihr Pflichtgefühl? Drei Menschen weniger auf einer Welt, auf der täglich Tausende durch Kriege, Hunger und Naturkatastrophen sterben. Was für einer großen Aufgabe gehen Sie da nach? Welch hehres Ziel verfolgen Sie da, wenn Sie hierher kommen und mich nach drei Kriechtieren fragen, die das Glück hatten, andere Menschen nicht mehr durch ihre Anwesenheit belästigen zu müssen, weil ihnen jemand das Licht ausgeblasen hat? Wenn das kein Grund zur Freude ist?«

Remmer sammelte sich zum Angriff.

»Sie sind ein Spinner«, sagte sie deutlich. »Ein kleiner, dummer Spinner.« Langsam erhob sie ihre Stimme, während sie um die Matratze auf ihn zuging. »Sie sind nicht nur ein Spinner, sondern auch ein Arschloch, das mir kostbare Lebenszeit raubt mit dem Mist, den Sie da erzählen. Wir können Sie aus Ihrem Dreckloch in Handschellen abführen. Ist kein Problem. Und während wir Sie im Polizeipräsidium vernehmen, machen die Kollegen hier eine hübsche Hausdurchsuchung und Pipi auf den Scheiß, der Ihnen unter dem Staub Ihrer Bruchbude wichtig ist.«

Gollembeck wirkte nur kurz beeindruckt. Dann schlug er betont lässig die Beine übereinander und streckte die Arme von sich.

»Hier gibt es nichts zu finden, Frau Bulle. Absolut gar nichts. Vielleicht sollte ich Sie wegen der Beschimpfung unbescholtener Bürger anzeigen.« Jetzt war er wieder der schmuddelige Waschlappen.

»Nur zu, mein Lieber. Nur zu.«

Sie standen sich Auge in Auge gegenüber. Ein Duell wie in einem Western, fand Gröber. Wenn er es recht bedachte, liebte er seine Chefin – natürlich nur rein platonisch.

»Gröber!«, rief sie im Befehlston. »Fangen Sie doch schon mal mit der Durchsuchung an.«

Er versuchte, den ruhigen Tonfall Remmers zu imitieren, obwohl es ihm schwer fiel. »Ich sehe mich mal ein bisschen um.«

Gollembeck wurde unruhig, während Gröber aufstand. Remmer hinderte ihn daran, Gröber in den Weg zu treten.

»Wir bleiben hübsch hier. Erzählen Sie doch mal, Herr Gollembeck, woher Sie die drei kennen.«

»Ist lange her«, antwortete er nach kurzem Zögern.

»Das macht nichts.«

»Ich sagte doch, es gibt Götter und Sklaven. Gods and dogs, wissen Sie. Was sind Sie?«

Remmer ließ sich nicht beeindrucken. »Woher kennen Sie die drei?«

Gollembeck wich zurück und ließ sich wieder auf das Sofa fallen.

»Was bekomme ich, wenn ich Ihnen das sage?«

»Einen Arschtritt.«

»Und wenn nicht?«

»Dann wirst du dich nach dem Arschtritt sehnen.«

Gollembeck lächelte. Remmer wusste immer noch nicht so recht, ob der Mann ein Spiel mit ihr trieb oder den Unsinn ernst meinte, den er von sich gab.

»Wollen Sie eine Geistergeschichte hören, wie sie kleine Jungs lieben? Ist auch was für kleine Mädchen.«

Sie antwortete nicht.

»Da gab es einen Keller unter dem Laden eines Bestattungsunternehmens in Deutz. Gruselt es schon? Auf dem Plattenspieler liefen Cure-Scheiben und so was, und die Jungs haben ein bisschen mit Gläsern gespielt. Daher kenn ich die. Kinder, die mit Geistern spielen und Angst bekommen, wenn's mal richtig zur Sache geht.«

Remmer ging zurück zu ihrem Stuhl.

»Haben Sie auch mit Gläsern gespielt?«

»Natürlich nicht. Ist doch Unsinn, so was. Kinderkram. Die haben ein Glas in die Mitte eines Tisches gestellt, drum herum Buchstaben gelegt und dann die tote Oma von dem Bestatter-Sohn gerufen. Alles echt gruselig und völlig schwachsinnig. Ein Freund hat mich mal mitgenommen, um mir die Pappnasen vorzustellen. War ein ganz abgefahrener Abend. Es raschelte im Nebenraum, und die Jungs glaubten, sie hätten Luzifer persönlich am Haken. Als sie die Tür aufmachten, kam ihnen voll der Wind entgegen, obwohl das Fenster zu war. Und die Bibel, die sie dort vorher auf einen Tisch gelegt hatten, war aufgeschlagen. Da war die Aufregung natürlich groß. Hoho, der Teufel war da, und die tote Oma hatte den Kontakt hergestellt.«

Gollembeck machte sich eine neue Zigarette am Stummel der alten an. Seine Hände zitterten.

»Na ja, ich bin mit einigen von diesen Geisterjägern ein bisschen in Kontakt geblieben. Ich habe ihnen ein paar Sachen gezeigt, die spannender waren als dieser Gläser-Quatsch. Dinge, die man fürs Leben braucht, und so etwas, verstehen Sie?«

»Nein«, sagte Remmer trocken. »Was haben Sie ihnen gezeigt?«

Gollembeck stöhnte.

»Ich muss Ihnen nichts sagen.« Er blies den Zigarettenrauch durch die Zahnlücken. »Aber ich will als Missionar nicht vor der Herausforderung zurückschrecken, dumme Menschen zu belehren.«

Remmer reagierte nicht.

»Es gibt bessere Methoden, um mit ihm in Kontakt zu treten. Erprobte Methoden, gesicherte Erkenntnisse.«

Er lehnte sich zurück, schien nachzudenken.

»Ich hab's auch lange nicht gemacht. Ich mache eine kreative Pause, verstehen Sie? Ich sammele mich für höhere Aufgaben. Bin ein bisschen gesundheitlich angeschlagen, da bleibt man besser zu Hause.«

»Was waren das für erprobte Methoden?«

»Rituale eben. Anleitungen für Rituale. Magische Zeichen auf dem Fußboden, Wachspuppen, geklaute Hostien, Feuer und so etwas.«

»Und viel Blut, oder?«

»Blut gehört zu manchen Ritualen dazu. Da musste schon mal ein Hühnchen sterben.«

»Sie meinen ausbluten.«

Er zuckte gleichgültig mit den Schultern.

»Haben Sie auch das Blut von anderen Lebewesen benutzt?«

»Sie meinen, vom Lebewesen Mensch?«

»Zum Beispiel.«

»Kann schon sein. Aber niemand musste dafür sterben. Das ging auch ohne. Der Mensch hat sieben Liter Blut in sich. Da kann man schon mal was von abgeben. Frauen stoßen es sogar ganz freiwillig ab.«

»Das Blut vom Mond.«

»Genau, Sie kennen sich aus, schöne Frau. Haben Sie das mal getrunken?«

Remmer hatte sich bereits lebhaft vorgestellt, wie irgendwelche Spinner den Ausfluss der weiblichen Monatsblutung mit anderen Exkrementen vermischten und trinken mussten. Trotzdem überkam sie erneut der Ekel.

»Ich auch nicht«, fuhr Gollembeck fort, ohne die Antwort der Kommissarin abzuwarten. »Fand ich ein bisschen übertrieben. Der Mensch hat das Recht, zu trinken, was er will. Hat auch Crowley gesagt. So ist es.«

»Was war mit Vosskamp, Leuschen und Höllerbach?«

»Keine Ahnung. Ich habe sie ein paar Mal zu Treffen mitgenommen, dann haben sie angefangen, eigene Sache zu machen. Der Rest der Mannschaft war davon wenig begeistert, und ich hatte den Auftrag, sie wieder zurückzuholen. Ein bisschen Kontrolle war schon nötig, damit die Leute keinen Unsinn machten.«

»Und? Haben Sie sie zurückgeholt?«

»Nein. Sie wollten nicht. Sie haben allein weitergemacht. Die Jungs waren völlig aus dem Häuschen, haben sich fast jede Nacht getroffen, und die Mädchen fanden es total aufregend, mit den Pennern mitzuziehen. Die haben sich gefühlt wie Krieger. Ganz schön lächerlich, wenn man sieht, was aus ihnen geworden ist. Nichts ist geblieben, alle schön brav und angepasst. Verräter eben.«

»Was für Mädchen?«

»Diese zwei Schicksen. Keine Ahnung, wie die hießen. Sie waren immer dabei. Eine hat sich später umgebracht. Fand ich noch ganz cool. Die anderen sind dagegen Sesselpuper geworden. Und deshalb sind sie jetzt tot.«

»Wie viele gehörten zu dieser Clique, die Sie zurückholen sollten?«

»Sechs. Die vier Jungs und die zwei Mädels. Vosskamp, Leuschen, Höllerbach und dieser Angsthase. Wie hieß er noch? Ingo Großmann, glaube ich.«

»Ingo Gassmann. Und die Mädchen? Wie hießen die Mädchen?«

Gollembeck schien tatsächlich angestrengt zu überlegen, während Gröber wieder ins Zimmer kam und ein paar einschlägige Bücher und ausgeschnittene Zeitungsartikel über die Morde auf den Tisch legte. Er wollte gerade etwas zu den Fundstücken sagen, als Gollembeck tatsächlich Namen einfielen.

»Die, die sich aufgeschlitzt hat, hieß Mandy, Candy oder so. Nachname unbekannt. Den Namen der anderen hab ich mir gemerkt, weil sie so wie die Jeansmarke hieß, die alle getragen haben. Monika Wengler. Keine Ahnung, wo die abgeblieben ist.«

Remmer und Gröber sahen sich an. Randy und Mona hatten ihre Namen in das Buch geschrieben.

»Wurde diese Monika Wengler auch Mona gerufen?«

Gollembeck pulte nach Dreck unter seinen Fingernägeln.

»Wann haben Sie denn die Jungs von damals zum letzten Mal gesehen?«, fragte Remmer.

Gollembeck zögerte nicht lange.

»Ich habe Vosskamp immer wieder mal angerufen, um ihm zu sagen, was für 'n angepasstes Arschloch er ist. Den hatte ich besonders gefressen.«

»Obwohl das zwanzig Jahre her ist?«

»Was sind schon zwanzig Jahre, Bulle, wenn es um die Ewigkeit geht? Und außerdem: Das war nicht leicht für mich damals. Ich hatte die Jungs angeschleppt, und dann waren sie plötzlich außer Kontrolle. Dafür bin ich ganz schön hart rangenommen worden.«

»Von wem?«

»Von meinen Leuten, Mann. Sklaven sollen dienen, verstehst du? So ist es nun mal. Und das galt auch für mich.«

»Was war mit den anderen? Haben Sie auch Leuschen, Höllerbach oder Gassmann mal angerufen, um ihnen zu sagen, was Sie von ihnen halten?«

»Vielleicht. Was soll's?«

»Oder Klaus Leuschen in seinem Vorgarten bedroht?«

Gollembeck lächelte. Gröber trat von einem Fuß auf den anderen. Ihnen rannte die Zeit davon.

»Sie haben das ja alles sehr eifrig verfolgt«, unterbrach er das seltsame Gespräch zwischen seiner Chefin und diesem komischen Vogel, der sich auf der dreckigen Matratze räkelte. Gröber zeigte auf die ausgeschnittenen Zeitungsartikel. »Um das hier mal abzukürzen: Wo waren Sie denn, als die drei ermordet wurden?«

Gollembeck schaute demonstrativ an die Decke und verdrehte die Augen.

»Wo soll ich schon gewesen sein? Hier war ich. Ich bin immer hier.«

»Das klingt nicht nach einem guten Alibi. Irgendwelche Zeugen?«

»Der Satan und der liebe Gott. Fragen Sie die.« Gollembeck lachte.

»Werden wir machen. Aber vorher nehmen wir Sie wegen Mordverdacht in drei Fällen mit.« Remmer tippte die Nummer der Leitstelle in ihr Handy. »Schicken Sie einen Wagen, der den Mann hier abholt, und ein paar Kollegen für eine Hausdurchsuchung.«

»Sie enttäuschen mich, schöne Frau. Aber Ihre Leute sollen mir willkommen sein«, raunte Gollembeck.

Gröber musste Gollembeck Handschellen anlegen und ihn in den Fond ihres Wagens setzen, wo er auf den Polizeiwagen warten sollte und ihnen das Auto voll stinken würde.

»Hast du eine Zigarette?«, fragte Remmer, die sich auf die Treppenstufen vor der Eingangstür gesetzt hatte. Es wäre ein Leichtes gewesen, Gollembeck die Schachtel Zigaretten wegzunehmen, doch die Vorstellung ekelte sie an. »Ich habe Lust, mal wieder zu rauchen. Strengt mich alles zu sehr an hier.«

Gröber ignorierte ihre Frage. Er rauchte seit Aschermittwoch nicht mehr und hatte begonnen, vor allem diese elenden Gelegenheitsraucher zu hassen.

»Ist das unser Mörder?«, fragte er stattdessen.

Remmer blies nicht vorhandenen Zigarettenrauch durch die Lippen. »Keine Ahnung. Ich kann's mir schwer vorstellen. Ein kaputter Schaumschläger. Aber wir haben immerhin einen neuen Namen. Ruf Chrischilles an. Sie soll den Namen von diesem Mädchen überprüfen und ihn mit unserer Liste von dem Foto vergleichen. Außerdem möchte ich, dass die Kollegen die Selbstmordfälle überprüfen und nach dieser Randy suchen.«

Gröber stand auf, um zu tun, was von ihm verlangt wurde. Remmer streckte ihre Beine aus. Es gibt Schöneres im Leben, dachte sie und versuchte, sich abzulenken. Sie beschloss, es einmal mit hauchdünnen, marinierten Lammscheiben zu Reibekuchen zu probieren.

*

Er hatte sich einen Platz gesucht, an dem er seine Klamotten verstauen konnte, um direkt von den Messehallen aus einen letzten leichten Trainingslauf am Rhein entlang machen zu können. Locker war er durch den Rheinpark bis zur Zoobrücke und dann auf die linke Rheinseite getrabt, vorbei an der Bastei und einigen Hotelschiffen, die am Ufer angelegt hatten. Außer ein paar Läufern war kaum einer unterwegs. Das Wetter blieb regnerisch. Normale Menschen gingen nicht freiwillig vor die Tür, zu ungemütlich war's in Köln in diesen Tagen. Die Hoffnung auf ein besseres Wetter morgen war gering.

Gassmann saß auf einer Bank und schaute zu den Messehallen auf der anderen Seite des Flusses hinüber, wo unter irgendeiner Bank seine lange Hose und eine Jacke lagen. Obwohl ihm solche Distanzen beim Laufen keine Probleme machten, kamen ihm die dreihundert Meter Flussbreite unendlich weit vor. Er hatte keine Lust mehr, die Runde zu Ende zu laufen. Wozu auch? Er war topfit. Daran gab es keinen Zweifel.

Das Wetter schien ideal für Angler zu sein. Gleich drei hatten sich vor ihm am Geländer aufgebaut, ihre Utensilien ausgebreitet und eine Angel ausgeworfen. Polen oder Russen, schätzte er. Er konnte die Sprachen nicht unterscheiden. Klar war nur, dass die tatsächlich das, was sie aus dem Rhein holten, mit ihren Familien aufessen würden.

Ein Angler durfte es nicht eilig haben. Also, warum sollte er sich beeilen? Er hatte es doch nicht eiliger als sie. Dieser Wahn, voranzukommen, dieser Zwang, sich immer zu bewegen, um der Bewegung willen. Diese Familienväter hatten sich hierhin bewegt, um sich gerade nicht zu bewegen. Sie ernährten ihre Familien mit ein paar winzigen Handgriffen und einem Schlag mit einem kleinen Stück Holz auf den Kopf eines Fisches, der so dumm war, ihren Angelhaken zu verschlucken.

Wenn der Mensch wirklich weise und kräftig werden würde, er könnte mit dem Wissen, dass er mit jeder Stunde verliert, die vorübergeht, anders umgehen. Anstatt die Zeit mit Bewegung auszufüllen, würde er seine Kraft dazu nutzen können, auf dieser gnadenlosen Bahn der Zeit urplötzlich innezuhalten. Doch was würde man anfangen mit diesem Gewinn? Kann man innehalten, ohne stillzustehen? Wie kommt man weiter ohne diesen Bewegungswahn, der doch Zwang wie Antrieb gleichermaßen ist?

Gassmann stand auf, ging zu dem schlecht gekleideten Mann, der ihm am nächsten stand. Neben ihm stand ein Eimer, in dem tatsächlich zwei Fische leblos herumschwammen.

»Hallo«, sagte er, obwohl dem Fremden deutlich anzusehen war, dass er lieber nicht angesprochen werden wollte. »Der Angler liebt die Ruhe, ich weiß. Ich hab's auch ganz gern ruhig.«

Der Angler musterte ihn mit einem mürrischen Blick.

»Haben Sie mal darüber nachgedacht, warum sich alle Menschen immerzu bewegen müssen?«, fragte Gassmann.

»Ich nicht verstehen, was Sie sagen«, gab der Angler zögerlich Auskunft.

»Was machen Sie hier, wenn Sie mich nicht verstehen? Warum sind Sie hergekommen?«

Diese Fragen kannte der Mann offenbar, wie sein Gesichtsausdruck verriet.

»Ist mir auch egal, wissen Sie? Angeln Sie nur weiter dreckige Fische. Soll ich Ihnen sagen, warum alle Menschen glauben, sich immer bewegen zu müssen?«

Er wartete nicht auf die Antwort.

»Sie wollen jung bleiben. Sie rennen gegen das Alter an, verstehen Sie? Das ist völlig unnötig, denn man läuft doch von ganz allein, nur eben in eine andere Richtung. Dann schaut man zurück in seine Vergangenheit und entdeckt so viel Seltsames, das man sich hätte ersparen können. So viele Täuschungen, Selbsttäuschungen und Täuschungsmanöver. Aber die Mühe macht sich keiner. Haben Sie sich diese Mühe schon mal gemacht?«

Der Mann neben ihm konnte ihm nicht nur wegen mangelnder Deutschkenntnisse nicht mehr folgen. Gassmann beugte sich über das Geländer, versuchte Blickkontakt zu dem Angler aufzunehmen, der ihm jedoch ständig auswich.

»Sie sollten das mal tun. Sich hinsetzen und einen Blick zurückwerfen. Klar und ungeschminkt. Aber vielleicht brauchen Sie das gar nicht. Schließlich stehen Sie hier und fangen Fische. Das ist auch schon was. Die Leute sind wie Fische, glaube ich. Sie schwimmen im Strom, fressen, lassen sich fangen und sterben. Was für ein Leben. Würden Sie mal zurückblicken, würden Sie vielleicht ganz schnell aufhören wollen mit dem Jungsein, der ständigen Bewegung. Schluss mit den Albernheiten, all den Kleinigkeiten, die uns Zeit und Nerven gekostet haben. Dann könnten wir ruhig in einem Lehnstuhl hin und her schaukeln, oder wir stehen am Rhein und angeln, wechseln das Ufer und sehen die Dinge und Leute, wie sie wirklich sind. Ganz still, ganz entspannt, ganz leise. Was halten Sie davon, Vollidiot?«

Der Angler verstand noch nicht mal »Vollidiot« oder er war so clever, so zu tun, als ob.

»Was würden Sie tun, wenn ich jetzt auf dieses Geländer klettern und schreien würde: Hallo, ich weiß alles. Ich habe alle Geheimnisse gelüftet. Deshalb sterbe ich jetzt. Was, Vollidiot? Würden Sie mich springen lassen?«

Die Angelschnur spannte sich. Der fremde Mann hatte tatsächlich einen Fisch gefangen, was Gassmann kurz die Sprache verschlug. Der Mann holte die Angelschnur ein, drehte ein paar Mal an der Kurbel der Schnur, ließ wieder ein wenig locker, drehte wieder. Dann schließlich zappelte ein todgeweihter Fisch über der Wasseroberfläche. Der Angler zog ihn zu sich heran, packte ihn mit einem festen Griff, um ihn auf die Rheinuferpromenade zu legen. Mit einem Schlag wurde der Fisch betäubt. Er pulte den Haken aus dem Maul und warf den Fisch in den Eimer.

»Nein«, sagte der Mann.

Ingo Gassmann schaute ihn erstaunt an.

»Was, nein?«

»Ich würde Mann nicht lassen springen. Keiner darf sterben von selber. Ist Gebot von Gott, verstehen Sie?«

»So, so, von Gott.«

»Natürlich.«

Der Angler öffnete eine kleine Plastikkiste, in der Würmer herumkrochen. Einer wurde auf den Angelhaken gespießt.

»Das ist Quatsch, was Sie sagen.« Gassmann sparte sich den »Vollidioten«. »Totaler Quatsch. Natürlich darf jeder sterben, wann er will.«

»Wenn er nicht leben, wie er will, warum dann sterben, wie er will?«, überraschte ihn der Mann mit der Angel. Mehr sagte er nicht, er starrte auf die ruhigen Wellen des Rheins. Sein Nachbar rief etwas in einer fremden Sprache herüber, worauf der Mann kurz nickte. Gassmann atmete tief durch und trabte, ohne sich zu verabschieden, Richtung Hohenzollernbrücke.

Gar nicht so blöd, der Vollidiot, dachte er, während er die Stufen des Brückenaufgangs hochrannte. Weil keiner die Kraft und die Courage aufbrachte, so zu leben, wie er wollte, warum sollte er dann sterben dürfen, wann und wie er wollte?

Oben auf der Brücke brauste der Verkehr, eine Straßenbahn schepperte viel zu laut an ihm vorbei. Was würde das für ein Gefühl sein, hier morgen dem Ziel entgegenzulaufen? Die letzten Meter vor dem großen Triumph, dem Beweis absoluter Willensstärke. Würde dann die Jugend hinter ihm liegen, würde er mit all dem Profanen abgeschlossen haben, bereit für die letzte Gewissheit, dass alles Leben nur der Anlauf für den Tod sein würde? Er konnte nicht mehr weglaufen. Um ihn herum starben Menschen, zollten der Lächerlichkeit Tribut, mit der sie sich in ihrer Vergangenheit umgeben hatten. Warum sollte es ihm anders gehen?

*

Den ganzen Tag über hatte er immer wieder zur vollen Stunde das Radio angemacht, um die Nachrichten zu hören. Alle Sender hatte er durchprobiert und immer wieder den Videotext durchgeblättert. Dauerverdummung. In den Morgenzeitungen stand zwar geschrieben, dass nun auch ein Merheimer Familienvater Opfer des Messerstechers geworden war, doch Informationen über den Fund der Leiche hatte niemand.

»Das kann doch nicht sein«, fluchte er. »Warum finden sie ihn nicht?«

Er wusste, dass ein paar Zeitungsfotografen den Polizeifunk abhörten, um immer schneller am Ort des Geschehens zu sein, als die Polizei erlaubte. Deshalb hatte er in den Lokalredaktionen angerufen und vorsichtig nachgefragt, ob es denn keinerlei Hinweise auf den Leichenfund gab. Doch auch dort erfuhr er nur, dass keiner etwas wusste. Höllerbach war offensichtlich noch nicht gefunden worden. Es war halb sechs am Abend und längst dunkel. Da ihn im Laufe des Tages keiner gefunden hatte, würde der Tote nun bis Montag unentdeckt in der kleinen Holzhütte liegen. Schimmelpilz. Er lief wie ein Tiger durch den langen Flur.

Sollte er anrufen? Sollte er das kleine Rätsel, das er sich für die Polizei ausgedacht hatte, auflösen? Oder ihr mit einem kleinen Hinweis auf die Bedeutung der Zahlen helfen? Hatten sie das verdient? Oder war die Vorstellung nicht viel amüsanter, dass sie die Bedeutung der Zahlen begriffen, wenn alles vorbei war? Einmal hatten sie schon versagt, waren für ihre Unwissenheit bestraft worden.

»Leiden Polizisten eigentlich darunter, wenn sie den Tod eines Menschen nicht verhindert haben?«, fragte er sich. »Oder stumpft man im Laufe der Zeit so ab, dass es einem egal wird? Einer mehr oder weniger spielt doch keine Rolle.«

Leuschen hinterließ eine hübsche Frau. Da konnte man Mitleid haben. Die beiden anderen waren armselige Kreaturen. Denen würde keiner nachtrauern. Er hatte sie bestraft. Nach all den Jahren endlich bestraft. Würden die Menschen das verstehen können?

Er wollte, dass die Leichen gefunden wurden. Er wollte, dass sie von Polizisten begafft, bestaunt und aufgeschnitten wurden, ohne dass man verstand, warum sie sterben mussten. Rätselspiele. Sie sollten ratlos vor den Leichen stehen, sich erfolglos den Kopf zermartern müssen, um dann irgendwann die Akte zu schließen und die Morde als »ungeklärte Fälle« abzuheften. Vielleicht unterschätzte er sie auch, diese Polizisten. Aber selbst wenn sie irgendwann die Zusammenhänge begreifen würden, müssten sie sich eingestehen, nur zugesehen zu haben.

»Elf, zweiundzwanzig, dreißig – so schwer kann das doch nicht sein«, fluchte er.

Selbst wenn Höllerbach nicht durch Zufall gefunden wurde, so hätten doch ein paar kluge Polizisten das Rätsel lösen können. Würden sie die Zahlen veröffentlichen, könnte es ihnen jemand erklären. Das Telefon würde nicht stillstehen. Tausende waren in der Stadt, von denen wahrscheinlich die meisten wussten, was die Zahlen bedeuten. Lösungsmenge.

»Genau, das war es. So werden wir es machen«, sagte er zu sich selbst, zog sich seinen Regenmantel an und ging vor die Tür.

Er fuhr mit der Straßenbahn ins Stadtzentrum, stieg im Hauptbahnhof aus und begann im Regen mit der Suche nach einer Telefonzelle. Das war in Köln nicht so einfach, denn von denen gab es nur noch wenige, und die, die es noch gab, waren längst keine Zellen mehr.

»Das ist das Ende jeder Privatheit«, brummte er, als er endlich eine dieser silbernen, offenen Telefonstangen sah. »Alle brüllen ihr Privatleben über die Straße. Ob mit dem Handy oder diesen Scheißdingern hier.«

Er sah sich um. Nur wenige Menschen waren bei diesem Wetter noch auf der Straße. Auch ohne Zelle würde er ungestört Ungeheuerliches sagen können.

»Hallo, hier spricht der Mann, der Frank Vosskamp, Klaus Leuschen und Michael Höllerbach erstochen hat. Verbinden Sie mich mit den Leuten, die dafür zuständig sind.«

Er stellte sich vor, wie während der langen Zeit, in der man ihn verbinden wollte, wie im Fernsehkrimi die Fangschaltung in Gang gebracht wurde. Er schaute auf seine Armbanduhr. Mehr als drei Minuten wollte er hier nicht auf dem Präsentierteller stehen. Er hörte ein Klacken in der Leitung.

»Remmer, Mordkommission. Sie wollten mich sprechen«, hörte er am anderen Ende der Leitung eine Frau sagen.

»Wenn Sie Höllerbach finden wollen, bevor er anfängt zu stinken, machen Sie sich Gedanken über die Zahl auf dem Bild.«

»Wer spricht da?«, fragte Remmer scheinheilig. Nur der Mörder konnte etwas von den Zahlen an den Wänden und auf dem Bild wissen.

»Lassen Sie den Unsinn. Veröffentlichen Sie die Zahlen im Radio und in der Zeitung, dann dauert es keine zehn Minuten, bis Sie das tote Schwein gefunden haben.«

Er legte auf und freute sich diebisch. Das hatte ihm richtig Spaß gemacht. Er ging schnellen Schritts Richtung Appellhofplatz, um dort mit der nächsten Bahn zurückzufahren. Ob man ihn tatsächlich mit einer Fangschaltung oder etwas Ähnlichem versucht hatte ausfindig zu machen, erfuhr er nicht. Von der Polizei war weit und breit keine Spur.

»Ihr seid einfach zu langsam«, lachte er, als er in die U-Bahn stieg.

＊

»Sind wir zu blöd?«, brüllte Remmer dem Telefon hinterher, das sie über den Besprechungstisch geworfen hatte. »Der macht mit uns den Larry.«

Sie ließ den Blick langsam durch den Raum wandern, schaute in die müden Augen ihrer Kollegen, bis sie an der Psychologin hängen blieb, die ihnen seit gestern zugeteilt war.

Dr. Felicitas Stahlinger stand in einem engen Kostüm im Türrahmen. Das war genau der Typ Frau, den Remmer gar nicht mochte. Fein angezogen und doch ohne Stil, angepasst und immer bereit, in jeden Arsch zu kriechen, der ihr Karriere versprach, um dann hinterher über den Arsch von dem Arsch ohne Hemmungen abzulästern. Sie hielt nicht viel von der dreißigjährigen Frau, die sich seit einigen Monaten bemühte, das angelesene Wissen aus der Universität mit dem grauen Großstadtalltag unter einen Hut zu bringen. Sie sollte Kollegen bei der Lösung von Problemen helfen, mit Polizisten wie diesem jungen Obermeyer Schocksituationen bewältigen und gleichzeitig Täterprofile von Kriminellen erstellen.

»Was will er? Was soll das? Warum ruft er mich an?«, rief sie in ihre Richtung, ohne ernsthaft mit einer Antwort zu rechnen. Remmer hielt sie für überfordert. Sie fragte sich schon seit gestern, warum eine junge Frau offensichtlich die Mode ihrer Mutter weitertrug.

»Wollen Sie meine Antwort wirklich hören?«, fragte Stahlinger und ging ein paar Schritte in den Raum hinein. Remmer schwieg.

»Wir haben gedacht, die Zahlen seien ein Hinweis auf das Motiv für die Tat. Wir haben gedacht, mit den Zahlen können wir eine Verbindung zwischen den Toten herstellen …«, fuhr sie ungefragt fort.

Warum sagt sie »wir«?, fragte sich Remmer.

»Wenn er aber sagt: ›Veröffentlichen Sie die Zahlen, dann finden Sie Höllerbach‹, dann sind die Zahlen Hinweise auf die Orte, wo die Toten liegen.«

»Aber wir haben Leuschen und Vosskamp auch ohne die Zahlen gefunden«, unterbrach sie Gröber. »Den einen legt er neben eine Mülltonne, den anderen in ein Auto, mit dem er eine Baustellenausfahrt zuparkt. Er wollte, dass wir sie finden.«

»Deshalb hat er angerufen. Er will auch, dass wir den Dritten finden. Irgendwas ist da schief gelaufen. Er wurde unruhig, weil wir Höllerbach nicht gefunden haben. Also hat er angerufen. Wir sollen die Leichen finden. Ihm ist etwas dazwischengekommen. Vielleicht liegt Höllerbach an einem Ort, wo er sich eigentlich ganz sicher sein konnte, dass ihn jemand findet. Und irgendwas hat das dann wider Erwarten verhindert …«

»Eine Baustelle vielleicht«, scherzte Gröber. »Eine der fünf Millionen Wanderbaustellen in dieser Stadt hat ihren Rucksack gepackt und ist ein paar Kilometer weiter gezogen. Und vorher hat sie Höllerbach in einem Tunnel der neuen U-Bahn zuge-schüttet.« Nur Remmer und Stahlinger lachten nicht.

»Ist keine blöde Idee«, meinte die Psychologin, doch keiner schien ihr zuzuhören.

»Was ist mit dem Wetter?«, fragte Chrischilles. »Es regnet und regnet. Vielleicht ist die Leiche weggeschwemmt worden.«

»Schluss mit den Witzen«, unterbrach Remmer die Kollegen. »Vielleicht ist es ganz einfach: Höllerbach liegt an einem Platz, an dem bei Regen keiner vorbeikommt.«

»Was soll das für ein Platz sein?«, fragte Gröber. »Ein Strand-korb in den Deutzer Rheinterrassen? Schöner Platz für einen kühlen Oktober. Warum hat er uns am Telefon nicht gesagt, wo er den Penner hingelegt hat?«

»Das ist ihm zu einfach. Er will, dass wir arbeiten. Das gehört zu dem, was er tut«, antwortete Stahlinger. »Was er tut, hat für ihn einen Sinn. Er benutzt ein Messer, er lässt die Leichen verblu-ten, er schleppt sie an einen anderen Ort, und er malt Zahlen an Wände, damit die Polizei arbeitet. Er bestimmt, worüber wir nachdenken sollen. Wenn es der Mann ist, den der Kollege Gröber an den Tatorten gesehen hat, sieht er uns sogar bei der Arbeit zu.«

Gröber gefiel dieser Hinweis gar nicht, erinnerte er sich doch an die erfolglose Verfolgungsjagd über die Autobahn. Remmer sah die vier Ermittlungsbeamten an, die sich seit zwei Tagen mit den beschissenen Zahlen beschäftigt hatten. Sie hatten gerechnet, Quersummen gebildet, Hausnummern überprüft, Daten aus dem Leben der Ermordeten verglichen, Lexika gewälzt und nichts gefunden.

»Habt ihr nicht gearbeitet, Leute?«, fragte sie zynisch.

»Natürlich haben alle hier gearbeitet«, fiel ihr die Psychologin ins Wort. »Aber es fehlte der Hinweis, den er uns jetzt gegeben hat.«

Alle starrten Stahlinger an. Sie genoss die Aufmerksamkeit, ging um den Tisch und stellte sich neben Remmer, der das anscheinend gar nicht gefiel. Sie fragte sich, was Eltern geritten haben könnte, eine Tochter Felicitas zu nennen.

»Er hat gesagt, dass wir Höllerbach in zehn Minuten gefunden haben, wenn wir die Zahlen veröffentlichen würden. Das Rätsel ist also gar nicht so schwer.« Um erst gar keine Unruhe aufkommen zu lassen, fuhr Stahlinger schnell fort. »Es muss also Leute geben, die mit den Zahlen was anfangen können. Viele Leute, sonst würde es nicht so schnell gehen. Und offenbar sitzt niemand aus dieser Gruppe hier in diesem Raum.«

»Vielleicht eine besondere Berufsgruppe«, riet Chrischilles. »Ingenieure oder so was.«

»Oder ein Code, den nur bestimmte Leute verstehen«, schlug Gröber vor.

»Das kann alles sein«, sagte einer aus der Zahlengruppe. »Die Größe eines Angelhakens, Maße einer Puppenstube, der Umfang eines Gerätes, Abstände, Zeitangaben, Höhenunterschiede ...«

»Was spricht dagegen, es zu versuchen?«, unterbrach Gröber.

»Was zu versuchen?«, fragte Remmer zurück. Sie wusste genau, was ihr Kollege meinte. Sie sollte die Spielregeln des Gegners akzeptieren.

»Die Zahlen zu veröffentlichen und dann abzuwarten, ob tatsächlich jemand anruft.«

»Ein Sadist stellt uns ein Rätsel, ein Zahlenspiel für die dumme Polizei ...«, murmelte Remmer.

Stahlinger hatte sie gehört.

»Unser Mann ist kein Sadist. Er empfindet keine Lust, wenn er tötet. Nichts deutet darauf hin. Er erledigt einen vorher geplanten Job. Es gibt kein Ritual.«

»Er malt Zahlen mit Blut an Wände. Ist das kein Ritual?«, fragte Gröber ungehalten.

»Normalerweise tötet ein Sadist, um eine unerfüllte Leidenschaft auszuleben. Er ist das, was er tut, tausende Male zuvor in seiner Phantasie durchgegangen. Er stellt sich vor, wie er quält und tötet und wie es ist, das zu tun«, fuhr Stahlinger fort. »Irgendwann will die Obsession verwirklicht werden. Um die Tat vollbringen zu können, ritualisiert er sie. Er vollzieht sie nach dem Muster, das es bislang nur in seiner kranken Gedankenwelt gab. Wenn er aus Lust quält, tötet er nicht einfach so. Er braucht das Ritual. Unser Mann tötet noch nicht einmal auf die gleiche Weise. Die Stichwunden sind bei allen Opfern an einer anderen Stelle. Nachdem er zugestochen hat, tut er nichts weiter. Er wartet, bis die Opfer tot sind. Das Malen der Zahlen hat nichts mit ihnen zu tun. Es ist ausschließlich für uns bestimmt.«

»Auch wenn es kein Ritual gibt«, meinte Remmer, während sie ihren Zopf löste, um ihre Haare zu ordnen und dann wieder mit einem Gummiband zusammenzubinden, »so gibt es doch ein Muster: Er ersticht die Männer, wartet, benutzt ihr Blut und schleppt sie an einen anderen Ort …«

»… und er kennt sie. Bei Vosskamp können wir davon ausgehen, dass er ihn hereingelassen hat. Bei Leuschen lässt er die Frau leben. Warum hat er sie nicht getötet? Wenn ich mehrere Morde begehen will, kommt es auf einen mehr oder weniger nicht an, oder? Ihm aber doch. Es sterben nur ganze bestimmte Leute. Er bestraft sie.«

»Das tut ein Sadist auch.«

»Ja, aber seine Opfer sind in der Regel anonym. Er braucht Namenlose, um sie zu Objekten degradieren zu können. Das Opfer steht stellvertretend für eine Gruppe. Das ist in unserem Fall hier anders: Hier geht es nur um die, die gestorben sind.«

»Und warum hat er die drei dann nicht einfach erschossen?«, fragte Chrischilles.

»Weil er wollte, dass die drei auf eine ganz bestimmte Art und Weise sterben. Dabei geht es ihm aber nicht darum, die Opfer zum eigenen Vergnügen zu quälen. Er will vielmehr, dass sie ihren Tod bewusst erleben. Dass sie langsam sterben, hat nichts mit einer Obsession oder Perversion zu tun. Es geht nur um die Opfer.«

»Das finde ich schon ganz schön pervers«, murmelte Chrischilles.

»Das ist nicht pervers, das ist pathologisch.«

»Ist für mich dasselbe.«

Stahlinger überhörte die Bemerkung. Bei Remmer wich die Skepsis, die sie die Psychologin bislang hatte spüren lassen. Den anderen Polizisten im Raum schien es ähnlich zu gehen.

»Er tötet sehr bewusst. Das Messer ist die Tatwaffe, weil es ihm tatsächlich darum geht, dass die Männer verbluten. Vielleicht ist das Blut ein Symbol für ihn. Es bedeutet etwas, er verbindet etwas damit. Vielleicht will er seinen Opfern zeigen, wie sie langsam ihre Lebenskraft verlieren. Vielleicht ist die Verbindung aber auch viel konkreter. Die Männer verbluten, weil das, wofür er straft oder rächt, etwas mit viel Blut zu tun hat. Ein schwerer Unfall, ein Kriegsverbrechen, eine Schändung, vielleicht ein echtes Sexualdelikt eines Sadisten, der aus Lust getötet hat. So was kann man Jahre mit sich herumgetragen haben, bevor ein kleiner Anlass genügt, um alles wieder bewusst zu machen. Das Erlebte wird bestimmend. Nicht das Töten ist die Obsession, sondern der Gedanke an ein verdrängtes Erlebnis, das einen gefangen nimmt und nicht mehr loslässt.«

»Was kann man noch über den Mann sagen?«, fragte Remmer.

»Er ist intelligent und willensstark. Er kann viel riskieren, weil er offensichtlich nicht viel zu verlieren hat. Der Mörder ist ein kräftiger Mann, wahrscheinlich zwischen fünfunddreißig und fünfundvierzig Jahre alt.«

Gröber versuchte immer wieder, sich das Gesicht des Mannes, den er verfolgt hatte, in Erinnerung zu rufen. Er hätte schwören können, dass der älter als fünfundvierzig Jahre gewesen war.

Auch Psycho-Tanten können sich irren, dachte er, hielt aber seinen Mund.

Remmer ließ sich auf einen freien Stuhl fallen und atmete tief durch.

»Was würde passieren, wenn wir das dritte Opfer nicht finden? Vielleicht sollten wir bewusst nicht nach ihm suchen, um seinen Plan zu durchkreuzen«, schlug Gröber vor.

»Klingt gut. Wir beenden eine Mordserie, indem wir uns weigern, die Leiche zu suchen«, lockerte Chrischilles die mittlerweile doch recht angespannte Stimmung im Raum auf.

»Ich glaube nicht, dass das funktionieren würde«, entgegnete Remmer. »Das Finden der Leiche gehört zwar zum Plan, genauso wie er will, dass wir hier sitzen und uns den Kopf zerbrechen. Also ärgert es ihn, dass wir Höllerbach nicht finden. Letztendlich spielt es aber keine Rolle, denn über kurz oder lang wird er schon gefunden werden. Er hat die Leichen nicht versteckt, sondern so hingelegt, dass man sie finden soll. Diesmal ist eben was dazwischengekommen, das die Sache verzögert. Mehr nicht.«

»Und warum ruft er dann an?«, fragte Gröber.

Remmer schaute ratlos zu Stahlinger. Auch sie schien noch keine überzeugende Antwort zu kennen.

»Also«, schnaufte Gröber, »machen wir auch am Wochenende Überstunden.«

»Es kann sein, dass er die Polizei für sich laufen lassen will«, überlegte die Psychologin. »Vielleicht ist es aber auch doch nicht so egal, wann wir den Toten finden. Vielleicht ist es wichtig, dass wir ihn zu einem bestimmten Zeitpunkt finden. Die Zahlen deuten auf eine Reihenfolge, auch wenn sie für uns noch keinen Sinn ergeben. Sie steigen an. Wer weiß, was da noch kommen wird.«

»Also, was machen wir? Machen wir das, was der intelligente und willensstarke Spinner will?«, fragte Remmer.

Sie hatten gegenüber den Medien die grausamen Details bewusst verschwiegen. Die Geschichte war blutrünstig genug. Die Information über einen Mann, der mit dem Blut seiner Opfer Zahlen an Wände malt, während sie ausbluten, hätte zu Panik und vielen unbequemen Fragen geführt. Remmer sah in die Augen der Kollegen. Offenbar war sie die Einzige in diesem Raum, die noch zögerte. Alle anderen sagten ihr wortlos: Sie hätten die Zahlen längst veröffentlichen sollen. Es war schon spät am Samstagabend. Die Redakteure der Sonntagszeitungen würden sich freuen, jetzt noch einmal ihre Texte umschreiben zu müssen.

»Was würde passieren, wenn wir jetzt nach Hause gingen und nicht das tun, was er will? Würde es unseren Mann in Panik versetzen? Würde er noch einen Fehler machen?«, fragte sie die Psychologin.

»Vielleicht. Es könnte aber auch sein, dass er zu Reaktionen gezwungen wird, die uns nicht so sehr gefallen könnten. Es wäre ein Risiko.«

»Wird noch jemand sterben?«

»So wie ich es jetzt einschätze, würde ich sagen, er ist noch nicht fertig. Es fehlt ein Abschluss. Vielleicht ist Höllerbach der Abschluss. Aber um das sagen zu können, müssten wir ihn finden.«

»Haben wir noch eine Alternative zur Veröffentlichung?«

»Ich glaube nicht. Wenn eintritt, was er gesagt hat, wissen wir danach nicht nur, wo Höllerbach liegt, sondern kennen auch die Bedeutung der Zahlen. Vielleicht wissen wir dann, ob er fertig ist oder nicht. Vielleicht finden wir einen neuen Anhaltspunkt für das Motiv.«

Remmer gab sich geschlagen.

»Lösen Sie die Rufbereitschaft aus. Lasst die Polizeireporter dieser Stadt zu uns kommen«, beauftragte sie Chrischilles. »In einer Stunde ist Pressekonferenz. Wir werden ein bisschen improvisieren müssen. Gröber und Stahlinger, ihr werdet mir Gesellschaft leisten. Der Rest geht nach Hause und schläft eine Runde. Wir sehen uns morgen früh um acht Uhr wieder.«

Damit war die Sonderschicht am Sonntag beschlossene Sache. Diskutiert wurde nicht. Remmer sah den Gesichtern ihrer Kollegen an, was sie ihnen zumutete.

*

Ingo Gassmann traute seinen Augen nicht, als er die Rollladen hochgezogen hatte. Der Regen hatte sich vollständig verzogen, die letzten grauen Wolken ließen sich von kräftigem Wind wegblasen. Großreinemachen am Himmel für den großen Tag, den die Stadt heute feiern wollte. Der Köln-Marathon hatte mittlerweile Ähnlichkeit mit den Karnevalstagen, obwohl nach wie vor nicht so viele Menschen an der Wegstrecke stehen würden wie beim Rosenmontagszug. Aber die, die kamen, würden ähnlich ausgelassen feiern, die Läufer wie die Festwagen und Fußgruppen beim Zoch begrüßen. Natürlich schepperte aus jedem verfügbaren Lautsprecher Karnevalsmusik, die unvermeidbaren Samba-Trommler würden an den ihnen zugewiesenen Punkten ohne Pause auf ihre Instrumente einschlagen.

Was ihn jedoch am meisten verwunderte, war die Fähigkeit der Stadt, für einen ganzen Tag die wichtigsten Straßenverbindungen in der Innenstadt zu kappen. Das ging beim Marathon sogar noch über den Aufwand beim Rosenmontagszug hinaus. Auf einmal konnte diese Stadt ohne Autos leben. Das war etwas, das Kölns vereinigte Autolobby im Stadtrat grundsätzlich verneinte, die alles verhinderte, um dieser Stadt endlich eine Innenstadt zu geben, die zumindest ein bisschen mondänes Weltstadtflair in die Provinz gebracht hätte.

Für ein paar Minuten fiel alle Anspannung von ihm ab. Der Blick aus dem Fenster ließ ihn völlig unerwartete Leichtigkeit fühlen. Er öffnete das Fenster und atmete die frische Luft ein, die in sein Zimmer strömte. Die ganze Stadt, auf der in den letzten Tagen ein schmuddeliger Grauschleier gelegen hatte, schien durchgelüftet zu werden. Sein Kopf war frei. Er erlebte einen der seltenen Momente, in denen er einmal gar nichts dachte, den Augenblick eines vollkommenen Genusses. Wie wenig dazu nötig war. Er schloss das Fenster wieder und ging ins Bad.

Achtlos drehte er sein Radio an, in dem sich ein überdrehter Moderator gleichfalls über das Wetter freute. Dann sagte er etwas wie »Doch bevor wir uns dem Köln-Marathon widmen, müssen wir uns mit einem ernsten Thema beschäftigen. Die Polizei braucht die Mithilfe der Kölner«. Gassmann hörte zu, während er sich im Bad entkleidete. Neue Einzelheiten über die Mordserie der letzten Tage seien bekannt geworden. Die Polizei sei auf der Suche nach einer dritten Leiche. Dann hörte er die Stimme der Kommissarin, verstand aber nicht, was sie sagte. Er drehte das Wasser auf, um sich zu duschen. Ein kurzes, aber heftiges Wechselbad hatte sich in all den Jahren am Tag des Laufes bewährt. Er ließ eiskaltes Wasser über seine Arme und Beine laufen und schaufelte es sich ins Gesicht. Dann drehte er das heiße Wasser auf und duschte den ganzen Körper ab. Nach einer Minute wiederholte er die Prozedur. Als er aus der Duschwanne stieg, dudelte im Radio wieder belanglose Popmusik.

Während er sich abtrocknete, meldete sich der Moderator wieder: »Elf, zweiundzwanzig, dreißig!«, rief er in sein Mikrofon, so als wenn er Zahlen beim Bingo bekannt geben wollte. »Das Rätsel des Tages! Wer kann damit etwas anfangen? Die Polizei tappt im Dunkeln. Wir wollen helfen. Jetzt anrufen!«

Dann gab er die Telefonnummer des Radiosenders durch. Es gab sogar eine CD zu gewinnen. Gassmann hatte den Eindruck, dass man in diesen überall gleichen »Morning-Shows« im Radio selbst ernste Themen nicht ernst nehmen konnte. Aus einer Mordserie wurde ein Rätselspiel.

»Ich könnte mitspielen. So schwer ist das Rätsel doch gar nicht.«

Eine Anruferin wurde zu der Quatschblase im Radio durchgestellt. Die Frau nannte ihren Vornamen, der Moderator machte ein Witzchen, dann sollte die Frau ihre Antwort zum Besten geben.

»Ja, also, das ist so«, begann sie. »Jeder Läufer hat einen Chip im Schuh, mit dem automatisch die Zeit gemessen wird, wenn man an bestimmten Punkten vorbeikommt. Zwischenzeiten beim Marathon, wissen Sie?«

Der Moderator machte das dramatische Musikbett lauter, über dem die Frau das Wissen eines jeden Teilnehmers am Kölner Marathon an den Rest der Stadt einschließlich der Polizei weitergab.

»Und diese Zeitmesspunkte sind beim Köln-Marathon bei den Kilometern elf, zweiundzwanzig und dreißig.«

Der Moderator spielte eine Fanfare ein.

»Habe ich gewonnen?«, fragte die Frau.

»Ja, wenn ich das wüsste«, antwortete der Mann am Mikrofon. »Klingt gut, was Sie sagen. Doch ob es reicht, muss uns die Polizei sagen, wenn sie nun weiter ermitteln wird.«

»Ach.« Die Frau wirkte enttäuscht. »Warum will die Polizei das denn überhaupt wissen?«

»Daraus könnten wir ein neues Rätsel machen. Eine tolle Idee. Wir hauen noch mal eine CD raus: Warum will die Polizei wissen, was diese drei Zahlen zu bedeuten haben? Zusatzfrage: Wie clever ist eigentlich unsere Polizei?«

Jetzt fand's auch Gassmann ganz lustig. Er schlüpfte in seine bereitgelegten Laufklamotten und zog seinen Trainingsanzug darüber. Im Radio lief Werbung für ein Möbelhaus. Er ging in die Küche, löste eine Calcium-Tablette in einem Glas Wasser auf und setzte sich an den vorbereiteten Frühstückstisch. Das letzte Essen vor dem Lauf war ein Ritual. Dazu gehörten eine Scheibe Weißbrot mit Honig, zwei Bananen, die er sich zu Haferflocken in ein Schälchen mit Milch schnibbelte, und ein weich gekochtes Frühstücksei. Er aß langsam und versuchte, sich ganz auf die kommende Herausforderung zu konzentrieren – die größte seines Lebens.

*

Remmer fluchte. Welche Idioten hatten sich da tagelang mit diesen beschissenen Zahlen beschäftigt? Die Polizei war zum Gespött der Stadt geworden. Der lokale Radiosender hatte eine Riesenshow mit Preisrätsel daraus gemacht, wollte sie sogar für ein Interview gewinnen, um ihr live des Rätsels Lösung mitzuteilen. Was für eine Sauerei! Schon vor der Ausstrahlung hatten mehrere Teilnehmer des Marathons bei der Polizei angerufen und die Bedeutung der Zahlen erklärt.

»Was für eine Scheiße!«, brüllte sie in diesen wunderschönen Morgen, während Gröber und einige Kollegen zusammen mit der Spurensicherung das Gebüsch durchkämmten. Sie selbst war an dieser verdammten »Dreißig« schon vorbeigefahren, als sie auf dem Weg zu Gassmann gewesen war. Sie hatte den Mann sogar danach gefragt, wie bei diesem blödsinnigen Lauf die Zwischenzeiten gestoppt werden. Sie konnte sich gar nicht beruhigen.

»Reg dich nicht so auf«, versuchte Schmallenberg sie zu beruhigen. Der Pathologe war mitgekommen, um die Leiche, die sie hier finden sollten, gleich begutachten zu können. Vielleicht war er aber auch nur da, um endlich mal mit Remmer in Ruhe sprechen zu können. »Warum rufst du nicht zurück?«, fragte er sie.

»Findest du das passend jetzt?«, fragte sie zurück.

»Wann passt es denn?«

»Wenn dieser Fall hier abgeschlossen ist.«

»Sicher?«

Sie ließ die Frage unbeantwortet. Glücklicherweise stieß Gröber zu ihnen.

»Was ist, wenn er nicht hier ist?«, fragte er. »Wir finden nichts.«

Noch war die Innere Kanalstraße frei befahrbar. Viel los war hier am Sonntagmorgen trotzdem nicht. Sie wollten sich beeilen, um möglichst kein Aufsehen zu erregen. In ein, zwei Stunden würden hier die ersten Zuschauer auf die Inline-Skater warten, die vor den Marathon-Läufern die Strecke entlangflitzten. Kilometer Dreißig war Niemandsland. Kein Haus, kein Parkplatz, nur ein einsamer Stromkasten neben dem Radweg, der auf beiden Seiten neben der Straße entlangführte. Dahinter wucherten dichtes Gestrüpp, Sträucher und Müll zwischen ein paar Bäumen. Nur ein Toter lag hier nicht.

»Was ist das da?«, fragte Remmer und deutete auf einen Zaun hinter dem Dickicht. Gröber kommandierte die Kollegen durch die Sträucher.

»Der Zaun von einem Kindergarten«, rief er zurück. »Wir klettern da mal rüber.«

Remmer folgte den Kollegen durchs platt getretene Unterholz.

»Im Kindergarten«, murmelte sie vor sich her, »du mieses Schwein.«

Während sie mit viel Mühe über den etwa zwei Meter hohen Zaun kletterte, sah sie Gröber und einen Kollegen der Spurensicherung in einem kleinen Holzhaus verschwinden, aus dem eine Rutschbahn in einen Sandkasten führte. Sie hatten ihn gefunden.

Höllerbach lag zusammengekauert mit verzerrtem Gesicht, die Arme seltsam verschränkt in einer Ecke des Spielhauses. Der Regen der letzten Tage war durch das Dach des kleinen Hauses gedrungen und hatte die blutrote Kleidung völlig durchnässt. Neben ihm lagen zerfleddert und in Blut und Regen getränkt ein paar Fetzen Papier, die sich erst bei näherer Betrachtung als Teil des Pornohefts identifizieren ließen, das sie bei ihrem Besuch bei Höllerbach auf dessen Wohnzimmertisch gesehen hatten.

Remmer fühlte bei allem Ärger über die peinliche Volksbefragung Erleichterung, als sie aus dem kleinen Haus hinauskletterte.

Es war gut, ihn gefunden zu haben. Sie war sich immer noch nicht sicher, ob sie seinen Tod nicht doch hätte verhindern können. Hätten sie ihn einfach mitgenommen und in eine Ausnüchterungszelle gesperrt, wäre er vielleicht noch am Leben. Vielleicht. Sie schnorrte sich bei einem uniformierten Kollegen eine Zigarette, zog sich ihr Halstuch von den Schultern, stopfte es in eine Manteltasche und setzte sich auf die Schaukel, die neben dem Sandkasten aufgebaut war. Sie zog tief den Rauch der Zigarette ein und versuchte, ihre Gedanken zu sortieren. Waren sie nun wirklich weiter als vorher?

Sie dachte an Stahlinger, sah sie vor ihrem geistigen Auge auf und ab gehen. »Das Finden der Leiche gehört zum Plan.« War es das nun? War Höllerbach der Abschluss einer Serie. Es sah nicht so aus. Und der Fundort? Unter normalen Umständen wäre er am Freitag entdeckt worden, doch weil es den ganzen Tag in Strömen geregnet hatte, war kein Kind des Kindergartens in dieses dumme Holzhaus geklettert.

»Er ist noch nicht fertig. Es fehlt der Abschluss«, zitierte sie die ungeliebte Psychologin. »Das hier ist kein Abschluss.«

Ihr Handy klingelte. Aufgeregt meldete sich Chrischilles.

»Wir haben diese Mona gefunden. Monika Wengler.«

Remmer legte wortlos auf, kletterte über das niedrige Eingangstor der Kindergartenanlage und lief mit schnellen Schritten zurück zum Auto. Die Uhr am Armaturenbrett zeigte 9 Uhr 30. Sie hatte das sichere Gefühl, dass sie sich beeilen musste.

*

Jeder schien hier mit sich selbst beschäftigt. Menschen in Rollschuhen fuhren vorbei, andere versuchten sich zu entscheiden, ob sie nun mit Mülltüte als Regenschutz oder ohne das Rennen antreten sollten. Der Regen hatte schon vor Stunden aufgehört, doch nicht jeder traute der Wetterprognose, die tatsächlich für den großen Tag sogar ein bisschen Sonne angekündigt hatte. Zumindest sollte es trocken bleiben.

Ein witziges Bild, dachte Asis Kusnezow, als die in blaue Tüten gewandeten Inliner an ihm vorbeizogen. Marathonläufer waren noch keine unterwegs, während sich die Rollschuhfahrer auf den Start vorbereiteten. Zuschauer hatten sich noch wenige eingefunden. Kusnezow hatte das Gefühl, völlig unbeobachtet den Bauzaun in der Nähe des Krans wegrücken zu können. Das Gewehr befand sich zerlegt in einem kleinen Rucksack, den er auf dem Rücken trug. Er kletterte durch den schmalen Spalt zwischen den beiden Zaunelementen, sprang, ohne sich umzusehen, über ein paar herumfliegende Bretter und stand nur Sekunden später unter dem großen Kran. Er ließ seinen Blick über das Baufeld und die Straße wandern, auf der hinter dem Bauzaun die Inliner zum Startbereich zogen. Keiner schien ihm Aufmerksamkeit zu schenken. Vor ihm lag der mühsame Aufstieg über eine Sprossentreppe, die sonst nur für Notfälle und Aufzugausfälle vorgesehen war.

Kein Grund zu jammern. Es gibt Schlimmeres, dachte er und begann mit dem Aufstieg.

Schon nach wenigen Metern veränderte sich die Welt um ihn herum. Er hatte das Gefühl, der Wirklichkeit zu entsteigen. Die Menschen am Boden wurden immer kleiner, das Gewusel im Startbereich, den er nun einsehen konnte, wirkte künstlich, bald wie für einen Film am Computer animiert. Er bekam Lust, den ganzen Kran hochzuklettern, sich in das Häuschen des Kranführers zu setzen und dort seinen Auftrag zu vergessen. Doch über solche Dinge dachte er nur kurz nach, dann hatte er sich wieder unter Kontrolle.

Er erreichte die erste der vier Streben, mit denen der Kran am Hochhausrohbau befestigt war. Auf allen vieren kroch er in Schwindel erregender Höhe langsam über den Stahlträger in den dreiundzwanzigsten Stock des Hauses. Ein paar Holzbretter sollten den Bauarbeitern das Gefühl von Sicherheit vermitteln. Er kletterte über die Absperrung und freute sich über den sicheren Betonboden unter sich. Er zog ein kleines, aber leistungsfähiges Fernglas aus der Tasche und untersuchte die Umgebung. Die Aussicht war schon auf diesem Stockwerk spektakulär schön. Die Kölner Altstadt und die Domtürme lagen wie gemalt auf dem anderen Rheinufer. Schiffe schipperten vorbei, während sich ein paar Sonnenstrahlen den Weg durch die Wolkendecke bahnten. Kusnezow musste sich von der Aussicht auf der westlichen Seite des Turms wegreißen, um die Lage im Start- und Zielbereich des Marathons zu prüfen. Die Rollschuhläufer waren zu weit weg. Daran änderte auch der Blick durch das Fernglas nichts, das ungefähr der Stärke des Zielfernrohrs seines Gewehrs entsprach. Also musste er doch auf das Dach des vorgelagerten Bürogebäudes, um besser zielen zu können. Das gefiel ihm nicht, weil es seinen Fluchtweg deutlich verlängerte. Er hoffte, dass es auf dem Dach einen unverschlossenen Zugang zum Gebäude geben würde.

Er drückte die Stoppuhr seiner Armbanduhr und ging los. Wie lange er für die Leiter des Krans brauchte, wusste er. Jetzt wollte er die Zeit vom dreiundzwanzigsten Stock des Hochhauses bis zum Dach stoppen. Er lief langsam die Stufen im noch unfertigen Treppenhaus des Turms hinunter, die er im Falle einer überhasteten Flucht hochrennen musste. Vier Stockwerke waren zu überwinden, um dann über einen kleinen Stahlträger und mit einem nicht ganz ungefährlichen Sprung das Dach zu erreichen. Hier ließ sich der Zielbereich optimal einsehen. Hier würde er sein Opfer hundertprozentig treffen können. Kusnezow setzte sich in aller Ruhe an den Rand des Dachs und begann das Gewehr zusammenzubauen. Er schraubte das Zielfernrohr auf die Präzisionswaffe, setzte sie auf das mitgebrachte Zweibein und legte sich auf den Bauch. Während er die Wangenauflage justierte, nahm er einige der Rollschuhfahrer ins Visier, die sich in einer weiteren Startgruppe für ihren Lauf aufgestellt hatten. Die meisten Inliner waren bereits auf der Strecke. Kusnezow entdeckte einen jungen Mann, vielleicht ein bisschen jünger als er, der sich im Gewühl vordrängelte. Er konnte durch das Zielfernrohr sogar seine Augen sehen, die hektisch die Konkurrenz beobachteten. Als die Läufer starteten, schob sich der junge Mann schnell an die Spitze der Läufergruppe, während ihm Kusnezow mit dem Zielfernrohr folgte. Er sah, wie er eine Frau anrempelte, um an ihr vorbeizukommen, und folgte ihm bis zur Rampe zur Deutzer

Brücke. »Paff«, zischte Kusnezow und sah den Mann stürzen. Hunderte Läufer zogen an dem Mann vorbei, während er sich langsam wieder aufrappelte. Das Vordrängeln hatte nichts genützt. Er war einer der Letzten, die die Brücke erreichen sollten.

*

Als Remmer ins Büro stürmte, stand die versammelte Mannschaft bereit.

»Wo ist sie?«, brüllte sie in die Runde.

Chrischilles schob ihr ein Telefon herüber und übergab ihr umständlich einen Zettel mit einer langen Telefonnummer. Remmer verstand nicht gleich.

»Sie lebt auf Mallorca.«

»Was?«

»Ausgewandert. Vor über zehn Jahren. Sie heißt jetzt Bühler, ist verheiratet und hat zwei Kinder. Wir haben die spanische Polizei eingeschaltet. Monika Bühler wartet jetzt auf deinen Anruf. Große Lust, mit uns zu sprechen, hatte sie keine.«

Remmer versuchte, wieder zu Atem zu kommen, um in Ruhe zu überlegen, wie sie ein Telefongespräch mit einer völlig unbekannten Frau beginnen sollte, die irgendwann einmal drei Männer gekannt hatte, die nun im Leichenschauhaus lagen.

»Was weiß sie?«

Chrischilles zog die Schultern hoch. »Wir haben ihr nichts gesagt. Aber auch auf Mallorca gibt es deutsche Zeitungen und Radiosender.«

Remmer wählte die Nummer. Es dauerte über eine Minute, bis sich eine Frauenstimme meldete. Remmer stellte sich mit umständlichen Formulierungen vor, versuchte das Gespräch vorsichtig einzuleiten.

»Wir ermitteln in einem Fall, in den einige Männer verwickelt sind, mit denen Sie früher viel zu tun hatten.«

Die Frau sagte nichts, blieb auch stumm, als Remmer ihr die Namen der Toten nannte, ohne die Morde zu erwähnen.

»Wir wissen, dass Sie und eine gewisse Randy einmal viel mit den dreien zu tun hatten.« Sie zögerte einen Moment. »Sie sollen sich mit okkulten Geschichten beschäftigt haben, Rituale und so etwas, Dinge, die man macht, wenn man jung ist.«

Das hätte man geschickter machen können, dachte sie. Die Frau am anderen Ende der Leitung schwieg weiter. Remmer konnte sie atmen hören.

Sie beschloss, offener zu sein. »Es ist nicht einfach, am Telefon über eine lange Distanz über so etwas zu sprechen, die richtigen Worte zu finden. Ist sicher nicht angenehm, an alte Geschichten erinnert zu werden. Aber wir brauchen Ihre Hilfe.«

Sie gab Monika Bühler ein wenig Zeit, obwohl es ihr schwer fiel. Sie wippte ungeduldig von einem Fuß auf den anderen. Während sie die Sprechmuschel zuhielt, fragte sie Chrischilles, ob Bühler spanische Polizei im Haus hatte. Auch das wusste die Kollegin nicht.

»Ich weiß nicht, wie ich Ihnen helfen soll«, sagte Monika Bühler schließlich so leise, dass Remmer sie fast nicht verstanden hätte. »Ich habe niemanden aus der Zeit mehr gesehen seit damals. Was ist mit den Jungs?«

Sie wusste also nichts. Das erleichterte Remmer die Sache.

»Was heißt das, seit damals?«

Wieder herrschte lange Funkstille.

»Seit der Sache mit Lisa. Ich bin weggelaufen und nie wiedergekommen. Ich wollte niemanden mehr sehen.«

»Wer ist Lisa?«

Remmer stellte das Telefon laut, sodass die Kollegen im Zimmer mithören konnten.

»Lisa Randberg. Sie ist gestorben.«

»Randy, natürlich, Randy.« Remmer gestikulierte wild, und die Kollegen verstanden. Chrischilles schickte einen Kollegen in den Aktenkeller. Sie selbst schmiss den Computer an, um nach Lisa Randberg zu suchen. Die Polizeimaschine lief.

»Woran ist sie gestorben?«

»Sie wissen gar nichts, oder?«, fragte die Frau. Man konnte durch das Telefon hören, wie sie mit den Tränen rang. »Sie ist verblutet.«

Remmer schoss die Hitze durch den Körper. Erst jetzt bemerkte sie Stahlinger, die einige Schritte auf das Telefon zuging.

»Warum?«, fragte sie vorsichtig.

Monika Bühler atmete schwer, musste tief Luft holen, bevor sie antwortete. »Sie wollte das nicht. Alle haben gesagt, sie hätte sich umgebracht, aber sie wollte das nicht. Es war nur ein Spiel, ein Test. Die Jungs wollten echtes Blut. Ich wollte nicht mitmachen, weil's mir zu weit ging. Da hat Randy mich ausgelacht.«

»Wo war das?«

»Vor dem Friedhof. Dem großen Friedhof in der Stadt, bevor wir über die Mauer klettern wollten. Ich wollte da schon abhauen, aber sie haben so lange auf mich eingeredet, bis ich mitgegangen bin.«

Remmer wollte die nächste Frage stellen, doch die Psychologin bremste sie mit einem scharfen Blick.

»Lassen Sie sie«, flüsterte sie.

Sie warteten. Nur die Lüftungsgeräusche der Computer waren zu hören.

»Wir haben ein Grab ausgesucht. So eine Gruft«, redete Bühler plötzlich überraschend fließend weiter. Sie sprach jetzt deutlicher. »Da haben wir alles aufgebaut für das Ritual. Alle haben diese Tabletten geschluckt, um ruhiger zu werden. Frank hatte Haschisch dabei, ein anderer Rotwein mitgebracht. Wir haben ein kleines Feuer gemacht, während sich Randy Pullover und Unterhemd auszog und sich dann halbnackt auf den Boden gelegt hat.«

Ihre Stimme wurde lauter. Man konnte hören, wie sie den Tränen freien Lauf ließ. Die Dämme brachen. Wahrscheinlich erzählte Monika Bühler zum ersten Mal in ihrem Leben von dieser Nacht auf dem Friedhof. Und das am Telefon.

»Wir hatten einen großen Säbel mitgenommen, dessen Spitze in dem Feuer erhitzt wurde. Reihum lasen wir Texte vor, einige auf Latein. Wir waren sicher, dass es diesmal funktionieren würde. Wir spürten, dass er diesmal zu uns kommen würde. Randy hat gejault wie ein Hund, der geschlagen wurde. Mir wurde ganz schlecht, ich musste mich übergeben.«

Sie brach ab. Nur noch ihr Schluchzen drang von Mallorca nach Köln.

»Erzählen Sie weiter«, forderte Remmer sie vorsichtig auf. »Was geschah dann?«

»Ich weiß es nicht«, enttäuschte sie Bühler. »Ich bin weggerannt, ich habe gekotzt und bin dabei gerannt. Wie verrückt. Ich hatte furchtbare Angst. Alle waren wie in Trance, völlig durchgedreht. Lisa hatte sich ihnen angeboten. Sie wollte ihnen echtes Blut schenken. Ich habe nur noch diesen Säbel gesehen und das Jaulen von ihr gehört. Den ganzen Weg bis zu mir nach Hause. Da habe ich mir die Decke übers Gesicht gezogen und mir geschworen, die fünf nie wiederzusehen. Am übernächsten Tag habe ich von Lisas Vater von ihrem Tod erfahren. Sie hatten sie im Rhein gefunden, im Niehler Hafen angespült.«

Remmer hörte, wie im Hintergrund ein Mann leise auf die Frau einsprach. Er forderte sie auf, ihm den Telefonhörer zu geben.

»Es reicht jetzt«, sagte schließlich eine feste Männerstimme. »Geben Sie meiner Frau ein bisschen Zeit. Dann können Sie noch einmal anrufen. Morgen vielleicht.«

Noch bevor Remmer etwas entgegnen konnte, wurde die Verbindung unterbrochen. Sofort wählte sie die Nummer ein weiteres Mal, doch sie erhielt nur ein Besetztzeichen.

»Das war's wohl für heute mit der Satansbraut aus dem sonnigen Mallorca«, brummte sie. »Und wir frieren uns hier den Arsch ab.«

Sie schleuderte ihre Schuhe in die Ecke und ließ sich auf einen Drehstuhl fallen, als der Kollege, den Chrischilles in den Keller geschickt hatte, mit einer dünnen Akte unterm Arm zurück ins Büro kam. »Lisa Randberg« stand mit einem schwarzen Filzstift auf dem Aktendeckel geschrieben. »Selbstmord.«

*

Gassmann schob sich durch die Menschenmassen. Das hier war nichts für Leute mit Platzangst. Um in den Startbereich des Marathons zu gelangen, musste man sich mit Tausenden anderen Läufern durch einen langen Straßentunnel unter der Hohenzollernbrücke quetschen. Wenn hier Panik ausbrach, würde es Tote geben. Das Stimmengewirr der vielen Menschen hallte von den Tunnelwänden zurück und vermischte sich mit unverständlichen Ansagen, die vom anderen Ende in die Unterführung schwappten. Es stank widerlich nach feuchtem Polyester und Schweiß. Ein Irrer schob ein Fahrrad durchs Gewühl und musste sich dafür von jedem, den er bat, ein wenig zur Seite zu gehen, anpöbeln lassen. Viele der Läufer schienen nervös und angespannt, mancher diskutierte, ob er nun ohne oder mit Regenschutz laufen sollte. Jeder hielt Ausschau nach anderen mit gleicher Farbe auf dem Startnummernleibchen, um sich die Sorge vorm Zuspätkommen zu nehmen. Ingo Gassmann atmete tief durch, solch ein Menschenauflauf auf engstem Raum war nichts für ihn. Fremde Menschen berühren zu müssen, war ihm ein Groll. Und hier hatte er permanent Körperkontakt. Von hinten schob eine Frau in hautengem Trikot, von rechts rempelte ein Mann in einem blauen Müllsack, und links schaukelte ein überdimensional großes Handy hin und her. Drinnen steckte ein Mensch, der für einen Telefonanbieter Werbung laufen wollte. Gassmann gab ihm unauffällig, aber heftig einen Stoß zurück. Beim zweiten Mal stolperte das Telefon und fiel um Hilfe schreiend aufs Display. Zwei Jugendliche bewahrten es davor, kaputtgetrampelt zu werden, indem sie ihm wieder auf die Beine halfen.

Gassmann fand diese um sich greifende Sitte, sich bei einem Marathon verkleiden zu müssen, unerträglich lästig. Über die Köpfe seiner Vorderleute hinweg sah er vier Idioten, die sich gemeinsam in ein Raupenkostüm gezwängt hatten. Neben ihm drängelte ein Mann in einem Schlafrock, der eine Köln-Fahne vor sich hertrug. Vor ihm tauschten zwei Männer, die nicht aussahen, als wenn sie jemals das Ziel erreichen würden, Erinnerungen vom letzten Jahr aus. »Das war ein Erlebnis.«

Ja, das sollte dieser Marathon auch für ihn werden. Eine neue Erfahrung, verbunden mit einer neuen Einstellung zum Leben.

Den Körper in jeder Phase mit jeder Faser spüren, so bewusst wie nie zuvor. Den Kopf aufräumen, das Leben aufräumen, alles Überflüssige rausschwitzen. Ein großes Saubermachen. Als er das Ende des Tunnels erreichte, spürte er eine große Erleichterung. Er hatte noch gut zwanzig Minuten Zeit, bis seine Startgruppe loslaufen würde. Er suchte sich einen ruhigeren Platz am Rand und begann, die Muskulatur zu dehnen.

Ein unerträglicher Moderator brüllte sinnloses Zeug in eine übersteuerte Lautsprecheranlage. Krampfhaft versuchte der Mann aus dem sportlichen Ereignis eine Karnevalssitzung zu machen. Natürlich lief »Viva Colonia«. Wir glauben an den lieben Gott und ham auch immer Durst – was für eine Zeile! Der Moderator sang inbrünstig mit.

Die Gruppe mit den Spitzenläufern war bereits unterwegs, die erste Startgruppe mit Amateurläufern wartete im Startbereich auf das Kommando des Brüllaffen am Mikrofon. Hier mischte sich die Prominenz unters bunte Marathonvolk. Mehrere Politiker und Fernsehstars hatten angekündigt, mitlaufen zu wollen. Gassmann erkannte eine dicke Moderatorin aus einer Verkaufssendung im Fernsehen, die nun nach mehreren Karriereflops ihre großen Brüste in einen Sport-BH und ein viel zu enges rotes Leibchen quetschte, um auch beim Köln-Marathon zu scheitern. Er war sich sicher, sie sehr bald zu überholen, wenn sie nicht gleich auf den ersten Kilometern aussteigen würde. Jetzt tat sie erst einmal alles, um vom Moderator erkannt zu werden, der auf einer kleinen Bühne an der Startlinie gerade »Und dann die Hände zum Himmel« anstimmte. Die Fernsehmoderatorin schunkelte dazu mit einem großen Mann, der den Marathon im Kostüm eines Funkenmariechens laufen wollte.

»Das ist schön, einen weiteren Promi begrüßen zu können«, schallte es über die Lautsprecheranlage. Sie war erkannt worden. »Und nicht vergessen: Immer schön lächeln auf der Strecke. Wir wollen euch strahlen sehen«, brüllte der Mann am Mikrofon, als ob er auf Mallorca einen »Miss Bikini«-Tanzwettbewerb anheizen müsste.

Dann begann er zusammen mit dem Publikum rückwärts zu

zählen. Unter dem Jubel der Zuschauer startete die Gruppe auf die Strecke.

Gassmann stand auf und ließ sich von der Menschenmenge in Richtung Startlinie schieben. Er sollte in der vierten Gruppe mitlaufen. Seine hohe Startnummer sorgte dafür, dass er viele Läufer überholen würde, die vor ihm gestartet waren. Andere konnte das zusätzlich motivieren. Ihm war das egal. Für ihn zählte nur die eigene Leistung, die eigene Zeit. Die anderen Läufer waren ihm diesmal völlig gleichgültig.

Jeder versuchte auf seine Art, sich für den Lauf in Stimmung zu bringen und etwas gegen das berühmte Kribbeln im Magen und den sich verstärkenden Drang, auf Toilette gehen zu müssen, zu tun. Einige hüpften aufgedreht zur Musik oder klatschten im Takt, andere starrten konzentriert auf ihre Fußspitzen. Ein Mann mit Stirnband rannte in Trippelschritten auf der Stelle, ein Läufer in Tuntenrosa programmierte seine Armbanduhr und schob sich unauffällig in eine günstige Startposition. Ein anderer begann, über ein Handy seinen eigenen Start zu kommentieren. Spannung, Vorfreude, Gänsehaut und Euphorie wirkten ansteckend. Weil das Stoffwechselsystem die Stresshormone Adrenalin, Noradrenalin und Cortisol ausschüttete, kamen bei den meisten Herz und Kreislauf auf Touren, obwohl sie noch gar nicht losgelaufen waren.

Jetzt, so kurz vor dem Start, sahen sie alle noch aus wie Menschen. Schon bald würden die ersten unterwegs ihre Würde verlieren, sich freiwillig vor Publikum demütigen. Dann würden sich ihre Gesichtszüge verformen und ihre Gliedmaßen verkrampfen. Der Schweiß würde ihnen aus allen Poren fließen, langsam die Kraft verloren gehen, die half, Schmerzen zu überspielen. Es gab Tausende dieser Spezies, die den Marathon liefen, obwohl sie dazu eigentlich gar nicht in der Lage waren. Das war typisch männlich, fand Gassmann. Umso mehr wunderte er sich über die in den letzten Jahren immer größer werdende Anzahl weiblicher Läufer. Nicht dass er Frauen die Teilnahme am Extremsport verweigern wollte. Er verstand nur nicht, warum sich Frauen freiwillig so etwas antaten. Wenn ihnen während des Laufs die Kraft verloren ging, sahen sie noch fürchterlicher aus als ihre männlichen Mitläufer. Eine überflüssige Selbstentwürdigung.

1967 soll die erste Frau verkleidet als Mann am Boston-Marathon teilgenommen haben. Emanzipation? 1927, hatte er irgendwo gelesen, ließen Männer Frauen mit Kinderwagen zur Volksbelustigung um die Wette laufen. Was hätten die wohl gesagt, wenn man ihnen erzählt hätte, dass man siebzig Jahre später dreirädrige Kinderwagen kaufen konnte, die extra für solche Veranstaltungen und für das Training zuvor gebaut wurden, damit sich dann auch Männer mit kleinen Kindern in Rennbuggys lächerlich machen konnten? Im letzten Jahr hatte ein Läufer in einem Spezialgerät gar zwei Kinder vor sich hergeschoben. Auch der Sinn dieser Aktion war ihm verborgen geblieben.

Ihm war klar, dass er mit seiner Sicht der Dinge ziemlich allein dastand. Der Marathon war ein Ereignis für die Stadt, die Zuschauer und natürlich auch die Läufer. Und selbst der Letzte, der vielleicht erst in den Abendstunden ins Ziel wanken wird, würde tagelang überglücklich durch sein weiteres Leben humpeln. Einfach nur, weil er angekommen war.

Das Klatschen um ihn herum wurde lauter. Aus den Boxen schepperte mittlerweile die »Superjeilezick«. Seine Startgruppe hatte ihn in den Startbereich geschoben. Die Enge und der Lärm wurden ihm unerträglich. Es wurde Zeit, loszulaufen, um wieder atmen zu können. Wieder wurde rückwärts gezählt, wieder gejubelt, dann endlich setzte sich der Pulk in Bewegung. Als sie in Zehnerreihen die Rampe zur Deutzer Brücke hochtrabten, spiegelte sich die Sonne auf der Oberfläche des Rheins. Der Himmel war jetzt völlig aufgeklart. Gassmann setzte zum ersten Überholmanöver an.

*

»Selbstmord«, sagte Remmer zynisch lachend. »Das gibt's doch gar nicht. Die Pulsadern aufgeschnitten und von einer Rheinbrücke gesprungen, wenn's nicht hier drinstünde, ich könnte nicht glauben, dass das jemand glauben kann.«

176

»Es gab keine Anzeichen dafür, dass das nicht stimmte«, sagte Gröber, nachdem er die Akte durchgeblättert hatte.

Sie hatten Höllerbach in die Pathologie bringen lassen und den Fundort der Leiche abgesucht. Sollte es hier einmal eine Spur gegeben haben, hatte sie der Regen weggewischt. Der Mörder hatte in einem Kraftakt die Leiche über das Eingangstor des Kindergartens gewuchtet. Sie hatten einen Fetzen von Höllerbachs Hose am Tor gefunden. Das war alles.

»Sie haben die Eltern des Mädchens befragt, und die haben nichts gesagt von Satan und Ritualen. War ihnen wohl peinlich. Vielleicht wussten sie auch gar nichts davon«, überlegte Gröber. Er stand am Fenster und sah auf die heute fast autofreie Kalker Hauptstraße.

»Gröber, Mann.« Remmer tippte sich an die Stirn. »Stell dir vor, wir finden ein junges Mädchen nackt im Rhein, mit aufgeschnittenen Pulsadern. Würden wir da ›Selbstmord‹ auf den Aktendeckel schreiben?« Sie beugte sich über den Schreibtisch und schlug auf den dünnen Ordner. »Nach so einer mageren Ermittlungsarbeit.«

»Sie war voll gepumpt mit Drogen und Alkohol. Da macht man schon mal unerklärliche Sachen.«

»Nackt?«

»Warum nicht?«

»Und vorher hat man noch Geschlechtsverkehr?«

»Das ist nicht erwiesen, nur wahrscheinlich, steht hier.« Er blätterte den Ordner auf und zitierte. »Der Zeitpunkt des letzten Geschlechtsverkehrs ist nicht eindeutig festzustellen, weil die Tote etwa vierundzwanzig Stunden im Wasser gelegen hat. Damals war die Pathologie eben noch nicht so weit.«

»Man könnte fast glauben, dass du der Arbeit unserer Kollegen auch heute noch vertraust«, schnaufte die Kommissarin, während sie den Boden unter dem Schreibtisch mit den Füßen abtastete, um ihre Schuhe zu suchen.

»Das habe ich nicht gesagt. Nur hatten die Kollegen keine Aussage einer Monika Wengler. Sie wussten nichts von Friedhöfen, Säbeln und Ritualen.«

»Ach. Und warum nicht?«

Remmer erwartete keine Antwort. Sie überzeugte sich gerade unter dem Schreibtisch davon, dass ihre Schuhe tatsächlich nicht da waren.

»Ich muss sie nebenan ausgezogen haben«, murmelte sie, als sie wieder auftauchte.

»Wie machen wir weiter?«, fragte Gröber.

»Sie hat gesagt, dass sie mit den fünf nichts mehr zu tun haben wollte. Also können wir mal annehmen, dass unser Freund Ingo Gassmann auch mit dabei war, oder? Besuchen wir ihn.«

»Wonach suchen wir? Wir haben eine Verbindung, aber haben wir auch schon ein Motiv?«

Remmer stand auf und schüttelte den Kopf. »Aber wir sind nah dran. Ich spüre das.« Sie presste ihre Nase an die Scheibe, die sie vom Großraumbüro trennte. »Wo sind die Scheiß-Schuhe?«, murmelte sie, während sie durch die Scheibe den Nachbarraum absuchte. Ihr Blick blieb an dem Fernsehgerät hängen, das irgendein Kollege angeschaltet hatte. Remmer sah aus einer Vogelperspektive eine bunte Menschenmasse, die sich durch eine Straße quälte. Dann fing eine Kamera jubelnde Leute am Straßenrand ein, bevor sie auf schwitzende Körper schwenkte.

»Wir müssen den Besuch bei Gassmann verschieben. Der läuft da mit. Hilf mir die Schuhe suchen. Dann fahren wir zu den Eltern dieser Lisa. Chrischilles hat ihre Adresse herausgefunden. Sie wohnen in Poll.«

*

Der Start war ihm immer besonders schwer gefallen. Dieses Geschubse und Geschiebe, dieses langsame Trittfassen, ohne seinem Vordermann in die Hacken zu rennen. Die Beine waren noch schwer, während der Stoffwechsel mit der Arbeit begann. Das Kraftwerk kam nur mühsam auf Touren: Phosphate wurden in die Muskeln gepumpt, Kohlenhydrate verbrannt. Der Körper schien sich noch gegen die vermehrte Sauerstoffzufuhr zu wehren. Er stellte sich vor, wie in seinem Körper eine regelrechte

Schlacht ausgetragen wurde. Das Gute kämpfte gegen das Böse, während er an dem gläsernen Walfisch vorbeilief, einem Kaufhaus, das der Stararchitekt Renzo Piano für eine Textilkette entworfen hatte. Die Sauerstoffradikale bliesen zum Angriff, sein Muskelapparat stellte sich langsam auf die Belastung ein. Das Läuferfeld, in dem er gestartet war, lockerte sich. Jetzt hatte er mehr Platz, um seinen Rhythmus zu finden.

Ihn interessierte nicht, was um ihn herum passierte. Mit all den Verrückten wollte er nichts zu tun haben, obwohl ihm klar war, dass er ein Teil von ihnen war. Als er vor zehn Jahren mit dem Laufen begonnen hatte, wollte er die eigenen Leistungsgrenzen ausloten, das private Olympia erleben, bei dem man nicht gegen andere, sondern nur gegen sich selbst lief. Da glaubte er noch, mit der neuen sportlichen Betätigung Individualität und Unabhängigkeit auszudrücken, obwohl er doch letztendlich nichts anderes war als ein Mitläufer in der immer größer werdenden Masse der Läufer. Während des Trainings freute er sich noch über die Exklusivität der Zugehörigkeit zu einer ganz besonderen Spezies Mensch. Einer der mehr will als andere. Doch dann, bei seinem ersten Marathon, als er in dem Meer der Sportstudenten, Studienräte, Sesselfurzer und Schwiegermütter mitlief, fühlte sich das schon ganz anders an. Wer sich hier nicht verbrüdern wollte mit der Mittelmäßigkeit, musste arrogant sein. Und das wurde er schnell. Wenn er vorbeilief am Gejammer und der Euphorie der anderen, musste er sich wegducken. Kein Blick nach links und rechts. Nur geradeaus. Dem Ziel entgegen. Dann zahlte sich das Training aus. Der Marathon als Beweis der persönlichen Kraft und Willensstärke, nicht als simples Ziel eines neunmonatigen Aufbauprogramms, an dessen Ende der Zusammenbruch hinter der Ziellinie und eine Zeit von über fünf Stunden standen. Sein Körper hatte Jahre für die vielen Anpassungen und die notwendige Stabilität gebraucht. Dreißig bis vierzig Kilometer pro Woche. Über zehn Jahre lang.

Macht weit über zwanzigtausend Kilometer, rechnete er sich vor, als er auf den Hohenstaufenring einbog. Etwa zweitausend

Stunden hast du mit Laufen verbracht. So viel war das gar nicht.

Dieser Marathon war sein zehnter. Eine schöne runde Zahl.

*

»Lassen Sie uns rein, verdammt noch mal!« Remmer wurde ungeduldig, weil sich Lisa Randbergs Mutter weigerte, die Tür zu öffnen.

»Ich muss Sie nicht reinlassen«, rief sie immer wieder hinter der versperrten Haustür.

»Warum können wir uns nicht unterhalten?«, fragte Remmer durch den Briefkastenschlitz in den offensichtlich riesigen Hausflur. Ihre Worte hallten durch den Raum.

Gröber war über den Gartenzaun geklettert, um von hinten einen Blick in das Haus werfen zu können. Sollte die Terrassentür offen stehen, würde er nicht zögern, den Frieden dieses Hauses zu brechen, um seine Kollegin gegen den Willen der Hausherrin hereinzulassen. Er schlich durch einen gepflegten großen Garten mit akkurat gestutztem Rasen. Ein gusseiserner Storch thronte auf einem Mühlrad, aus dem im Sommer Wasser plätschern sollte. Auf der Terrasse standen ein paar zusammengeklappte Gartenstühle. Das Wohnzimmer hinter einer großen Fensterfront war dunkel. Es gab eine kleine Tür, die aber nicht ins Wohnzimmer, sondern direkt in den Hausflur führte. Seltsame Architektur, dachte Gröber, während er durch ein vergittertes Fenster in der Tür schaute und versuchte, seine Augen an die Dunkelheit, die auch im Hausflur herrschte, zu gewöhnen. Schließlich erkannte er die Umrisse einer Frau, die auf einem Schemel vor einem Klavier saß, die Arme auf den geschlossenen Klavierdeckel gestützt. Mit den Händen hielt sie sich die Ohren zu. Gröber rüttelte an der verschlossenen Tür, ohne dass ihn die Frau bemerkte. Hier konnte er nicht viel tun.

Auf der gegenüberliegenden Seite der Terrasse befand sich eine weitere Tür, die offensichtlich zur Garage führte. Ohne genau zu wissen, was er darin suchte, drückte er sich durch die unverschlossene Tür hinein. Die Garage war leer. Er fand einen Lichtschalter, mit dem man eine schwache alte Baulampe dazu brachte, den Raum ein wenig zu beleuchten. Er sah allerlei Gerümpel und Werkzeug für die Gartenarbeit, das an den Wänden herumstand. Am Kopfende der Garage stand unter einigen Holzregalen eine große, aufgeräumte Werkbank. Über der Bank hing zwischen Halterungen für Schraubenzieher und einer Bohrmaschine ein gerahmtes Bild. Ein Mann stand neben einem alten roten Cabrio und hielt einen Pokal in die Höhe. Doch auch das imponierte Gröber nicht. Es waren vielmehr die Augen dieses Mannes. Es waren die Augen des großen, hageren Mannes in dem blauen Kombi. Es waren die Augen von Lisa Randbergs Vater.

Gröber rannte zurück in den Garten und trat in vollem Lauf die Hintertür zum Hausflur ein. Er sah, dass die Frau fürchterlich erschrak, bevor sie begann, laut zu schreien. Er riss die Haustür auf, vor der immer noch gebückt Remmer hockte, um durch den Briefschlitz zu sprechen. Seine Kollegin sah ihn mit großen Augen fragend an.

»Wo ist Ihr Mann?«, brüllte Gröber die alte Dame auf dem Klavierhocker an.

»Warum ziehst du nicht gleich deine Waffe und zielst auf die arme Frau?«, fragte ihn Remmer leise. »Beruhige dich mal.«

Die Frau jammerte Unverständliches. Gröber hatte sie noch vier weitere Male lauthals nach ihrem Mann gefragt, bevor er der Empfehlung seiner Chefin folgte und tief durchatmete.

»Bist du fertig?«, fragte Remmer leise, aber sehr bestimmt.

»Randberg ist der Mann, den ich bei Leuschen vor dem Haus gesehen habe und der in Brück mit seinem Kombi über die Böschung geschossen ist«, stammelte Gröber.

Remmer nickte nur und half der Frau aufzustehen. Sie führte sie ins dunkle Wohnzimmer und setzte sie in einen großen Sessel. Das Licht blieb aus. Sie brauchte nicht zu fragen. Frau Randberg begann von selbst zu reden.

»Er ist nicht da. Seit zehn Tagen ist er nicht nach Hause gekommen. Ich weiß nicht, wo er ist.«

Die Frau wirkte völlig ermattet und tieftraurig. Sie schien tagelang nicht geschlafen zu haben.

»Er ist einfach gegangen«, fuhr sie fort. »Er hat gesagt, dass nun alles ein Ende haben wird. Und dann ist er gegangen.«

»Was wird ein Ende haben?«, fragte Remmer.

Randberg ließ den Kopf auf ihre Brust sinken.

»Geht es um Lisa?«

Die Frau atmete schwer. »Eigentlich geht es immer um Lisa«, sagte sie leise. »Mein Mann hat den Verlust nie verarbeiten können.«

»Was glauben Sie, wie sie gestorben ist?«, fragte Remmer ohne Umschweife.

Die Frau zögerte nicht. »Sie hat sich umgebracht.«

»Und warum?«

»Wenn ich das doch wüsste. Wir haben uns das immer wieder und wieder gefragt. Warum? Warum? Es hat keinen Abschiedsbrief gegeben. Nichts. Sie ist einfach gegangen. So wie er jetzt.«

»Kannten Sie ihre Freunde, mit denen sie damals unterwegs war? Monika Wengler zum Beispiel?«

»Ach, das ist doch alles schon so lange her. Mein Mann«, seufzte sie, »mein Mann, der weiß das alles noch, als wenn es gestern gewesen wäre. Den müssen Sie fragen.«

Sie atmete schwer. Ihre Augen wanderten zu einem kleinen Foto ihrer Tochter, das sie in einem schwarzen Rahmen auf den massigen Schreibtisch gestellt hatten, der unterm Fenster des Wohnzimmers stand. »Das war ein schlechter Umgang, den sie da hatte. Aber ich kannte keinen von ihren Freunden. Sie hat niemanden mitgebracht, nur diese Monika war mal da. Mein Mann hat versucht, hinterher alle ausfindig zu machen, um mit ihnen zu sprechen. Doch er hatte keinen Erfolg.«

»Was heißt das? Hat er sie nicht gefunden?«

»Doch. Er hat sie alle gefunden und alle gefragt: Was habt ihr mit unserer Lisa gemacht, dass sie sich das Leben genommen hat? Er hat keine Antwort bekommen.«

Gröber hatte ein Glas Wasser aus der Küche geholt. »Ihr Mann hat sich kein einziges Mal gemeldet in den letzten Tagen?«, fragte er, bevor er ihr das Glas reichte.

Sie schüttelte den Kopf.

»Ist irgendetwas Seltsames passiert in den letzten Wochen? Etwas, das Ihren Mann verändert hat, was erklären könnte, warum er auf einmal das Haus verlässt und nicht wiederkommt?«

Sie verneinte auch diese Frage wortlos. Die Frau schien des Redens überdrüssig. Sie war mit ihren Kräften am Ende.

»Wo könnte er hingegangen sein?«

»Ich habe alle Freunde angerufen. Jeden Tag aufs Neue. Keiner hat ihn gesehen.«

»Können wir Sie allein lassen?«, fragte Remmer.

Die Frau nickte. Als sie gingen, murmelte Gröber noch irgendetwas von einer kaputten Tür, die schon bald repariert werden würde. Remmer griff sich eines der Fotos, die im Flur auf dem Klavier standen. Es zeigte das Ehepaar Randberg in Wanderschuhen vor einer Berghütte. Das Bild war gut genug, um es als Fahndungsfoto zu vergrößern. Sie mussten Randberg finden.

*

Ingo Gassmann sah den großen Silo, der den Blick auf das Severinstor verdeckte. Kilometer elf, diese wunderbare kölsche Zahl. Er hörte kölsche Musik, die aus Lautsprecherboxen schepperte. Hunderte, vielleicht Tausende hatten sich am Chlodwigplatz versammelt, um die Läufer anzufeuern, die jetzt mehr als ein Viertel des Laufes hinter sich hatten. Er hatte den Eindruck, dass die Zahl der Zuschauer am Wegesrand noch weiter angewachsen war. Die Streckenplaner führten die Läufer hier gleich drei Mal vorbei. Von der Deutzer Brücke waren sie durchs Severinsviertel gelaufen, über den Chlodwigplatz zum Rheinufer geleitet und dann bis zur Bismarcksäule in Bayenthal geführt worden. Über Brühler und Bonner Straße ging es zurück zum Chlodwigplatz. Gassmann hatte den Weg am Rhein entlang genossen, die Menschenmengen jetzt waren ihm unangenehm.

Unter den Läufern trennte sich die Spreu vom Weizen. Wer

sich gut vorbereitet hatte, lief mit einer optimalen körperlichen Konstitution durch das Herz der Stadt. Für den Rest begannen spätestens jetzt die Qualen.

Bis zum zehnten Kilometer erreicht der gute Läufer den so genannten Flow-Zustand, ihm wachsen förmlich Flügel. Der Könner steigert nun langsam die Anstrengung, ohne Gefahr zu laufen, sich zu überschätzen. Die Stresshormone verziehen sich, Endorphin, Serotonin und Dopamin machen gute Stimmung. Der Körper hat sich seinen Drogencocktail selbst gemixt.

Gassmann trabte weiter zügig, aber locker, während seine Fettverbrennung damit begann, auf Hochtouren zu laufen. So musste es sein. Er überholte einen humpelnd laufenden und schnaufenden Mittfünfziger aus einer Startgruppe, die vor ihm losgelaufen war. Der Mann war das Rennen zu schnell angegangen.

Denk dir für jeden Kilometer eine Etappe deines fast vierzigjährigen Lebens, forderte sich Gassmann selbst auf, während er eine Gruppe johlender Vollidioten am Wegesrand ignorierte. Würde das wohl eher anspornen oder einen langsamer werden lassen?, fragte er sich. Was macht Tempo? Was beschleunigt? Was hatte sein Leben beschleunigt? Letztendlich doch nur die Flucht. Weglaufen von den Dingen, die einem einmal wichtig waren. Abhaken. Nächstes Kapitel. Kindheit, Schulzeit, Universität, ein paar Liebschaften, manches, was sich Beziehung nannte, Beruf, eine Ehe und immer wieder diese verdammten Erfahrungen, von denen man glaubte, sie machen zu müssen.

Wenn er zurückdachte, fielen ihm Leute ein und Dinge, die diese Leute einmal gesagt hatten. Diese Wörter, diese Sätze, diese Ratschläge und Dummheiten müsste man noch einmal greifen können, dachte er, und die Personen dazu, um sie zu fragen, ob sie tatsächlich alles so meinten, wie sie's gesagt hatten, wenn sie sich überhaupt etwas gedacht hatten bei der Aneinanderreihung von Wörtern. Man war nicht klug genug, um Kluges zu sagen. Meist nicht klug genug, um die anderen zu verstehen.

»Wie schaut's aus, jetzt heute, wenn ihr zurückschaut?«, würde er sie fragen. »Habt ihr eure Meinung geändert?«

Leider ging das nicht. Einige Anwohner am Karolingerring lagen in den Fenstern der mehrstöckigen Häuser oder hatten sich auf die Fensterbank gesetzt. Eine alte Frau schwenkte ein kleines Fähnchen. Was mochte sie sich wohl dabei denken?

Die Weggefährten sind fort, irgendwo stehen geblieben oder schneller gewesen. Deshalb muss man allein ohne Gefährten seinen Weg gehen. So wie der Marathoni. Er ist allein, obwohl er doch Tausende um sich herum hat, so nah, dass er ihren Schweiß riechen kann, ihren heißen Atem im Nacken spürt. Weiterlaufen bis ins Ziel. Und was ist das Ziel außer einem weiteren klugen Wort? Hat der Mensch ein Ziel? Ist tatsächlich ein befriedigender Rückblick auf eine wie auch immer geartete Lebensleistung ein Ziel? Oder reicht es, Spaß gehabt zu haben? Möglichst viel davon? Eins von beiden musste es doch sein.

»Und was machen all die vielen Menschen, die griesgrämig, gelangweilt oder furchtbar gehetzt durchs Leben rennen, wenn sie sterben?«, fragte er so laut, dass ihn eine Frau in einem dunkelblauen Trikot, die neben ihm lief, überrascht ansah.

Er bemerkte ihren Blick.

»Sehen Sie mich nicht so blöd an«, blökte er die Läuferin an. »Was werden Sie als Letztes denken, wenn Sie sterben? Haben Sie darüber schon einmal nachgedacht?«

Die Frau schien zu den Läufern zu gehören, die aufgrund eines zu hohen Tempos nicht beim Rennen reden konnten. Sie schüttelte nur den Kopf.

»Noch nicht? Dann sollten Sie das mal schnellstens tun. Weil's keiner tut, muss das alles hier zusammenbrechen, verstehen Sie? Sie werden es erleben, wie sich alles auflöst. Das meiste hat sich längst aufgelöst, wir merken es nur nicht. Die große Auflösung. Uha, uha!« Er spielte für die Frau ein Gespenst in der Geisterbahn. »Es hat schon begonnen. Wir haben das Maß verloren. Sie laufen hier rum, schauen auf Ihre Hightechuhr, um Zeiten zu vergleichen, Ihre Leistung zu bewerten. Aber wir laufen nur, schöne Frau. Was ist das schon? Auf welche Uhr schauen Sie, wenn Sie auf dem Sterbebett liegen? Oder gleich hier zusammenbrechen?«

Die Frau konnte ihm nicht folgen. Er war zu schnell für sie.

»Sie sind schön. Wirklich schön«, rief er ihr zu, während er den Abstand immer weiter vergrößerte. »Aber Schönheit ist nichts wert, wenn's drauf ankommt.«

Jeder richtet sich, so gut es geht, in seinem kleinen, kurzen Leben ein. Vosskamp, Höllerbach, Leuschen, selbst Gollembeck. Man bastelt sich sein Leben zurecht, nimmt hier etwas und da etwas, so wie beim Glauben an irgendwas. Bloß nicht festlegen, bloß kein Maß außer dem eigenen akzeptieren.

Wann hatte er damit angefangen, sich abzufinden? Es musste einen Zeitpunkt gegeben haben, an dem er aufgehört hatte, über sein Leben und das zu reden, was aus ihm werden soll. Irgendwann wollte er einfach nicht mehr über die Dinge sprechen, die den meisten Menschen am Herzen lagen. Man hatte es oft genug getan und nichts damit verändert. Also ließ man es.

»Es war nichts, es wird nichts, und über nichts wird kein Wort gewechselt.«

Manchmal war es seiner Frau gelungen, ihn zu solchen Gesprächen, die er nicht mochte, zu zwingen. Ja, er hatte sich nach einer kleinen, eigentlich belanglosen Krise sogar zu dem Experiment überreden lassen, regelmäßig Zwiegespräche nach strengen Regeln zu führen. Anderthalb Stunden Gespräch über sich selbst, jeder immer eine Viertelstunde am Stück, nur von sich selbst – was für ein Horror. Natürlich war das nicht gut gegangen, weil sie schließlich die Regeln gebrochen und ihm Vorwürfe gemacht hatte. Er sei ein Egoist, er sei nicht offen genug, er habe Geheimnisse und all so einen Unsinn.

Was für eine Laberei. Wann hatte er damit angefangen? Wahrscheinlich schon als Kind. Und wann hatte er damit aufgehört? Erst vor einem Jahr. Es hatte lang gedauert, bis er erkannte, dass all das Gerede überhaupt keinen Sinn hatte. Diese Erkenntnis hatte ihn wie ein Blitz getroffen, wie ein Schlag, der ihm das Hirn frei fegte.

Mit einem Mal legte er keinen Wert mehr darauf, immer Recht zu haben. Was für eine Befreiung: Alle Kampfhandlungen wurden eingestellt. Er war völlig zufrieden, wenn er etwas Gutes zu essen und zu trinken hatte, es ein bisschen gemütlich war und er genügend Zeit zum Schlafen hatte. Selbst seinen Sexualtrieb konnte er so in den Griff bekommen.

Seine Rennerei ließ sich prima in diese neue Lebensphilosophie integrieren. Laufen ist monoton, Laufen ist entspannend, Laufen ist einfach. Wie Essen, Trinken und Schlafen. Und doch hatte er es nicht geschafft, die Erkenntnisse zur Grundlage für eine neue Perspektive für sein Leben zu machen. Es gab kein neues Ziel, keine neue Aufgabe. Im Gegenteil: Er degenerierte. Er ließ es zu, dass sich der Tod mit auf sein Sofa setzte. Es fing an zu stinken, und er wusste nicht, ob er es selbst oder dieser neue Begleiter war. Auch wenn er nicht mehr redete, das Nachdenken konnte er nicht so einfach abstellen.

Was wäre das für ein Glück, wenn man nicht mehr denken müsste?

Und er hatte begonnen zu hassen. Das war etwas Neues für ihn. Nie in seinem Leben hatte er Hass auf einen Menschen verspürt. Er hatte stets versucht, allen vorurteilsfrei und milde zu begegnen, immer Entschuldigungen für Fehlverhalten gewusst, immer Verständnis selbst für die größten Arschlöcher gehabt. Doch dann, als der Tod neben ihm Platz genommen hatte, stieg die Wut in ihm hoch. Ganz langsam. Er erinnerte sich an seine alten Kumpane.

Was hatten sie für Lehren gezogen?, fragte er sich, als er auf dem Salierring eine Gruppe junger Leute überholte, die sich in ein Drachenkostüm gezwängt hatten und sich nun am Schwächsten ihrer Gruppe orientieren mussten.

Anstatt sich wie er bescheiden zurückzuziehen, den Rückzug zu perfektionieren, hatten seine alten Freunde weitergebastelt. Hier ein bisschen Kitt, da ein bisschen Leim. Die Fassaden wurden mit dicker Farbe neu gestrichen, damit man selbst nicht mehr sieht, wie dahinter der Putz bröckelte. Und hinter dieser Scheinwelt, aufgebaut auf einer großen Lüge, lebten sie ein großkotziges Leben. Sie taten einfach so, als wenn nie etwas geschehen wäre. Als wenn der Mensch Schuld durch Verdrängung abtragen könnte. Die Alternative zum Verdrängen war das Übernehmen von Verantwortung. Das hieß nicht, dass man in Aktionismus verfallen musste, um diese bigotte, unsoziale Gesellschaft der Egomanen vor ihrer Auflösung zu bewahren. Die sollte sie erleben, am besten mit einem großen Knall. Nein, Verantwortung musste er übernehmen, um mit sich selbst im Reinen zu sein. Keine Tricks und Ausreden mehr. Klare Verhältnisse.

*

Von Poll bis zum Polizeipräsidium war es nicht weit. Remmer steuerte den Wagen, während Gröber nach einem Radiosender suchte, der vom Marathon berichtete.

»Was sollen die uns schon erzählen?«, fragte Remmer schlecht gelaunt. »Geht doch um nix bei diesem Quatsch.«

»Und genau deshalb finden es alle so schön«, entgegnete Gröber. Im letzten Jahr hatte er auf der Neusser Straße in Nippes gleich vorm Goldenen Kappes gestanden, unglaublich viel Bier mit Freunden getrunken und mit viel Spaß die Läufer angefeuert, während unweit neben ihm »Klüngel Tropical« die Sambatrommeln schlug. Seine Freunde standen jetzt wieder da. Er musste arbeiten.

»Mal im Ernst: Was soll's? Da laufen ein paar tausend durch die Stadt, die meisten nicht gerade besonders schnell, und fallen nach zweiundvierzig Kilometern auf den Bauch und denken …«

Remmer trat auf die Bremse, sodass Gröber beim Sendersuchen mit dem Kopf gegen das Armaturenbrett knallte.

»Spinnst du?«

Remmer fuhr den Wagen an den Straßenrand und drehte den Schlüssel um.

»Gröber. Zweiundvierzig Kilometer. Das Ziel!«

Er schaute sie erstaunt an.

»Genau genommen sind es zweiundvierzig Kilometer und hundertfünfundneunzig Meter«, klugscheißerte er, während er sich den Kopf hielt.

»Vergiss es. Wir haben keine Zeit mehr für Unsinn«, sagte Remmer ruhig. Es war nicht die Zeit zum Spaßen. »Wir haben noch was übersehen. Wir haben bei dem ganzen Scheißrätsel versagt, Gröber. Wozu hat man eine ganze Ermittlungskommission, wenn niemand dabei ist, der einen an das ganz Naheliegende erinnern kann?«

Gröber verstand nicht. Remmer riss sich das Haarband vom Kopf und fuhr sich mit beiden Händen durch die offenen Haare.

»Elf, zweiundzwanzig, dreißig. Mann, Gröber! Es gibt eine vierte Zeitmessung.« Sie trommelte auf das Lenkrad. »Im Ziel! Das ist der Abschluss. Das Ziel ist der Abschluss!«

»Aber die Kilometerangaben waren die Fundorte der Leichen«, warf Gröber vorsichtig ein. »Wo sollte im Zielbereich eine vierte Leiche liegen? Wir wissen von keinem vierten Mord.«

»Was ist mit Gassmann? Ist er gestartet?«

»Das müsste leicht rauszufinden sein.«

Gröber nahm das Funkgerät und gab die Frage weiter.

»Gut. Nehmen wir an, dass er mitläuft. Nehmen wir an, die Morde haben etwas mit dem Ritual auf dem Friedhof zu tun. Dann ist Gassmann außer unserer Auswanderin der letzte Überlebende des blutigen Spielchens. Nehmen wir an, Randberg rächt den Tod seiner Tochter.« Sie ließ den Wagen wieder an. »Wir sollten zumindest wissen, wo sich die beiden befinden.«

»Was macht das für einen Sinn?«, fragte Gröber, während Remmer zurück auf die Straße fuhr. »Warum sollte Randberg Kilometerzahlen eines Marathons als Fundorte für seine Leichen aussuchen? Was hat ein alter Mann mit dem Marathon zu tun?«

»Keine Ahnung«, musste Remmer eingestehen. »Aber wenn dieses Scheißrätsel einen Sinn hat, dann müssen wir die Möglichkeit zumindest in Betracht ziehen.«

Chrischilles meldete sich über Funk. »Er läuft. Startnummer 5419. Es gibt eine erste Zwischenzeit von ihm, also ist er auf der Strecke.«

»Findet ihn. Wir müssen ihn da unauffällig rausholen«, rief Remmer in das Mikrofon.

»Chefin, da sind Tausende unterwegs. Wie sollen wir ihn da finden?«

Remmer gab mit einem kurzen Kopfnicken klare Anweisungen. Gröber hatte den Funkkontakt abzubrechen. Damit wurde dem Team im warmen Präsidium unmissverständlich vermittelt, dass es keine Diskussionen oder gar Alternativen zu der Suchaktion geben würde.

Gröber war sich nicht sicher, ob sich seine Kollegin noch über die Verhältnismäßigkeit der Mittel im Klaren war. Seiner Meinung nach müssten sich Hunderte auf die Suche machen, um Gassmann unauffällig aus dem Rennen nehmen zu können. Doch die brauchte Remmer an anderer Stelle.

»Holen Sie mir alle verfügbaren Einsatzkräfte in den Zielbereich. Wenn Randberg da rumlungert, müssen wir ihn finden.«

Gröber rief die Leitstelle, doch die hatte wenig Verständnis für die Pläne der Kommissarin. Marathon hieß Großkampftag. Es gab keine verfügbaren Einsatzkräfte, die noch ohne Aufgabe waren. Remmer gab Gas. Statt zum Polizeipräsidium abzubiegen, jagte sie den Wagen über zwei rote Ampeln in Richtung Deutz. Gröber setzte während der Fahrt das Blaulicht aufs Dach.

»Gibt es Polizisten im Zielbereich?«, rief Remmer. Sie wartete nicht auf eine Antwort. »Wo kann man sich da treffen? Gröber, los, denk nach!«

»Es wird ein Sanitätszelt geben, denke ich.«

»Gut. Alle Polizisten im Zielbereich versammeln sich auf der Stelle in dem Sanitätszelt, das der Ziellinie am nächsten ist. Haben Sie das verstanden, Leitstelle?«

Der Kollege am anderen Ende der Leitung schien wenig erfreut über den Umgangston. Als er Luft holte, um Fragen zu stellen, fiel ihm Remmer ins Wort.

»Keine Diskussionen, Mann. Wir sind in drei Minuten da. Wenn dann kein Polizist im Sanitätszelt steht, können Sie sich da schon mal eine Liege reservieren.«

Diesmal brauchte Gröber keinen Hinweis, um den Kontakt abzubrechen. Er sparte sich auch jeden Kommentar, als seine Kollegin mit lautem Gehupe damit begann, sich den Weg zum Ziel frei zu räumen. Die Menschen machten keine Anstalten, freiwillig Platz zu machen. Je weiter sie kamen, desto voller wurde es. Bald war der Wagen von Menschen eingeschlossen. Remmer entdeckte einen Mann mit einer Ordnerbinde, den sie anbrüllen

konnte. Er sollte ihr gefälligst den Weg zum Sanitätszelt in Ziel-
nähe zeigen.

»So ein Mist«, fluchte sie. »Wir trennen uns. Ich steige hier aus
und suche Randberg. Und du fährst über die Zoobrücke zu dem
Platz, wo wir Höllerbach gefunden haben. Die dritte Zwischenzeit, verstehst du? Gassmann muss da vorbeikommen. Chrischilles wird alles vorbereitet haben, wenn du da bist. Dann kannst du
ihn dir schnappen. Einer von uns wird Erfolg haben.«

Sie sprang aus dem Wagen, packte den Ordner an der Schulter
und schubste ihn unsanft vor sich her. Gröber kletterte über den
Gangschaltungshebel und ließ sich in den Fahrersitz fallen. Ihm
war das Tempo zu hoch geworden.

*

Grau die Stadt und grau das Leben. All die Aufgeregtheiten, all
die sinnlose Geschäftigkeit. Man hetzt durchs Leben, ohne einmal tief Luft zu holen.

Jetzt müsst ihr laufen, richtig rennen, um mir folgen zu können, dachte er. Ihr habt mein kleines Rätsel gelöst, Bullen! Mit
fremder Hilfe. Nichts versteht ihr. Und das ist doch so schade.
Wenn ihr einmal Luft holen würdet, während ihr über die Erde
kriecht. Einmal das Blut riechen könntet. Wie es pulsiert und aus
der offenen Wunde schlägt. Ihr wüsstet, was ihr habt und wie
schnell es vorbei sein kann.

Er drehte sich um, sah in fremde Augen, hätte die Menschen,
die zu diesen Augen gehörten, gern angebrüllt, wachgebrüllt.

»Ihr Krüppel, steht stramm auf dem euch zugewiesenen Platz.
Alles auf Anfang, alles von vorne, und doch bleibt alles gleich.
Strafappell. Alle Mann zurück in die Löcher. Das Messer gewetzt,
um euch gegenseitig abzustechen. Laut, viel zu laut. Ohne Orientierung, aber immer laut.« Er strich seine Haare zurück. »Menschen sind schon laut, wenn sie geboren werden. Sie schreien.«

Er ahmte das Geplärre eines kleinen Kindes nach. Schreiwahn.

Immerzu schreien sie. Auch wenn sie stumm sind, schreien
sie.

Er verzerrte das Gesicht, ließ absichtlich seinen Kopf wie ein Spastiker krampfhaft nach links zucken. Er spürte, wie er von Menschen beobachtet wurde, die gleichzeitig alles taten, um ihrer Umwelt vorzuspielen, dass sie ihn gerade nicht beobachteten. Dieser verschämte Blick zur Seite, gezielt am Elend vorbei.

So mogelt ihr euch durch, oder? Tut das weh? Wenigstens manchmal? Wahrscheinlich nicht. Da muss einer schon zur Tür hereinkommen und euch böse überraschen, euch ein Messer im Leib umdrehen. Dann wird alles plötzlich echt und ehrlich. Man kann sich dran gewöhnen.

Er lachte. Zivilisationsdreck.

*

Remmer kämpfte sich durch die Menschenmasse. Verschwitzte Rollschuhfahrer, Zuschauer, wartende Angehörige von Läufern, Fotografen und irgendwelche Wichtigtuer mit einem Plastikschild am Kragen liefen durcheinander und versperrten sich gegenseitig den Weg. Niemand wirkte so, als wenn er wüsste, wo er hinwollte. Nur Remmer wusste es. Den Ordner hatte sie längst überholt, seitdem sie das Fähnchen des Malteser Hilfsdienstes gesehen hatte, das an einem großen weißen Zelt flatterte. Die Kommissarin schubste und rempelte mit.

»Was tun diese Schwachköpfe alle hier?«, dachte sie laut, während sie einer Frau mit gelbem Stirnband in einem hautengen rosaroten Trainingsanzug ihren Zeigefinger in die Hüfte bohrte, um sie unsanft zur Seite zu schieben. Sie konnte keine Rücksicht mehr nehmen. Obwohl sie keine genaue Vorstellung davon hatte, warum Lisas Vater ausgerechnet hier seine Tochter rächen wollte und bei den vorangegangenen Morden blutige Zahlen an die Wände geschmiert hatte, spürte sie, dass die Zeit knapp wurde. Außer Atem erreichte sie das Zelt, vor dem ein viel zu kleiner Sanitäter mit roter Signalweste versuchte, ihr den Zutritt zu versperren. Remmer ignorierte den Mann und sein Fluchen, nachdem sie in das Zelt gestürmt war. Ein einziger uniformierter Polizist saß auf einer freien Liege und wartete auf sie.

»Ist nicht so leicht, hier durchzukommen«, sagte er zur Begrüßung.

»Ach?«

Remmer schnappte sich ein Papierhandtuch und trocknete sich die Stirn. Dem Polizisten drückte sie das Bild von Randberg in Wanderschuhen in die Hand, befahl ihm, sich das Gesicht einzuprägen, und wählte die Nummer von Chrischilles.

»Mit wie vielen Leuten darf ich hier noch rechnen?«, brüllte sie in ihr Handy.

»Sie sind auf dem Weg. Die Zeit war knapp«, stammelte die Kollegin.

»Wie viele?«

»Ich weiß es nicht. Vielleicht fünf, sechs.«

In dem Moment kam eine junge Polizistin ins Zelt. Jetzt waren sie immerhin schon zu dritt, um in einer riesigen Menschenmenge einen Mann zu suchen. Remmer packte einen Sanitäter an der Schulter, der mit einem Schwächeanfall auf Rollschuhen zu tun hatte.

»Hören Sie«, schnaufte sie den Mann an. »Ich gebe ihnen dieses Bild.« Sie riss der Polizistin das Foto aus der Hand, die es gerade von ihrem Kollegen bekommen hatte. »Jedem Polizisten, der hier reinkommt, zeigen Sie dieses Bild. Und dann schicken Sie ihn los, um den Mann zu suchen. Haben Sie das verstanden?«

»Aber …«, versuchte der Sanitäter etwas zu entgegnen.

»Kein aber. Sie tun das, sonst kriege ich Sie wegen unterlassener Hilfeleistung dran.«

Sie packte die beiden Polizisten am Arm und zog sie aus dem Zelt. Vergeblich suchte sie in ihren Taschen nach einem Gummiband, um sich die Haare wieder zusammenbinden zu können.

»Wenn Sie ihn finden, nehmen Sie ihn fest. Melden Sie's der Leitstelle. Die wird mich dann informieren. Wer ihn hat, bringt ihn in dieses stinkende Zelt.«

*

Genau hier war es passiert. Vor dieser Mauer hatte Mona herumgezetert, dachte Gassmann, als er in die Aachener Straße einbog. Links der Laufstrecke zog sich die Mauer des Melaten-Friedhofs entlang. Sie schien endlos, so groß war dieses alte Gräberfeld, das seit Jahrhunderten die letzte Ruhestätte der Kölner war. Kein anderer Friedhof hatte diese Bedeutung erlangt, und noch heute versuchte jeder Bürger, der etwas auf sich hielt, sich hier ein Grab zu sichern, um sich mit einem großen Stein für die Nachwelt zu verewigen. Er fand das lächerlich.

Es gab sogar Führungen über Melaten. Kulturgeschichte zwischen Grablichtern und Kompostbehältern. Für ihn war der Friedhof nie die weihevolle Stätte der Trauer und des Gedenkens geworden. Damals hatten sie geglaubt, hier den Leibhaftigen treffen zu können. Auch das fand er längst nur noch lächerlich. Er hatte sich oft gefragt, was sie damals dazu gebracht hatte, sich immer weiter in diesen Wahn hineinzusteigern. Er hatte keine Antwort gefunden.

Wenn er sich erinnerte, tat er das in der Position eines Zuschauers, so fern, so unerklärbar erschien ihm alles, dass er sich selbst nicht als Teilnehmer der fürchterlichen Nacht sehen konnte. Und doch war ihm immer völlig klar, dass er Mitschuld am Tod von Lisa Randberg trug. Er hatte nicht verdrängen können, wie es Vosskamp, Leuschen und Höllerbach getan hatten. Immer wieder hatte er von dem Mädchen geträumt, gesehen, wie sie ihre Brust entblößte und dabei lachte und summte.

Sie tanzte vor einer Grabplatte, vor ihr loderte ein kleines Feuer, in das sie reihum die Spitze eines Säbels hielten. Randy war in seiner Erinnerung eine wunderschöne Frau. Ihr pechschwarzes Haar, ihre blauen Augen, ihre makellose Figur machten in seiner Erinnerung aus ihr einen Engel. Und doch war sie alles andere als ein Engel gewesen. Hatte sie sie angestachelt? Es wäre die einzig denkbare Ausrede gewesen. Nein, sie hatte sie nicht reizen wollen. Alles war verabredet gewesen. Sie hatte sich bereit erklärt, ihr Blut zu opfern. Von Sex war keine Rede gewesen.

Leuschen hatte Verbandszeug mitgebracht, mit dem er die Blutung stoppen wollte, wenn sie nicht von selbst aufhören sollte. Sie hatten eingeplant, dass Randy ohnmächtig werden würde. Schnitt man in eine Arterie, würde das Blut schnell und in größeren Mengen zunächst herausspritzen, dann aber mit nachlassendem Druck gerinnen und so die Wunde von selbst verschließen. Ein Selbstmörder hätte sich in eine Badewanne gelegt, um die Gerinnung zu verhindern.

Sein Puls blieb ruhig, während er an dem großen Eisentor vorbeilief, das abends geschlossen wird, um ungebetenen Besuch vom Friedhof fern zu halten. Sie hatten einen anderen Eingang geknackt, durch den sie nach dem Ritual nach Hause gehen wollten. Auch das war exakt geplant worden. Niemals hätten sie eine ohnmächtige Randy über die Mauer wuchten können.

Doch dann hatten sie begonnen Tabletten zu nehmen und zu trinken. Joints gingen herum, mit denen sie versuchten, die letzten Hemmungen zu überwinden. Sie hatten geglaubt, den Satan in ihre Mitte holen zu können. »Zu meiner Verehrung nehmt Wein und seltene Drogen, wovon ich meinem Propheten erzählen werde, und berauscht euch daran! Sie sollen euch überhaupt kein Leid zufügen.«

Seltene Drogen kannten sie nicht, und so mussten es gewöhnliches Kraut und leicht erhältliche Errungenschaften der modernen Medizin tun. Und Randy hatte dazu getanzt. Schließlich mit dem Säbel. Dann mit Höllerbach, der anfing, sie zu begrapschen. Randy ließ sich vollständig ausziehen. Alle waren in völliger Ekstase.

Der gleichförmige Trab über die Straße, während die Friedhofsmauer an ihm vorbeizog, half Ingo Gassmann, sich zu erinnern. Höllerbach musste Randy von hinten genommen haben, als Vosskamp das Schwert führte. Das Mädchen war völlig willenlos, schon lange nicht mehr Herrin ihrer Sinne. Und trotzdem hatte sie groß, stark und mächtig gewirkt. Sie hatten alle Vorsichtsmaßnahmen vergessen.

Nun sah er wieder dieses großartige, furchtbare Bild, das sich in seinen Kopf gebrannt hatte und ihn seit über zwanzig Jahren immer von einem blutroten Engel träumen ließ. Randy stand mit gespreizten Beinen und weit von sich gestreckten Armen im Feuerschein, während Höllerbach sie von hinten stützte. Aus beiden Armen spritzte Blut, und sie schrie dabei vor Freude.

Heute wie damals erschreckte ihn die Symmetrie des Bildes. Wie Leonardo da Vincis Proportionsstudie, sein »Homo vitruvius«, an dem man die Perfektion beweisen konnte, mit der die Natur den Menschen entstehen ließ. Das Wunderwerk der Schöpfung, an die Gassmann nicht glaubte.

Er konnte sich genau erinnern, wie ihm da Vincis Zeichnungen von Gliedmaßen, Koitus und Gebärmutter durch den Kopf gingen, während langsam aus Randys Schreien ein monotones Summen wurde, ihr Mund zu einem übertriebenen Lächeln zu erstarren schien. Sie hatten sich diese Bilder unzählige Male angesehen und ihre Bewunderung für diesen mutigen Mann zum Ausdruck gebracht. Auch er war heimlich auf Friedhöfe geklettert, um Dinge zu tun, die andere strengstens verboten hatten. Da Vinci sezierte Leichen bei Kerzenlicht. Fieberhaft soll er das getan haben, um die wahre Schönheit des Körpers zu entdecken. Diese Neugier hatte sie fasziniert. Mehr hatten sie über diesen Mann nicht wissen müssen.

Gassmann konnte sich für die Ignoranz hassen, mit der sie damals durch ihre kleine, beschissene Welt gezogen und dabei fest davon überzeugt gewesen waren, die Wahrheit zu kennen.

Während Lisa summte und blutete, hatten Vosskamp oder Leuschen weiter lateinische Verse gemurmelt, mit denen sie den Adressaten dieses Opfers heraufbeschwören wollten. Tatsächlich waren die Verse nur noch belanglose, monotone Begleitung für die Verwandlung von vier erwachsenen Männern in Tiere. Randy schien mit aller Kraft gegen die Ohnmacht anzukämpfen. Niemand bemerkte mehr, dass das Blut nicht stockte. Niemand kümmerte sich um das mitgebrachte Verbandszeug.

Gassmann wurde übel. Er hielt Ausschau nach der nächsten Verpflegungsstation. Er musste dringend einen Becher Wasser trinken. Wie sollte man jemals mit so etwas wieder ins Reine kommen? Es war nicht nur Randys Tod, den er zu verantworten hatte. Wie war es möglich, sich selbst so zu erniedrigen und aufzugeben? Der Verstand hatte ausgesetzt, nur noch Begierden und

Gelüste hatten sie angetrieben. So war ein Mensch grausam gestorben, den sie dann noch aus Feigheit in den Rhein geworfen hatten. Gassmann griff hastig nach dem Wasserbecher, als er endlich die Verpflegungsstation erreicht hatte. Er trank einen kleinen Schluck, spülte sich den Mund aus und spuckte auf die Straße. Den Rest des Wassers kippte er sich über den Kopf.

»Ruhig bleiben«, ermunterte er sich, als er den Friedhof hinter sich ließ. In dreiundzwanzig Kilometern war es vorbei.

*

Remmer hätte am liebsten um sich getreten. Eine Bierkiste, eine Motorhaube – irgendetwas zum Draufklettern musste sie finden, um besser sehen zu können. Was wollten all die Menschen hier? Das war völlig ineffektiv, was sie hier machte. Warum sollte Randberg ausgerechnet im Ziel des Köln-Marathons auf Gassmann warten? Die drei Morde waren alle in den Wohnungen der Opfer geschehen. Ein klares Muster. Warum sollte Gassmann auf andere Weise sterben? Vielleicht hatte sie sich völlig verrannt?

Sie zückte ihren Ausweis und hielt ihn jedem unaufgefordert unter die Nase, um sich langsam immer näher an die Ziellinie heranzuschieben. Schließlich erreichte sie die hohen Absperrgitter, mit denen der Bereich hinter dem Ziel abgetrennt war. Hier würden bald Hunderte zusammenbrechen, schwitzend und keuchend, vielleicht auch glücklich herumirren. In einiger Entfernung sah sie die langen Biertischreihen, die die Organisatoren aufgebaut hatten – voll beladen mit Medaillen, die an die Läufer, die es bis ins Ziel schaffen würden, verteilt werden sollten.

»Hallo, wie komme ich da rein?«, rief sie durch den Zaun. Der angesprochene Ordner reagierte mit einem abfälligen Lächeln. Auch als sie ihn anbrüllte, zeigte das keine Wirkung. Neben ihr stand ein dicker Mann mit einem Rucksack und Videokamera, offensichtlich auf der Suche nach einem guten Standort, um den Zieleinlauf zu filmen. Sie zögerte nicht lange.

»Helfen Sie mir da rüber!«

Der Dicke sah sie ungläubig an. Sie schob ihm ihren Polizeiausweis unter die Nase. Zeit zum Lesen ließ sie ihm nicht.

»Ich möchte, dass Sie sich hinknien, damit ich auf Ihre Schultern klettern kann«, sagte sie in dem ihr eigenen Tonfall, der keine Widerrede duldete. Doch der Mann schien immer noch skeptisch.

»Auf die Knie!«, brüllte sie. Mittlerweile hatten sie Publikum, was die Sache nicht leichter machte. Sie sorgte für Amüsement im Zielbereich. Sie packte den Mann im Nacken und drückte mit Daumen und Zeigefinger ins Gelenk. Schmerzverzerrt ging der Mann in die Knie. Blitzschnell setzte sie ihren linken Fuß auf seine linke Schulter, packte mit beiden Händen die obere Stange des Gitters und schwang sich über die Absperrung. Sie fiel tief, konnte sich nur mit Mühe auf den Beinen halten. Hier zu stürzen hätte mit Sicherheit für viel Heiterkeit gesorgt. Einige Zuschauer spendeten Applaus, während der dicke Mann weiter mit offenem Mund am Boden kniete. Ehe sie sich's versah, stürmten von allen Seiten Ordner auf sie zu. Sie genoss ein paar Sekunden lang die Vorstellung, den Wichtigtuern mit gezogener Pistole mal zu zeigen, wer hier Herrin im Haus ist. Da packte sie der erste unsanft am Arm.

Erst jetzt bemerkte sie, dass sie den Ausweis, den sie in den letzten Minuten allen Menschen unaufgefordert gezeigt hatte, nicht mehr in den Händen hielt. Ein zweiter Ordner packte sie und begann an ihr zu zerren. Sie entdeckte die kleine Plastikkarte am Boden. Sie lag jenseits des Zauns neben dem dicken Mann, der sich gerade keuchend aufrappelte. Er folgte ihrem Blick und erkannte die brillante Chance zur Revanche. Lässig ließ er seinen Rucksack über seinen Arm zu Boden gleiten und so Remmers Polizeiausweis verschwinden. Sie suchte nach ein paar passenden Worten, doch sie hatte schlechte Karten. Vielleicht hätte sie die Pistole ziehen sollen? Dafür war es nun, nachdem der erste Ordner ihren Arm auf den Rücken gebogen hatte, zu spät. Er schob sie vor sich her, während zwei weitere Männer an ihr zogen. Sie entschloss sich, die sinnlose Aktion so lange über sich ergehen zu lassen, bis sie wieder losgelassen würde. Dann würde sie sich in

Ruhe erklären oder doch noch die Pistole ziehen. Der Mann in ihrem Rücken drückte ihren Kopf nach vorne, sodass sie in gebückter Haltung an den staunenden Zuschauern vorbeigeschoben wurde. Sie näherten sich der ersten Tribüne, auf denen in Kürze die Ehrengäste Platz nehmen würden, um den Zieleinlauf der Spitzenläufer zu beklatschen, die sich mittlerweile weit vor dem Hauptfeld befanden. Als sie wenige Meter vor dem großen, mit Werbung voll geklebten Tor durch einen schmalen Spalt zwischen der Absperrung gedrückt wurde, entdeckte sie ihn. Nur einige kurze Sekunden reichten, um ihn aus dem Augenwinkel eindeutig zu identifizieren. Obwohl dicke Blutergüsse sein Gesicht entstellten, gab es keinen Zweifel. In der ersten Reihe der Zuschauer gleich gegenüber der Ehrentribüne stand Lisa Randbergs Vater.

*

Gröber hatte mit viel Aufwand und viel gutem Zureden den Wagen zurück durch die Menschenmenge gefahren und sich zum vielleicht ungewöhnlichsten Auftrag seiner Polizeikarriere aufgemacht. Wie holt man einen Marathonläufer, der nicht zu den langsamsten seiner Zunft gehört, von der Strecke, die man nicht sperren darf? Wie hatte sich Remmer das vorgestellt? Leise fluchend stand er am Streckenrand.

»Das ist der spannendste Ort an der gesamten Strecke«, belehrte ihn ungefragt ein kleiner Junge neben ihm.

»Ach wirklich?«

»Ja, hier steht der böse Mann. Der mit dem Hammer, der zuschlägt, wenn die hier vorbeikommen.«

Das war also der berüchtigte Kilometer dreißig, der Tiefpunkt für Körper und Geist.

»Wer seine Kraft nicht eingeteilt hat oder zu schnell gelaufen ist, hat seine Kohlenhydrate komplett verbraucht.«

Nun meinte auch noch der Vater des Jungen gegen das ohrenbetäubende Trommeln einer Sambagruppe anbrüllen zu müssen. Warum sind die Kölner nur immer so furchtbar kommunikativ?, fragte sich Gröber. Der offenbar sehr belesene Mann faselte noch etwas von Laktatwerten und Enzymen. Als er schließlich beim Thema »Fettstoffwechsel« angekommen war, konnte sich Gröber eine spitze Bemerkung nicht mehr verkneifen.

»Gut, wenn man in unserem Alter noch weiß, was zu tun ist, um fit zu bleiben«, sagte er, während er dem Mann demonstrativ auf die fette Wampe guckte. Selbst der übergewichtige Junge hatte verstanden, dass er ihn besser nicht weiter voll quatschte.

Gröber erinnerte sich an seine jüngste Lauferfahrung im Blücherpark. Das Laufen ist eigentlich wider die Natur. Die Menschen glauben, etwas für ihren Körper zu tun. Doch der will das überhaupt nicht.

*

Der Körper, diese Hülle voll lauwarmer Innereien, ist nichts als eine Ansammlung von Molekülen, die daran gehindert werden, sich in alle Himmelsrichtungen zu verteilen. Das ist Natur! Nicht das Rennen über Asphalt. Der Körper lehnt sich die ganze Zeit gegen diese Strapazen auf. Er will sie nicht, freute sich Gassmann, während er am Rudolfplatz das Hahnentor rechts liegen ließ.

Die Augäpfel wurden bei jeder Abwärtsbewegung des Fußes nach oben in die Augenhöhle gedrückt und dort gequetscht. Die Eingeweide schlugen nach oben gegen die Leber. Die Zentrifugalkraft des Körpers schleuderte die Gliedmaßen weg, sodass sich Hände und Finger vom Arm lösen würden, hielten sie nicht die unnatürlich und ständig gespannten Muskeln des Unterarms fest. Das ganze Körpergewicht knallte auf das Fersenbein, wenn das Bein stampfend den Boden berührte. Sämtliche Knochen im Vorfuß mussten rhythmische und heftige Stauchungen aushalten – rund tausend Mal pro Kilometer.

»Wenn wir Mut hätten, würden wir einfach zerplatzen.« Er erinnerte sich an eine weitere wunderbare Stelle aus Celines »Reise ans Ende der Nacht«. »Tag für Tag stehen wir kurz davor, zu zerplatzen. Darin ist unsere geliebte Folter beschlossen, atomar, unter unserer Haut, mitsamt unserem Stolz.«

Als er in die Erftstraße einbog, wusste er, dass er weit über die Hälfte der Strecke geschafft hatte. »Nur noch achtzehn«, hatte eine Frau am Straßenrand auf ein Pappschild geschrieben. Er fühlte sich gut, frisch genug, um darüber nachzudenken, wie es wäre, jetzt, genau hier, einfach stehen zu bleiben, laut zu schreien, die Zuschauer und die Mitläufer anzubrüllen und aufzuhören. Wer hier aufgibt, kann nicht mehr, ist körperlich am Ende. Wie wäre es also, aufzugeben, obwohl es ein Leichtes gewesen wäre, diesen Lauf in persönlicher Bestzeit zu Ende zu laufen?

So könnte es enden. Noch hatte er die Wahl, es genau so zu machen. Doch wer würde davon Notiz nehmen? Wer würde diese außergewöhnliche Leistung anerkennen? Keine Zeitung würde seiner heldenhaften, weisen Tat auch nur einen Satz widmen. Und er würde nach Hause gehen und nicht wissen, was er mit der gewonnenen Stärke anfangen sollte. Was nützt die Erkenntnis, dass es sich nicht mehr lohnt, der Jugend hinterherzulaufen, wenn man dann herumsitzt und nicht weiß, was man mit seiner gewonnenen Zeit anfangen soll?

Dasitzen, während dir der Tod Gesellschaft leistet, und spüren, wie das Alter aus jeder Pore kriecht. Du kannst es riechen, du kannst es sehen. Passt nur einen Moment nicht auf, und plötzlich erwischt es dich mit aller Gewalt, erklärt dir, dass alles vergänglich ist, einfach so vorbeigeht, so als wenn es nie da gewesen wäre.

Nichts bleibt, außer dem mühsamen und doch letztlich so kläglichen Versuch, irgendwo ein paar Spuren zu hinterlassen. Er bildete sich ein, dass der Asphalt unter seinem gleichmäßigen Schritt nachgab, damit sich der Abdruck seiner Sohlen in der Fahrspur der Kölner Ringe abzeichnen konnte. Ein »Walk of Fame« gewissermaßen. Eine Einbildung vom Wert seines kümmerlichen Lebens.

»Wenn ich es mir genau überlege, habe ich nie wirklich etwas mit ihm anfangen können«, murmelte er vor sich hin, während sich sein Tempo verlangsamte.

Ein junger, sportlicher Mann zog lächelnd an ihm vorbei und winkte ein paar Zuschauern, die ihn am Streckenrand anbrüllten.

»Du schaffst es«, blafften sie ihm ins Gesicht, und dem Angesprochenen schien es tatsächlich zu gefallen.

Was ist da zu schaffen?, fragte er sich und versuchte mit dem Mann, der gut zehn Jahre jünger als er war, mitzuhalten. Hast gut trainiert, dich zusammengerissen, den Versuchungen ein paar Wochen widerstanden. Na und?

Er holte ihn tatsächlich ein, beschloss, ihn für ein, zwei Kilometer als Tempomacher zu akzeptieren. Danach würde er ihn abhängen oder ziehen lassen. Letztlich war es egal. »Nur noch siebzehn.«

*

Die Tribünen im Zielbereich hatten sich schnell gefüllt. Hunderte Menschen säumten die letzten Meter der Strecke. Der Mann, der offenbar niemals Ruhe geben wollte, blökte weiter in ein Mikrofon. Was er sagte, war für Asis Kusnezow nicht zu verstehen. Seine Worte schepperten viel zu laut aus den Lautsprechern und hallten durch die Straßen. Kusnezow fixierte mit dem Zielfernrohr die Zuschauer, die auf den Einlauf der Spitzengruppe warteten.

Vor ein paar Minuten hatte er ein seltsames Spektakel beobachten können. Eine Frau hatte einen Mann in die Knie gezwungen, um über eines der Absperrgitter zu springen. Nur wenige Sekunden später hatten sie ein paar Männer in schwarzen Windjacken überwältigt und im Polizeigriff von der Strecke befördert. Er hatte sich die Situation nicht erklären können, aber das wunderte ihn nicht. Alles, was er hier sah, war genauso seltsam wie das, was noch passieren sollte. Was für ein Auftrag! Was für ein Aufwand!

Rhythmischer Applaus schwappte über den Rhein und wurde immer lauter. Wie eine Welle erreichte das Klatschen die Tribünen, wo sich die Zuschauer von ihren Plätzen erhoben. Kusnezow suchte im Fadenkreuz nach dem Grund der Begeisterung.

Ein schwarzer Mann kam ihm entgegengelaufen. Mit Eleganz rannte der große, hagere Athlet aufs Ziel zu. Kusnezow suchte ein

Lächeln im Gesicht des uneinholbar führenden Läufers. Doch der ließ sich mit ernster Miene lediglich zu einem kurzen Gruß mit der Hand hinreißen, bevor er die letzten Meter der Strecke ohne einen Anschein von Anstrengung hinter sich brachte.

Der Mann am Mikrofon brüllte einen Namen und ein paar Zahlen. Der Köln-Marathon hatte seinen Sieger, der sich nun hinter der Ziellinie eine Decke umhängen ließ. Die Zeitungen würden seinen Namen erwähnen, und keiner würde sich dafür interessieren: Es hatte mal wieder irgendein Afrikaner irgendeinen der unzähligen Marathons, die auf der ganzen Welt stattfanden, gewonnen. Er würde einen großen Scheck in die Kameras halten und wieder nach Hause fliegen. Das rhythmische Klatschen ging weiter. Andere schwarze Männer bogen in den Zielbereich ein. Kusnezow suchte weiter nach einem Lächeln in einem der Gesichter. Aber hier schienen nur Profis unterwegs zu sein, die wie er routiniert einen Job machten. Ein kleiner, drahtiger Mann fiel aus der Reihe. Er riss beide Arme hoch, als er ins Ziel kam, und freute sich übers ganze Gesicht. Er blieb der einzige unter den ersten zehn, elf Läufern, die den Marathon hinter sich gebracht hatten.

Dann sah Kusnezow wieder die Frau, die eben abgeführt worden war. Auch sie hatte beide Arme hochgerissen, fuchtelte wild durch die Luft und hätte fast einen der Athleten umgerannt. Wieder folgten ihr die Männer in den schwarzen Regenjacken, doch diesmal schienen sie weniger Interesse an der Frau zu haben.

Zwei Polizisten bahnten sich den Weg durch die Menschenmenge jenseits des Zauns. Endlich machte der Mann am Mikrophon mal eine Pause. Wie hätte er die Rennerei in die falsche Richtung kommentieren sollen? Stattdessen dröhnte Marschmusik durch den Zielbereich, zu der jemand in einer seltsamen Sprache oder in einem für Kusnezow unverständlichen Dialekt sang.

Die Frau stolperte über die Ziellinie, während ihr zwei weitere Läufer in einem kleinen Laufduell entgegenstürmten. Gleichzeitig hatten die beiden Polizisten die erste Reihe der Zuschauer erreicht. Alle drei fielen über einen Mann in einem langen Mantel am Streckenrand her. Während sie ihn zu Boden warfen, stürzte die hüfthohe Barke um, die hier Zuschauer und Laufstrecke trennte. Die hohen Absperrgitter schützten nur den Bereich hinter der Ziellinie. Die Frau drückte das Gesicht des Mannes auf den Boden, während ihn einer der Polizisten zu durchsuchen schien.

»Ich könnte dir helfen«, murmelte Kusnezow, während er alles beobachtete. Er nahm die durchaus gut aussehende Frau ins Visier und zielte auf ihren Hinterkopf. Mit einem zweiten Schuss würde er den Polizisten erledigen. Alle Menschen würden aufgeregt durch die Gegend springen, Panik würde ausbrechen, und dieser Mensch, der da am Boden lag, könnte ohne Probleme fliehen. Der Mann wehrte sich nicht, als man ihm wieder aufhalf. Ein Polizist fesselte ihn mit Handschellen.

»Was wird er wohl verbrochen haben?«, fragte sich Kusnezow. Der Mann musste schon in aller Frühe da gestanden haben, um sich diesen Platz unmittelbar am Zieleinlauf zu sichern. Er war ihm nicht aufgefallen. Nun zogen die Polizisten den Mann über die Ziellinie, vorbei an den etwas überrascht wirkenden Läufern, die sie kurz zuvor überquert hatten. Sie verschwanden in einem der Sanitätszelte.

*

Gröber spuckte seinen Fingernagel über die Straße und steckte sich einen Knopf des Kopfhörers ins Ohr, um dabei zuzuhören, wie mehrere Kollegen unter der Regie der hörbar genervten Chrischilles versuchten, den Mann mit der Startnummer 5419 zu lokalisieren. »Ich brauche nur eine ungefähre Zeit und die Farbe seines Trikots«, hatte er ihnen gesagt. »Dann werde ich ihn schon finden.« Sicher war er sich dabei jedoch nicht.

Hunderte durften schon an ihm vorbeigelaufen sein, seitdem er hier stand. Er war überrascht über das Tempo, das die meisten auch noch nach dreißig Kilometern an den Tag legten. Diejenigen, die hier vom Mann mit dem Hammer eins über die Rübe bekommen, würden sicher erst viel später kommen. All die Luschen und schlappen Würste, denen nichts Besseres eingefallen war, als ihre kostbare Zeit mit selbst gewählten Qualen zu verbringen.

Er erfreute sich an dem Anblick einer Frau, deren Brüste im Rhythmus ihrer Beine auf und nieder platschten. Im Radio hatte ein Schlaumeier erzählt, dass Frauen bei Marathon-Veranstaltungen lange Zeit nicht mitmachen durften. Dafür musste es einen guten Grund geben, überlegte Gröber. Unsere Vorfahren hatten sich ernsthaft Sorgen um ihr Wohl gemacht.

Doch wer die Wahrheit über den ganzen Unsinn erfahren wollte, musste noch weiter in der Zeit zurückgehen, wie er seit dem Radiobericht wusste. Im vorletzten Jahrhundert waren Läufer von Kindern mit Kot und Abfall beworfen wurden, wenn sie durch die Straßen liefen. Eine hübsche Vorstellung. Niemand hatte Verständnis für das sinnlose Herumgerenne gehabt. Der Läufer war ein gesellschaftlicher Außenseiter.

Gröber meinte, dass auch zu seiner Jugendzeit Beschimpfungen und blöde Witze über Läufer noch durchaus üblich gewesen waren. »Und eins und zwei, und eins und zwei.« Der Dauerläufer war Teil der »Trimm dich«-Bewegung, die »Trimm dich«-Pfade in deutsche Wälder gepflanzt hatte und über Baumstämme im Bocksprung hüpfte und sich über Flüsse hangelte. Welche Verschwendung. Damals waren Laufschuhe noch keine Hightechprodukte, sondern Turnschuhe, es gab noch keine Fitness-Studios mit Laufbändern und keine dicken Frauen mit hautengen Neontrikots, die einem vor die Füße stolperten. Der Läufer galt als exotisch-asketischer Gesundheitsapostel.

Warum sollten sich die Leute in früheren Zeiten geirrt haben? Vielleicht war es richtig, Läufer mit Kot zu bewerfen, weil sie die Gesetze der Natur brechen wollen?

»Wir haben ihn!«, quakte eine Männerstimme durchs Funkgerät. »Er läuft die Amsterdamer Straße hoch. Kilometer siebenundzwanzig, so ungefähr, hat uns ein Streckenposten gesagt. Er trägt ein rotes Hemd und 'ne schwarze Hose. Sieht ein bisschen wie ein Fußballer aus.«

»Dann kann sich der schnelle Bernd ja schon mal warm laufen«, blökte es durch den Funk, worauf allgemeine Heiterkeit im Funkverkehr ausbrach. Die Leitstelle mahnte erfolglos zur Funkdisziplin.

»Gröber«, hörte er jetzt Chrischilles. »Hast du das mitbekommen?«

Er zog das Funkgerät aus der Tasche, was seine dicken Nachbarn schwer zu beeindrucken schien.

»Ich hab's gehört. Was hört man denn von Remmer so?«

»Die ist kurzzeitig vom Ordnungspersonal des Marathons unsanft in Gewahrsam genommen worden. Wir mussten bei der Identifizierung unserer Chefin helfen. Mehr weiß ich noch nicht. Sie hat sich noch nicht wieder gemeldet.«

Gröber wusste immer noch nicht, wie er Gassmann ansprechen und zum Aufgeben überreden sollte. Warum sollte Gassmann das tun? Mit welchen Argumenten würde er ihn überzeugen können? Mit ein paar Hirngespinsten?

*

Remmer brüllte Randberg an. Der Mann trug einen Arm in einer selbst gebundenen Schlinge, auch die Prellungen im Gesicht hatte er ganz offensichtlich nicht behandeln lassen. Ihm fehlte ein Schneidezahn. Die Sanitäter hatten ihm die Schuhe ausgezogen und damit begonnen, Verstauchungen und Quetschungen an beiden Beinen zu behandeln. Randberg sah schlimm aus, und doch war unverkennbar, welche Kraft in diesem Mann steckte. Sein ramponierter Körper schien wie eine unbedeutende Hülle für einen unbezwingbaren Willen, der ihm half, Schmerzen und Verletzungen zu ignorieren.

»Der Mann muss ins Krankenhaus.« Einer der jungen Helfer versuchte, bei Remmer Gehör zu finden.

»Das hat er in den letzten Tagen auch nicht für nötig gehalten«, schrie sie. »Also bleibt er hier, bis er mir sagt, was er da draußen wollte.«

Randberg starrte regungslos auf seine Knie, während Remmer nervös im Zelt auf und ab ging. Sie hatten keine Waffe bei Lisas Vater gefunden. Noch nicht einmal ein kleines Taschenmesser hatte er dabei. Nichts, womit er einem anderen Menschen etwas antun könnte. Darüber hinaus befand er sich in einem körperlichen Zustand, der es ihm unmöglich gemacht hätte, ein paar schnelle Schritte zu gehen und einen athletischen Mann wie Gassmann zu überwältigen. Remmer war ratlos. Das alles ergab keinen Sinn. Warum hatte Randberg an der Ziellinie gestanden?

»Haben Sie auf Gassmann gewartet?«

Randberg blieb stumm. Sie ging ein paar Schritte auf ihn zu, ging in die Hocke, um dem Mann in die Augen zu sehen, doch der wich ihr aus.

Sie holte tief Luft, um sich zu beruhigen, forderte die Sanitäter auf, ihr Platz zu machen, und setzte sich neben Randberg auf die Trage.

»Ihre Frau macht sich große Sorgen, wissen Sie das? Sie hat Angst um Sie, weil Sie sich nicht gemeldet haben.«

Remmer sprach jetzt ganz ruhig auf den Mann ein.

»Sie glauben nicht, dass Lisa sich das Leben genommen hat. Ich glaube das auch nicht. Vielleicht hat man sie dazu getrieben, sie verführt.« Sie machte eine kurze Pause, um ihrem nächsten Satz noch mehr Wirkung zu verleihen. »Vielleicht hat man sie sogar umgebracht.«

Sie glaubte, ein leichtes Zucken durch Randbergs Körper gehen zu sehen.

»Sie haben Lisas Freunde gefragt, aber die haben Ihnen nichts gesagt, oder? Wollen Sie wissen, wo Lisa in der Nacht vor ihrem Tod war?«

Jetzt hatte sie ihn. Randberg hob den Kopf, suchte jetzt seinerseits Augenkontakt. Remmer sah einen schwachen, seit Jahrzehnten von tiefem Schmerz geplagten Mann.

»Sie war mit ihren Freunden auf dem Melaten-Friedhof. Eingebrochen sind sie da, um so etwas wie eine schwarze Messe zu feiern.«

Randbergs Lippen zitterten.

»Lisa gehörte zu einer Gruppe, die seltsame Dinge getan hat. Und in der Nacht auf dem Friedhof ist das Ganze wohl eskaliert. Es waren Drogen und Alkohol im Spiel, Lisa hat mitgemacht. Wir wissen noch nicht ganz genau, was da passiert ist.«

Randberg richtete sich auf, schien sich zu sammeln, alle Kraft zusammenzunehmen. Für einen Augenblick war es mucksmäus-chenstill im Zelt.

»Ich möchte meine Frau anrufen«, sagte er mit schwacher Stimme.

Remmer musste sich zusammenreißen. Sie verspürte wieder den Drang, diesen Mann anzubrüllen. Er sollte endlich ihre Fragen beantworten.

»Bitte«, sagte er sanft.

Die Kommissarin gab ihm wortlos ihr Handy.

*

Gröber schaute nach links und rechts, um sicher zu gehen, dass ihn niemand dabei beobachtete, wie er nacheinander beide Beine zurücksetzte, die Knie durchdrückte und die Muskeln anspannte. Er ließ unauffällig die Hüfte kreisen. Softes Aufwärmprogramm für den kommenden Spezialeinsatz; er wollte in jedem Fall Kollegen-Spott über mangelnde körperliche Fitness vermeiden. Ein paar Meter würde er schon neben Gassmann herlaufen müssen, um ihn unauffällig zum Aufgeben zu bringen.

Er dachte an das Laufband in seinem Fitness-Studio. Genau drei Mal hatte er bislang draufgestanden und sich fürchterlich gelangweilt. Man konnte sich einen Kopfhörer aufsetzen und beim Laufen einen Fernseher anstarren. Die Nachmittagstalk-show der Privatsender und die in Gerichtssendungen schlecht nachgespielten Abgründe des Lebens, die er sich da im Laufen ansehen musste, hatten ihn in der Überzeugung bestärkt, dort etwas völlig Widernatürliches zu tun. Daran änderte sich auch nichts, als er das Laufband gegen ein Fahrrad eingetauscht hatte. Er bewegte sich nicht mehr, um von einem Ort zum anderen zu kommen, sondern nur noch um der Bewegung willen. Was für ein Unsinn.

Bewegung als Selbstzweck, weil der Mensch eben glaubt, immer in Bewegung sein zu müssen. So wie die vielen Menschen, die jetzt hier an ihm vorbeiliefen. Auch das hatte nicht wirklich

Sinn, obwohl sie wenigstens draußen herumliefen und nicht wie er trotz Anstrengung und Rennerei auf der Stelle blieben.

»Ja, wenn man vierzig wird, muss man was tun. Da kommt ja nix mehr von selbst.« Er hatte sich manchen dummen Spruch zu Herzen genommen, bevor er beschloss, den Jahresvertrag mit dem Fitness-Studio einfach verfallen zu lassen. Und trotzdem: Wenn er die athletischen, schlanken Läufer sah, die nun in immer größerer Zahl die weniger sportlichen Möchtegern-Marathonis aus den vorderen Startfeldern locker abschüttelten, wurde er doch ein bisschen neidisch. Wie gut, dass es da die gab, die sich überholen ließen: schwitzende, schlappe Körper, die sich im Schritttempo über die letzte Zeitmessung vor dem Ziel schleppten. Einige gingen nur noch, hielten sich die Hüfte, weil sie von Seitenstichen geplagt waren. Die dicke Familie neben ihm feuerte sie an, nicht hämisch, sondern in der ehrlichen Absicht, sie wieder in Trab zu bringen. »Du schaffst es!«, rief der Mann, während der Rest der Familie rhythmisch klatschte.

Warum lasst ihr es nicht einfach?, dachte Gröber dagegen.

Er entdeckte ihn rechtzeitig. Gassmann lief in gleichmäßigem Schritt und zügig auf das Tor zu, in dem wie durch Zauberhand die Zwischenzeiten gestoppt wurden. Sein Kopf war rot angelaufen, doch er wirkte fit, fast entspannt, in jedem Fall aber, fand Gröber, war er zu schnell. Warum musste er eigentlich allein hier stehen? Warum hatte er keine Verstärkung gerufen?

»Ich habe ihn«, gab er per Funk durch und steckte das Funkgerät in die Jackentasche. Er trippelte ein wenig auf der Stelle. »Keine Panik«, machte er sich Mut. »Der Mann hat dreißig Kilometer hinter sich, da werde ich ja wohl ein bisschen neben ihm herlaufen können.«

Als Gassmann das Tor erreichte, rannte er los. Eine Frau in Rosa wäre fast gestolpert, weil er sie aus dem Tritt gebracht hatte. Gröber überhörte ihr Fluchen und setzte sich neben Gassmann.

»Hören Sie, Herr Gassmann. Ich bin von der Polizei, Gröber ist mein Name«, rief er ihm zu. Was für eine verrückte Situation, in die man ihn da gebracht hatte. »Ich muss mit Ihnen sprechen.«

Gassmann schaute ihn überrascht an. Er fand das, was passierte, offensichtlich nicht weniger seltsam als Gröber.

»Wir glauben, dass Sie in Gefahr sein könnten.« Noch kamen ihm die Worte leicht über die Lippen. »Wir möchten Sie bitten, das Rennen zu beenden.«

»Warum?«, fragte ihn Gassmann.

»Das ist alles ein wenig schwierig so im Laufen zu erklären. Vielleicht geben Sie mir wenigstens ein paar Minuten.«

»Reden Sie.«

»Ich meine, im Gehen.«

Gassmann lachte laut auf. »Wollen Sie auf mich aufpassen?«, fragte er amüsiert.

»Nein. Ich will, dass Sie aufhören zu laufen«, antwortete Gröber. Er hatte sich nicht getäuscht, Gassmann war ganz schön schnell.

»Ich werde das nicht tun, Herr …«

»… Gröber«, hechelte Gröber.

»Herr Gröber. Sie können mich gern ein Stück begleiten. Wie viel werden Sie schaffen?«

Wie konnte dieser Mann nach dreißig Kilometern noch so flüssig reden? Das Funkgerät schlug Gröber permanent gegen den Hüftknochen. Es schien immer schwerer zu werden.

»Sie machen«, schnaufte Gröber, »es mir nicht einfach.«

»Sie müssen gleichmäßig atmen, den Atem im ganzen Körper spüren und dann ganz bewusst beim Ausatmen sprechen. Sonst kommen Sie aus der Puste und müssen aufgeben.«

»Mensch, Gassmann. Sie bringen sich in Gefahr. Vielleicht. Ich meine, Sie gehen ein gewisses Risiko ein, wenn Sie ins Ziel laufen.«

»Warum?«

»Ihre Freunde aus alten Zeiten sind ermordet worden, es könnte Ihnen genauso gehen.«

»Im Ziel?«

Gröber stöhnte. Was für ein Unsinn? Nicht nur, dass er hier neben einem durchtrainierten Marathon-Läufer rennen musste. Er musste ihn auch noch von einer völlig abwegigen Idee überzeugen. Warum sollte jemand Ingo Gassmann im Ziel ermorden wollen?

Weil er den Kopfhörerknopf nicht im Ohr behalten hatte, bekam er nicht mit, wie Remmer durchgab, dass sie Randberg vorläufig festgenommen, aber keine Waffe bei ihm gefunden hatten. Gröber hätte wohl sofort den Rückweg zum Auto angetreten. Sie bogen in die Riehler Straße ein. Die Strecke führte zurück in die Innenstadt.

»Keine Ahnung. Es geht doch nur um Ihre Sicherheit. Wir wollen, dass nicht noch jemand sterben muss.«

»Machen Sie sich um mich keine Sorgen. Mit geht es gut.«

Gröber überlegte, ob er Gassmann nicht einfach ein Beinchen stellen sollte.

»Wie alt sind Sie?«, fragte ihn Gassmann unvermittelt.

»Warum«, grunzte Gröber, »wollen Sie das wissen?«

»Ich glaube, dass wir ungefähr gleich alt sind. Deshalb frage ich. Wenn man Menschen in derselben Lebensphase trifft, fragt man sich immer, was einen unterscheidet. Und wenn man es herausbekommt, möchte man wissen, warum es diese Unterschiede gibt. Verstehen Sie? Man möchte die Welt erklären.«

Sie überholten eine blau-weiß-gelb gestreifte Raupe, in der vier Läufer steckten, die trotz des Kostüms ein hohes Tempo durchhielten.

»Also, was haben Sie anders gemacht als ich?«

Gröber ärgerte sich nur einen kurzen Moment über die Arroganz seines Nachbarn, zu dessen Schutz er hier in Winterjacke durch die Stadt rannte und dem nichts Besseres einzufallen schien, als mit ihm über das Alter zu philosophieren. Doch dann erkannte er seine Chance, mit ein paar Worten zu erzwingen, dass Gassmann sein Tempo drosseln musste.

»Ich habe nie in meinem Leben versucht, auf einem Friedhof den Teufel zu beschwören, und dabei mit einem Säbel einer Frau die Arme aufgeschnitten.«

*

Gassmann schoss das Blut in den Kopf, sein Blick trübte sich. Für einen Moment fürchtete er, die Kontrolle über seinen Körper zu verlieren. Er wurde langsamer, nahm seine Umwelt nur noch wie ein Film in Zeitlupe wahr. Die Polizei hatte ihn in Zusammenhang mit dem Tod des blutenden Engels gebracht. Er spürte, wie sein Puls im Hals schlug, so als wenn der Blutstrom, der den Sauerstoff durch seinen Körper pumpte, zu einem ihn zerreißenden Strom werden würde, seine Adern zum Platzen bringen wollte. Er atmete tief ein und aus, schnappte regelrecht nach Luft, zwang sich zur Konzentration auf die Bewegung und zu einem klaren Gedanken. Irgendeinem klaren Gedanken. »Wir haben das Maß verloren«, hatte er in das erstaunte Gesicht der Läuferin im blauen Trikot gerufen. Das war ein klarer Gedanke. »Wer das Maß verliert, verliert die Kraft. Deshalb geht die Welt zugrunde.« Er fasste wieder Tritt. Nur ein kleiner Durchhänger. Was wollte dieser Polizist eigentlich von ihm? Was wusste er schon?

»Es war Selbstmord«, sagte er mit fester Stimme. Die Anspielung auf Lisa hatte ihn nur für einen Augenblick verunsichern können. Er zog sein Tempo wieder an. Das wäre doch gelacht. Für wie blöd hielt dieser Polizist ihn eigentlich, der da neben ihm herhetzte? Das war amüsant. Unter Polizeischutz zum persönlichen Rekord. Nur schwach drangen die Worte seines unsportlichen Nachbarn zu ihm, der weiter auf ihn einredete.

»Ich werde nicht aufgeben«, sagte er bestimmt. »Das sollten besser Sie tun.«

Gröber brüllte ihn an: »Mensch! Seien Sie doch vernünftig!«

Was für ein dummer Satz.

»Was ist schon Vernunft, mein Lieber?«, fragte Gassmann lächelnd. »Haben Sie mal nach ihr gesucht?«

»Täglich«, brummte Gröber.

»Ach wirklich? Habe ich hinter mir. Ich habe sie überall gesucht. Im Physischen, im Metaphysischen, in der Liebe und im Wahn. Ich habe sie nicht gefunden.«

Sie erreichten eine Verpflegungsstation. Staunende Helfer starrten sie an, als sich sein Begleiter in Winterjacke und Jeans einen Becher mit Wasser schnappte, um im Feld der mit Startnummern behängten Marathonläufer weiter durch die Stadt zu rennen.

»Sie irren sich!«, rief Gröber. »Ich kann Ihnen zum Beispiel sagen, dass das, was ich hier mache, völlig unvernünftig ist.«

»Sagt das Ihr Verstand oder Ihr Gefühl?«

Der Polizist ließ sich nicht so leicht provozieren. Gassmann versuchte es ein weiteres Mal. »Sie haben mir immer noch nicht gesagt, was Sie mit Ihrem Verstand und Gefühl angefangen haben in ihrem Leben? Von mir wissen Sie immerhin, dass ich mal auf einem Friedhof gestanden und geglaubt habe, man könnte den Satan herbeibeschwören.«

»Mein Leben geht Sie einen Scheiß an.« Jetzt ging seinem Begleiter offensichtlich die Puste aus. Er sah, wie Gröber versuchte, sein Funkgerät aus der Tasche zu ziehen.

»Wenn ich mir so manchen in unserem Alter ansehe und anhöre, frage ich mich, wohin unsere Generation die Welt bringen wird. Fatalistisch und egoistisch. Wir besaufen uns beim Abiturtreffen, um dann über das Leid der Welt zu lamentieren. ›Man müsste‹, ›man sollte‹, ›man könnte doch mal …‹ und all dieser Quatsch. Und am nächsten Morgen zieht man mit einem Kater achselzuckend wieder in sein Büro. Was bleibt vom gesunden Menschenverstand übrig, wenn ihn keiner mehr benutzt? Keine Zeit, keine Lust, Hauptsache, alles schön bequem. Alles schön zurechtgemacht, alles schön verdrängt und weggeräumt, was stören könnte.«

Gröber fuchtelte mit dem Funkgerät herum, tippte ihm mit der kleinen Antenne auf den Arm.

»Wissen Sie, was ich glaube, Mann? Sie haben sie nicht mehr alle.«

»Man sagt doch immer, es sei zum Verrücktwerden. Warum wird man es nicht einfach? Vielleicht wäre dann vieles einfacher. Lassen Sie sich einweisen, treten Sie einem Arzt vors Schienbein und packen Sie einer Schwester unter den Rock. Sie kommen so bald nicht wieder raus. Und sind Sie auf einmal ganz nah dran: Schluss mit der Hetzerei, keine Verantwortung mehr, keine Schuld.«

Gassmann hatte das Gefühl, ihm würden Flügel wachsen. Es war der Lauf seines Lebens.

»Haben Sie sich schuldig gemacht?«, fragte Gröber angestrengt.

»Wer ist nicht schuldig? Jeder, der glaubt, etwas verändern zu müssen, macht sich schuldig.«

»Warum?«

»Weil man das Leben nicht verbessern kann.«

»Interessanter Gedanke«, zischte Gröber. »Wollen wir für diesen philosophischen Diskurs nicht ein wenig hier am Straßenrand verweilen? Dann können wir ganz in Ruhe über Ihre und meine Schuld sprechen.«

»Wissen Sie, ich habe Randy sehr gerne gehabt.«

Die Aussage überraschte Gröber, der immer noch nicht wusste, was er in sein Funkgerät hineinsprechen sollte.

»Ich habe sie oft im Traum wiedergesehen. Wie sie ganz nackt vor diesem riesigen Grabstein stand. Sie war noch schöner als sonst. Sie wirkte so groß und viel stärker als wir alle zusammen. So wie jemand, der plötzlich ganz genau weiß, was er will und was zu tun ist. Die völlige Hingabe, verstehen Sie? Und in diesem Moment völlig unschuldig. Nur noch Zentimeter von der Wahrhaftigkeit entfernt.« Gassmann brüllte über den autofreien Ebertplatz. »Der Sieg über den Stillstand. Es gibt einzelne Sekunden im Leben, Augenblicke, da erscheint alles klar und ganz eindeutig. Dann fängt man an, darüber zu reden und nachzudenken. Und mit jedem Wort, mit jedem Gedanken verschwindet die Wahrheit.«

»Und was ist die Wahrheit?«, nuschelte Gröber.

»Dass alles gut ist. Ohne unser Dazutun. Einfach so. Wir müssen nichts verbessern. So wie der hässliche, dicke Vogel da auf dem Bordstein, der noch nicht einmal wegfliegt, wenn wir ein paar Zentimeter an ihm vorbeilaufen.«

Er schlug einen Haken, um eine Taube am Streckenrand aufzuscheuchen.

»Sie frisst und scheißt und lässt alles, wie es ist. Alles ist auf das Notwendigste reduziert. Kein Tier glaubt, es müsse die Welt verändern. Und wenn Sie das genauso sehen würden, wären Sie ein glücklicher Mensch. Aber alle unsere Altersgenossen sind unzufrieden. Ist Ihnen das schon mal aufgefallen? Wir haben um nichts gekämpft, wir haben nichts aufgebaut, wir konnten immer

alles machen, was wir wollten. Und was haben wir damit angefangen? Nichts.«

Sein Nebenmann schnappte nach Luft.

»Wenn wir so wären wie die Tiere, wären wir unschuldig«, dozierte Gassmann weiter. »Solange wir nicht nachdenken, sind wir
unschuldig. Aber der Mensch glaubt, er müsse sich ständig entwickeln und wachsen – wie ein Geschwür. Wir glauben, wir
müssten uns zusammenschließen und Vernunft walten lassen, damit es den Menschen besser geht. Dabei erreichen wir aber nur
das Gegenteil.«

»So haben Sie damals auf dem Friedhof nicht gedacht.«

Gassmann überging Gröbers Einwand. Er wusste selbst, wie
lange er gebraucht hatte, um Klarheit zu finden.

»Lisa Randberg hat nicht viel gehabt von diesem Sieg über den
Stillstand.«

»Nein. Aber sie ist nicht umsonst gestorben. Sie hat etwas
Großes getan. Der Versuch, die Tat, ist wichtig, auch wenn man
vielleicht auf dem Holzweg ist. Sie wollte ein Opfer bringen und
hat es nicht bei Worten belassen. Wir haben ihr den Sieg genommen, weil wir keine Ehrfurcht gezeigt haben. Vor ihr, vor dem
Leben, vor ihrem Versuch, die Wahrheit zu finden. Anstatt mit-
zugehen, haben wir sie benutzt. Sie ist verblutet. Einfach so.«

Gröbers Beine drohten wegzuknicken. Das Seitenstechen, das
ihn seit zwei Minuten quälte, wurde immer stärker. Er musste
aufgeben.

»Also ist sie doch umsonst gestorben«, rief er leise, während er
stoppte.

Ingo Gassmann drehte sich im Laufen um, sah wie der Polizist
mitten auf der Strecke stand, sich auf seinen Oberschenkeln abstützen musste und schwer durchatmete.

»Jetzt nicht mehr, Herr Gröber. Jetzt nicht mehr.«

Nun sprach der Polizist endlich ins Funkgerät. Viel mehr als
die Bekanntgabe seiner Kapitulation dürfte Gröber nicht mehr
zustande bringen. Das Schlimmste hatte er hinter sich. Wenn Kilometer dreißig hinter ihm lag, konnte er den Lauf sicher und
souverän ins Ziel bringen. Doch diesmal fühlte er sich nicht nur

sicher, sondern auch ausgesprochen gut. Gedankenfetzen schwirrten in seinem Schädel und puzzelten sich zu neuen Bedeutungen zusammen. Ja, die Maßlosigkeit war an allem schuld. Die Menschen raffen zusammen, anstatt sich zu befreien. Man behütet, anstatt zu gestalten. Das ist der Charakter unserer Generation, egal wo jeder Einzelne gelandet ist, dachte er. Die Menschen haben sich auf einen großen, faulen Kompromiss geeinigt. Ein neuer Gesellschaftsvertrag, die gültige Übereinkunft über anhaltenden Stillstand.

*

Remmer inspizierte ihre Fingernägel, von denen der Lack abbröckelte. Ihre Schuhe lagen neben drei leeren Kaffeebechern unter dem Stuhl, von dem aus sie Randberg musterte. Was konnte sie noch tun? Lisas Vater hatte seine Frau angerufen. Sie stellte sich vor, wie diese am anderen Ende der Leitung in Tränen ausgebrochen war, nur weil er seinen Namen genannt hatte. »Ich komme bald heim«, hatte er gesagt und dass sie sich keine Sorgen machen müsse. Er habe ein bisschen Zeit für sich gebraucht und werde ihr die Gründe später erklären. Randberg hatte leise gesprochen. Sie hatte Mitleid mit ihm, ohne genau zu wissen, warum. Es wollte alles keinen Sinn ergeben.

»Gibt es noch etwas zu tun?«, fragte einer der beiden Polizisten leise.

Sie zog die Schultern hoch.

Gröber hatte seinen sportlichen Misserfolg per Funk bekannt gegeben, und sie sah keinen Grund mehr, Gassmann am Zieleinlauf zu hindern.

»Soll ich Sie nach Hause fahren, Herr Randberg?«, fragte sie ihn.

Der gebeugte Mann sah sie an. Er nickte, und sie wunderte sich darüber, dass dieser Mann auch mal lächeln konnte.

»Lassen Sie uns den Mann in ein Krankenhaus bringen«, beendete der Sanitäter den ersten Anflug von Kommunikation zwischen der Polizistin und dem verletzten Mann. Sofort verdunkelte sich Randbergs Miene wieder. Sie ignorierte den Einwand des Sanitäters. Wer sich tagelang so durchs Leben schleppt, wird es auch noch ein paar Stunden länger tun können. Sie würde unterwegs einen Arzt alarmieren, der zu Hause auf ihn warten könnte.

»Ich brauche einen Streifenwagen«, befahl sie den Polizisten, während sie mit den Füßen unter dem Stuhl nach ihren Schuhen suchte. »Bringen Sie uns hier raus.«

Sie schnürte ihre Schuhe, nahm die Jacke von der Stuhllehne und bot Randberg ihre Hilfe an. Der richtete sich mühsam auf, rutschte von der Trage und begann, vorsichtig durch das Zelt zu humpeln. Ein Polizist dirigierte einen Wagen so nah wie möglich an das Zelt heran. Zwei Helfer schleppten einen Mann mit einem Schwächeanfall ins Zelt. Als sich Randberg bei ihr unterhakte, kam er ihr plötzlich unglaublich alt vor. Sie zog ihn langsam zum Ausgang. Ein Polizist hielt für sie die Zeltplane hoch. Randberg atmete tief ein, als er ins Freie trat.

»Warten Sie einen Moment«, bat er freundlich. Er stockte und ließ seinen Blick durch den Zielbereich schweifen. Läufer rannten über die Zielgerade, Helfer nahmen Athleten in Empfang und dirigierten sie durch den Zielbereich, Fotografen suchten nach Motiven. Es waren immer noch die Spitzenläufer, die ins Ziel kamen. Überschwänglich wurde von dem plappernden Moderator ein Triathlet begrüßt, der vor dem Marathon schon die Strecke mit Rollschuhen hinter sich gebracht hatte. Er sah aus, als könnte er noch eine weitere Runde dranhängen. Randberg schien etwas oder jemanden zu suchen. Er sah zu dem Platz, an dem er gestanden hatte, schaute zur Tribüne hinüber und in die dichten Zuschauerreihen. Er schüttelte den Kopf, und wieder glaubte Remmer, ein schwaches Lächeln zu erkennen. Randberg ließ sich weiterziehen.

Bis zum Auto waren es mühsame hundert Meter. Der bestellte Streifenwagen stand in der Auffahrt zur runden, einst so prächtigen Eingangshalle des Deutzer Bahnhofs. Sie schleppte Randberg die Rampe hoch, öffnete die Wagentür und setzte sich neben ihn auf den Rücksitz.

»Warten Sie«, sagte sie zu dem jungen Fahrer, als er den Wagen anlassen wollte. Wieder hatte sie das Gefühl, etwas übersehen zu haben und vielleicht einen Fehler gemacht zu haben, als sich Gröber über Funk meldete.

»Ich muss mit Remmer sprechen«, blökte ihr Kollege aus dem scheppernden Lautsprecher.

»Was willst du?«, fragte sie, nachdem ihr der Polizist das Funkgerät gegeben hatte. »Bist du wieder fit?«

»Keine Zeit für Witze. Dieser Gassmann ist ein Spinner. Er hat zugegeben, auf dem Friedhof dabei gewesen zu sein.«

Randberg konnte jedes Wort mithören.

»Sie sei einen Zentimeter von der Wahrhaftigkeit entfernt gewesen, hat er gesagt. Sie habe sich geopfert. Völlig durchgeknallt, der Typ. Aber im Gegensatz zu mir topfit.«

Remmer unterbrach ihn nicht. Während Gröber sprach, erinnerte sie sich an das schwache Lächeln Randbergs, als sie ihm angeboten hatte, ihn nach Hause zu fahren, sah ihn die Zuschauerreihen absuchen, hörte die Worte, die er an seine Frau gerichtet hatte. »Es ist vorbei. Ich werde dir alles erklären können.«

»Er hat von dieser Randy geschwärmt. Er habe sie gemocht und so. In der besagten Nacht seien sie zu Tieren geworden. Sie hätten diese Randy verbluten lassen.«

Lisas Vater hörte regungslos zu, während es in Remmers Kopf rotierte.

»Einfach so wäre sie verblutet, hat er gesagt.«

Remmer lief es heiß und kalt über den Rücken. Sie sprang aus dem Auto und rief die Polizisten zurück. »Hören Sie, stellen Sie sich auf die Strecke. So weit wie möglich vom Ziel entfernt. Lassen Sie sich den Läufer mit der Startnummer 5419 beschreiben. Und wenn er kommt, nehmen Sie ihn unter irgendeinem Vorwand fest. Er darf nicht ins Ziel laufen, verstehen Sie? Ich schätze«, sie schaute auf ihre Armbanduhr, »dass er in etwa einer Dreiviertelstunde hier sein wird. Das müsste zu schaffen sein.«

Sie sprang zurück ins Auto und sah Randberg mit scharfem Blick an, während sie zum Funkgerät griff.

»Gröber? Kannst du wieder laufen, ihm den Weg abschneiden?«

»Was willst du?«, brüllte ihr fassungsloser Kollege zurück.

»Die Strecke führt zurück in die Stadt. Schlag dich zur Deutzer Brücke durch, da warten zwei Kollegen, und dann holt ihr Gassmann von der Strecke.«

Gröber antwortete nicht. Doch viel interessanter fand sie, was mit Randberg vor sich ging. Plötzlich war wieder viel Kraft in diesem Mann zu spüren. Er zuckte nervös hin und her. Er machte Anstalten, aus dem Auto zu steigen.

»Was haben Sie bezahlt? Und wo steht er?«, brüllte sie ihn an.

*

»Der menschliche Blutkreislauf ist ein Wunderwerk aus kilometerlangen Röhren, ein Netz von Adern für eine gigantische Blutrotation.« Gassmann erinnerte sich an ein Lehrbuch, das ihm mal in die Hände gefallen war. »Ist der Mensch am Leben, kreisen Tag für Tag etwa siebentausend Liter Blut durch seinen Körper. Wird das Netz an einigen Punkten mit sauberen Schnitten durchtrennt, endet der Kreislauf. Dann werden aus siebentausend Litern plötzlich fünf.«

Der Säbel hatte solch saubere Schnitte gemacht. Wie bei einem geplatzten Schlauch war die Flüssigkeit ausgetreten. Ein paar Sekunden spritzte Randys Blut aus ihren ausgestreckten Armen, bevor der Druck nachließ und es wie rote Farbe über ihren weißen Körper lief. Er hatte geglaubt, dass die Erde unter ihm bebte. Sie ließen Blut in *seinem* Namen fließen. Viel zu viel Blut. Niemand von ihnen war noch in der Lage, einen klaren Gedanken in diesem Rausch zu fassen, in den sie sich hineingesteigert hatten.

Schließlich war Höllerbach einfach umgefallen, trunken und kraftlos zusammengebrochen. Damit verlor Randy ihre Stütze. Wahrscheinlich hatte sie sich schon seit Minuten nicht mehr allein halten können. Keiner hatte gemerkt, dass aus ihrem Schreien zunächst ein Wimmern und dann Schweigen geworden war. Jetzt lag sie in ihrem Blut, die Gliedmaßen völlig unnatürlich abgeknickt. Aus der erhabenen Größe, die sie eben noch ausgestrahlt hatte, war ein kümmerliches Häufchen Elend geworden. Langsam waren sie verstummt, hatten sich mit glasigen betrunkenen Augen angesehen. Vosskamp übergab sich, kotzte in den eigenen Schoß, weil er keine Kraft mehr hatte, sich wegzudrehen. Als er fertig war, wurde es totenstill auf dem Friedhof. Kein Windhauch war mehr zu hören und zu spüren. Nur das Holz im fast abgebrannten Feuer knackte leise.

Gassmanns Puls schlug gleichmäßig, als er zurück auf den Sachsenring einbog. Schlag für Schlag, Schritt für Schritt, schob sich im Gleichmaß der Strom aus Zellen und Blutplasma durch die Adern und versorgte seine Organe optimal mit Sauerstoff und Nährstoffen. Es war enorm wichtig, weiter ökonomisch zu laufen und nicht der Versuchung zu erliegen, das Letzte aus sich herauszuholen. Beine und Rücken begannen, das Ziel herbeizusehnen, in seinen Hüften machte sich ein diffuser Schmerz bemerkbar. Technik war jetzt alles, Maß zu halten das einzige Erfolgsrezept. Die Atemarbeit wurde anstrengender. Links und rechts konnte er wie bei jedem Marathon Mitläufer sehen, die für ihre Fehler bestraft wurden und sich nun regelrecht quälten, um den Rest der Strecke zu schaffen. Nur noch er war wichtig. Nur noch fünfeinhalb Kilometer, dann würde es vorbei sein. Noch einmal durchs Severinstor, parallel zur alten Römerstraße zum Dom, noch einmal die beiden Türme der großen Kathedrale sehen, bevor es über die Deutzer Brücke ins Ziel ging.

✳

Randberg blieb stumm. Er hatte seinen Kopf in den Nacken gelegt und starrte an die Wagendecke. Remmer konnte nicht einschätzen, wie viel Kraft in diesem verletzten Mann tatsächlich noch steckte. Was würde er tun, wenn sie ihn nicht daran hindern würde, aus dem Wagen zu steigen?

»Warum haben Sie da im Ziel gestanden? Wollten Sie zuschauen, wenn Gassmann ins Ziel läuft? Was sollte da passieren?«

Randbergs Unterlippe zitterte. Seine Hand lag auf dem Türgriff. Er schien wütend. Ein Fluchtversuch hätte Remmer gepasst. Sie hätte ihn härter anpacken können.

»Haben Sie jemanden engagiert, der die Drecksarbeit für Sie machen soll?«

Remmer packte ihn fest am verletzten Arm und drückte zu. Randberg ließ sich keinen Schmerz anmerken.

»Wo ist der Mann, der das für Sie machen soll? Was haben Sie ihm bezahlt?«, brüllte sie. Der junge Polizist auf dem Fahrersitz sah sie fragend an, während Randberg weiter an die Decke sah.

»Holen Sie Verstärkung!«, gab sie ratlos Anweisungen. »Sagen Sie, dass da irgendwo unser dreifacher Mörder im Zielbereich herumsteht, um sein viertes Opfer umzulegen. Wir müssen das hier irgendwie absperren, uns unter die Leute mischen. Keine Ahnung. Fragen Sie nach Chrischilles. Die wird das organisieren.«

Der Polizist nahm seine Mütze und verließ ohne ein weiteres Wort den Wagen. Draußen begann er, in sein Funkgerät zu sprechen. Remmer lockerte ihren Griff. So kam sie nicht weiter. Sie versuchte, sich zu beruhigen.

»Ich werde jetzt Ihre Frau anrufen und ihr erzählen, was Sie in den letzten Tagen so gemacht haben, Herr Randberg. Vielleicht möchten Sie dann auch noch einmal mit ihr sprechen?«

Sie zog ihr Handy aus der Jackentasche und drückte auf die Wiederwahltaste. Es ertönte ein Besetztzeichen.

»Sie wird nicht ewig telefonieren«, murmelte sie.

Sie musste an die Luft. Wütend kletterte sie aus dem Auto und knallte die Wagentür zu. Für eine Kopfschmerztablette hätte sie viel Geld bezahlt. Auch die Füße taten ihr weh.

*

Sehr bewusst nahm er nun die applaudierende Masse am Streckenrand wahr. Er sah lächelnde Gesichter, Menschen, die ihm Worte zuriefen, anerkennendes Nicken. Ja, er spürte den Respekt, der ihm hier entgegengebracht wurde. Applaus für Ingo Gassmann, der Großes vollbracht, Dinge gerade gerückt, nicht nur geredet, sondern angepackt hatte. Die Mitläufer waren für ihre Fehler bestraft worden. Von ihm.

Er hatte viel zu lange gebraucht, um sein verpfuschtes Leben in Ordnung zu bringen, mit dem Weglaufen aufzuhören und doch alles Profane hinter sich lassen zu können. Er war Sinnlosem hinterhergerannt, und es hatte gedauert, bis ihm das klar geworden war. Der Part, den er in diesem großen Schauspiel übernommen hatte, war ohne Bedeutung. Er war in seinem Büro genau wie im Bett mit seiner Frau ersetzbar. Dieser permanente Drang, immer fit und bereit zu sein, alles zu wissen und zu können, immer eine Antwort zu haben, auch wenn man keine wusste.

Es war jetzt anderthalb Jahre her, dass er das erste Mal im Bett versagt hatte. Er konnte sich genau an den Tag erinnern, an jedes einzelne Wort, mit dem sie ihn zu trösten und aufzumuntern vorgegeben hatte. Dabei war gar nichts Schlimmes passiert. Er war einfach nur mit den Gedanken ganz woanders gewesen. Bei wichtigeren Dingen.

Er hatte gefühlt, wie ihm die Zeit wegrannte. Seine Zeit. Während seine Frau auf ihn einredete, spürte er die Angst vor dem Tod. Er war aufgestanden, hatte sich angezogen und das Haus verlassen. Das hatte er nicht zum ersten Mal gemacht, doch diesmal hatte seine Ruhelosigkeit ein Ziel. Als die Sonne aufging, stand er vor dem großen Eingangstor des Melaten-Friedhofs. Er wartete, bis ein Friedhofswärter das Tor aufschloss. Zunächst hatte er den Mann nicht bemerkt, der mit ihm zusammen als Erster den Friedhof betrat. Später erfuhr er, dass der Mann jeden Tag hierher kam. Immer zur gleichen Zeit. Das Schicksal ließ ihn ein zweites Mal mit Randys Vater zusammentreffen – diesmal an ihrem Grab. Als sich ihre Blicke vor ihrem Grabstein trafen, änderte sich sein Leben.

Er hatte Höllerbach, Vosskamp und Leuschen gesucht, sie in ihrer kleinen Scheinwelt beobachtet, während seine Verachtung immer größer wurde. Schließlich hatte er Leuschen angesprochen, um mit ihm zu reden und mit ihm gemeinsam hinter die Fassade zu schauen, die sich sein Freund aus alten Tagen aufgebaut hatte. Nur wenige Worte genügten, um festzustellen, dass diese Fassade für Leuschen längst kein Hilfsmittel mehr war. Er hatte alles Vergangene verdrängt und verbannt. Zweifel waren unerwünscht. Leuschen hatte ihn angebrüllt, er solle verschwinden. Er wolle nichts mit ihm zu tun haben. Klaus Leuschen hatte Randy damals in der mitgebrachten Decke verschnürt. Nur er war noch in der Lage gewesen, ein Auto zu bewegen. Nachdem sie das Mädchen in den Rhein geworfen hatten, war er der Einzige, der zurück zum Friedhof ging, um dort Spuren zu verwischen. »Hast du alles vergessen?«, hatte Gassmann zurückgebrüllt, als ihm Leuschen die Tür vor der Nase zugeknallt hatte. Noch nicht einmal ins Haus hatte er ihn gelassen.

Er hatte nicht gewusst, was er machen sollte. Die Wut war immer größer geworden. Und mit der Wut wuchs der Hass. Man konnte die Dinge nicht einfach herunterschlucken. Doch er hatte nicht gewusst, wohin mit seinem Zorn, den er loswerden musste, um endlich Ruhe zu finden.

Nachdem er Randberg getroffen hatte, war alles einfacher geworden. Als er diesem traurigen Mann, dessen Leben sie genauso zerstört hatten wie das seiner Tochter, in die Augen gesehen hatte, wusste er, dass es nicht zu spät war, für die Tat die Verantwortung zu übernehmen. Verjährung kennt nur das Strafgesetz. Das Leben kennt keine Verjährung.

Vorm »Früh im Veedel« prostete man ihm zu. Ein kleiner Junge im Trikot der italienischen Nationalmannschaft lief ein paar Meter neben ihm her. Ingo Gassmann lächelte. Zum ersten Mal hatte er Spaß am Publikum. Der Junge bot ihm die Hand und Gassmann schlug ein.

»Viel Spaß noch. Du schaffst es!«, rief der Kleine ihm nach.

»Ja!«, antwortete er. »Natürlich schaffe ich das. Die letzten Meter sind ein Kinderspiel.«

*

Gröber drückte sich an die Absperrung, um die Läufer passieren zu lassen. Ihm gegenüber standen zwei Polizisten, jederzeit bereit, auf die Straße zu stürzen und einen Mann mit rotem Trikot und Startnummer 5419 abzufangen und von der Strecke zu ziehen. Gröber malte sich aus, welchen Tumult die Aktion bei den johlenden Zuschauern hinter der Absperrung auslösen würde, aber diesmal würde er nicht lange fackeln. Keinen Meter wollte er mehr laufen. Erst die blödsinnige Rennerei neben einem durchtrainierten Marathonläufer, dann die Hetzerei durch die gesperrte Innenstadt, um hierhin zu gelangen. So viel hatte er sich seit seinem letzten Fußballspiel mit der Polizeimannschaft nicht bewegt. Und das war sicher drei Jahre her. Man hatte ihm zu verstehen gegeben, dass seine Position von jüngeren Kollegen effektiver besetzt werden könnte und seine jahrelange Treue zum Polizeisport nicht mehr als Argument für einen Stammplatz ausreichen würde. So wurde man ausgemustert. Mit sechsunddreißig Jahren zum alten Eisen.

Selber schuld, dachte er. Hätte ja so blöd trainieren können wie die Penner hier.

Die Läufer, die an ihm vorbeizogen, gehörten nicht zu denen, die sich ins Ziel schleppen mussten. Die peinlichen Gestalten für den Lumpensammler am Schluss des Zuges waren Stunden von diesen Hobby-Athleten entfernt, die hier die natürlichen Grenzen menschlicher Fortbewegung überwanden. Die meisten von ihnen sahen dabei ausgesprochen glücklich aus. Bis zum Ziel war es nicht mehr weit. Das sorgte für zufriedene Gesichter.

Gröber hatte noch einmal versucht, mit dem Funkgerät oder dem Handy Kontakt zu Remmer aufzunehmen, doch die hatte keinerlei Interesse an weiteren Besprechungen. Die Anweisung war klar: Ingo Gassmann durfte nicht ins Ziel.

Er versuchte sich vorzustellen, was passieren könnte, wenn ihnen das nicht gelingen würde. Eine unwahrscheinliche Variante, schließlich waren sie zu dritt, das Läuferfeld hatte sich völlig entzerrt, die Strecke war nicht zu breit. Mal angenommen, er käme durch, dachte er. Wie sollte der vierte Mord, wenn es denn überhaupt einen hier geben sollte, über die Bühne gehen? Ein verrückter Messerstecher? Ein Unbekannter?«

Gröber winkte einen der beiden Polizisten auf seine Seite herüber.

»Ich gehe ein Stück Richtung Ziel. Nur zur Sicherheit.«

Der Polizist nickte.

Hatten sie etwas übersehen? Was war mit dem Mädchen auf Mallorca? Was war mit diesem Gollembeck, der sich im Polizeigewahrsam über sie lustig gemacht hatte, bevor sie ihn wieder freilassen mussten? Der Haftrichter hatte keinen Grund gesehen, Untersuchungshaft anzuordnen. Zu schwach waren ihre Argumente gewesen. Die Aneinanderreihung von Zitaten, mit denen sie der verlotterte Mann in seinem dreckigen Wohnzimmer bombardiert hatte und die sie vor dem Richter wiedergegeben hatten, waren dem Richter zu wenig.

Gods and dogs. Herren und Sklaven. Was für ein Unsinn, schoss es Gröber durch den Kopf, während er die Brückenrampe weiter hinunterging. Er schaute zum Lufthansa-Hochhaus herauf, das einen langen Schatten über die gesperrte Straße warf. Sie seien zu Recht gestorben, hatte Gollembeck gesagt. Der Tod als verdiente Strafe.

Jetzt konnte Gröber etwa hundert Meter vor sich das große Tor sehen, das das Ziel des Marathons markierte. Der Lärm, den die Zuschauer hier machten, war ohrenbetäubend.

Der Mensch hat das Recht, nach seinen eigenen Gesetzen zu leben. Das schloss das Recht mit ein, zu sterben, wann und wie er will. Hat er auch das Recht zu töten?

Gröber versuchte in der Menschenmenge einzelne Gesichter zu fixieren, ein Gesicht zu finden, das zu einem Menschen passen könnte, der plötzlich auf die Strecke stürmen und einem Mann ein Messer in den Leib rammen könnte. Er suchte nach Gollembecks verlebtem Gesicht, nach Randbergs Augen, nach irgendjemandem, der hier nicht hingehörte.

»Wenn es passiert, passiert es im Ziel«, sprach er laut vor sich hin. Hier konnte ihn ohnehin niemand hören. Er hatte längst die beiden Polizisten aus den Augen verloren, denen er beim Abfangen von Gassmann helfen sollte. Stattdessen steuerte er mit schnelleren Schritten auf das Ziel zu. Er achtete nicht mehr darauf, ob er die Läufer behinderte. Er irrte über die Zielgerade und suchte mit scharfem Blick die Tribünenränge und Zuschauerreihen ab.

*

Zwei Welten, zwei Sprachen. Wie kam es, dass ihn niemand verstehen wollte? Kinder leben oft in zwei Welten. Kinderabenteuerjahre. Dann können sie sogar mit sich selbst sprechen. Interviews führen gewissermaßen. Er hatte sich früher vorgestellt, ein Rockstar zu sein. Er hatte Plattencover gemalt und seine Lieblingssongs hinten draufgeschrieben, die damit zu seinen eigenen Kompositionen wurden. Dann war er in Fernsehstudios erschienen, um die Fragen zu beantworten, die er sich für sich ausgedacht hatte.

»Was haben Sie noch vor? Was sind Ihre Ziele? Was sagen Sie zur deutschen Außenpolitik? Sind alle Kinder so wie Sie?«

»Nein, ich glaube nicht. Ich bin vielleicht ein bisschen anders.«

So lebte das Kind in einer wunderbaren, ausgedachten zweiten Welt, zu der niemand Kontakt hatte außer ihm selbst. Es wäre ein großer Irrtum zu glauben, dass diese Phantasiewelt nichts mit der realen Welt zu tun hätte. Tatsächlich waren sie so nah beieinander wie die Welt der Lebenden und die der Toten. Die Toten, sagt man, benutzen zwar dieselben Wörter wie die Lebenden, doch haben ihre Worte in ihrer Welt die genau entgegengesetzte Bedeutung. Das beweisen zu können, würde ihm gefallen.

Als er Vosskamp tötete, hatte er versucht, in seinen Augen einen Blick ins Jenseits werfen zu können. Er hatte ihm die Lider aufgehalten, weil er glaubte, so verhindern zu können, dass sich die Pupillen wegdrehen.

Wie ist es zu sterben? Ein Gefühl? Was ist mit dem Schmerz? Irgendwann muss er verschwinden, abrupt oder ganz langsam? Kann man das Sterben fühlen, weiß man um den letzten Atemzug? Denkt man: So das war's, auf Wiedersehen? Abschiedsschmerzentzug? Man erzählt sich davon, dass angeblich noch einmal die Bilder des Lebens blitzartig an einem vorbeiziehen. Passiert das vorwärts oder rückwärts? Sieht man Dinge, die man noch nie gesehen hat, weil sie in der Kindheit spielen oder weil man ihnen damals, als sie passierten, keine Beachtung geschenkt hat? Und was sieht man, wenn man wieder im Geburtskanal angekommen ist? Er wollte es herausbekommen.

*

Kusnezow sah durch sein Zielfernrohr erneut Dinge, mit denen er wenig anfangen konnte. Nach dem Zwischenfall mit dieser Frau, die zuerst überwältigt worden war, bevor sie dann später selbst einen Mann in Handschellen abgeführt hatte, sah er nun einen Mann ohne Laufkleidung hektisch über die Strecke torkeln. Er wirkte wie ein Betrunkener oder ein Orientierungsloser, der nicht mehr wusste, wo er war. Hin und wieder machte der Mann eine Pause, klammerte sich an den Absperrungen fest und starrte ins Publikum. Dann rannte er auf die andere Seite, stolperte über die Füße der Läufer, von denen sich einige wild gestikulierend zu beschweren schienen. Warum holte keiner den Mann von der Strecke?

Als schließlich doch zwei Ordner den Weg zu ihm gefunden hatten, schleppten sie ihn nicht etwa weg. Sie ließen ihn nach einem kurzen Gespräch wieder in Ruhe.

Jetzt hatte er den Kopf des Mannes genau im Fadenkreuz. Kusnezow fühlte sich sicher. Im Zweifel würde er sich den Weg frei schießen. Das war nicht seine Art, aber dieser Auftrag hier drohte ein bisschen schwieriger zu werden, als er ihn sich vorgestellt hatte. Zu viele Menschen wollten gleichzeitig ins Ziel. Einige lieferten sich einfach so zum Spaß noch mal ein kleines Laufduell, andere jubelten in die Menge, hüpften herum, während wieder andere auf den letzten Metern noch mal ihren Nachbarn zur Seite schubsten. Er musste ihn früh genug sehen, um ihm mit dem Zielfernrohr bis ins Ziel zu folgen.

Erst dann durfte er schießen, keinesfalls vorher, bestenfalls genau in dem Moment, wo er unter dem Tor durchlief. Es konnte sich nur noch um wenige Minuten handeln. Er hatte in Tschetschenien gelernt, wie sich absolute Konzentration über Stunden aufrechterhalten ließ, während sein Körper völlig entspannt blieb. Nichts war schlimmer als ein Krampf im falschen Augenblick. Jede Bewegung konnte tödlich sein. Jede Ablenkung konnte dazu führen, dass er genau den Moment verpasste, auf den er seit Stunden gewartet hatte.

Das war hier nicht nötig, weil er einen exakten Zeitrahmen von wenigen Minuten hatte, in dem ihm seine Zielperson vor den Gewehrlauf kommen würde. Dafür musste er sie auf große Distanz aus einer Menge herausschießen.

Bevor er das Gewehr wieder in Position brachte, um sein Opfer durch das Zielfernrohr möglichst früh entdecken zu können, nahm er noch einmal den Kopf dieses Irren auf der Zielgeraden ins Visier. Diese neueste Hightechzieloptik war von exzellenter Qualität. Man konnte fast die Gesichtszüge der Zielpersonen erkennen. Der Kopf des Mannes drehte sich, sein Blick wanderte über die Tribünen die Fassade des Hauses hoch, auf dessen Dach er lag, bis er ihm schließlich in die Augen zu sehen schien. Das war natürlich Unsinn und kaum möglich, zu weit war dieser Mann von ihm entfernt, und trotzdem erschrak Kusnezow.

Er hatte eine Situation in Tschetschenien erlebt, wo er mehrere Stunden die zerschossenen Fenster eines Hauses abgesucht hatte. Immer wieder und wieder, bis er plötzlich in den Gewehrlauf eines Rebellen gestarrt hatte. Damals hatte er nicht den Bruchteil einer Sekunde gezögert und abgedrückt, was ihm wahrscheinlich das Leben gerettet hatte. Ein Scharfschütze im Krieg durfte nicht nachdenken. Jeder Gedanke konnte tödlich sein. Doch hier war er nicht im Krieg. Der Verstand hinderte ihn, abzudrücken. Und während er sich genauso blitzschnell wieder beruhigte, wie ihm zuvor für einen Augenblick das Adrenalin durch den Körper geschossen war, wandte sich der Mann auf der Strecke wieder von ihm ab, um weiter Richtung Ziel zu gehen.

*

Ein letzter Gruß, ein letzter Blick zum Abschied. Die dunklen Domtürme mahnten ihn zur Selbstdisziplin. Er merkte, wie sich sein Pulsschlag beschleunigte. Unter normalen Umständen hätte er nun sein Tempo drosseln müssen, um unnötige Qualen zu vermeiden, doch diesmal sollten sie dazugehören. Ausstandsfeierlichkeiten. Er wollte den schnellsten Marathon seines Lebens laufen. Ein Blick auf die Stoppuhr am Arm bestätigte ihm, dass ihn nur noch ein unvorhergesehenes Unglück daran hindern konnte. Er überlegte nicht lange, als ihm die grölende Horde junger Männer ein Kölsch im Plastikbecher anbot, während er an ihr vorbeilief. So etwas hatte er noch nie getan, doch diesmal musste auf das Leben und die Welt angestoßen werden. Die Männer tobten, als er sich den Becher schnappte. So kurz vor dem Ziel hatte das offenbar vor ihm noch keiner getan.

»Ein Mann, der weiß, was gut ist!«, rief ihm einer aus der Gruppe unter Applaus zu. Er prostete zurück und trank das lauwarme Bier in einem Zug.

»Auf das Leben und die Welt!«, rief er. »Das sinnlose Leben und die ignorante Welt!« Niemand konnte ihn hören, so laut war hier in der Altstadt das Publikum. Aus einem Lautsprecher auf einer Fensterbank dröhnte hämmernde Technomusik. Das elektronische Gestampfe trieb ihn über den Alter Markt.

»Nichts verstanden habt ihr«, brüllte er der tauben Menge zu. »Geht nach Hause!« Die Leute waren süchtig nach Spaß. Alle. Kurzweilige Belanglosigkeiten als Sinn des Lebens. Bum, bum, bum. Musik aus der Retorte als Soundtrack für den alltäglichen Stumpfsinn. Leben aus der Konserve, alles portionsgerecht für alle Anlässe vorbereitet. Saufen und fernsehen, dazwischen viel essen und gelegentlich ein paar Körperflüssigkeiten austauschen.

»Das wird immer so weitergehen bis zum großen Knall. Bis euch eure Retorten-Welt um die Ohren fliegt.« Er würde mit einem guten Gewissen gehen. »Lauf, mein Freund, nur noch dreieinhalb Kilometer.«

Er riss sich die Startnummer vom Leib und warf sie einer jubelnden jungen Frau am Wegesrand zu. Ein paar Jungs riefen »Ausziehen, ausziehen«. Den Gefallen wollte er ihnen gern tun.

Er zog sich sein langarmiges rotes Shirt über den Kopf und warf es in die jubelnde Menge. Darunter trug er ein grünes ärmelloses Hemd. Aus seiner Hosentasche kramte er ein rotes Stirnband, das er sich während des Laufens über den Kopf zog.

*

Gröber rannte, so schnell er konnte. »Eine Strafe für die Verräter«, »eigene Gesetze«, »ein Gericht« – Gedankenfetzen schossen ihm durchs Hirn. Als er die Zuschauerreihen abgegangen war, war ihm immer klarer geworden, wonach er suchen musste. »Erst fällt ein Urteil, dann folgt die Strafe. Bin ich der Richter, brauche ich einen Henker …«

Sein Blick war langsam über die Tribüne gestreift, Kopf für Kopf der letzten Reihe, Augenpaar für Augenpaar.

Henker ist ein Beruf. Ein Profikiller will nicht erkannt werden. Kein Messerstecher, der in der ersten Zuschauerreihe steht, sondern einer im Hinterhalt. Die letzte Zeitmessung. Auf die Sekunde, auf den Millimeter. Er sah jubelnde, fröhliche Gesichter, die neugierig die Hälse reckten. Dann sah er den Bürokomplex, der den neuen Turm einfasste. Blinde geschlossene Scheiben, Stockwerk für Stockwerk. Wenn Gassmann hier stirbt, muss er genau im Ziel sterben, sonst ergeben die blutigen Zahlen keinen Sinn. Wer kann sich so etwas ausdenken? Sein Blick war am Dach angelangt. Zu weit, hatte er genau in dem Moment gedacht, als das Sonnenlicht auf einem kleinen Punkt über dem Dachsims reflektierte. Er hatte die Augen zusammengekniffen.

Irgendetwas unter dem Punkt, in dem sich für einen winzigen Augenblick die Sonne gespiegelt hatte, hatte einen winzigen Schatten auf die Hauswand geschlagen. Ein Stock, eine Antenne, nein, ein Gewehrlauf. Ihm war der Schreck durch alle Glieder gefahren. Keine falsche Bewegung. Er war langsam weitergegangen. Kurz hinter dem Ziel hatte er sich durch die Absperrung gedrückt und den Schutz der abgestellten Reportagewagen der Fernsehteams genutzt. Als er sich sicher war, vom Dach aus nicht mehr beobachtet zu werden, war er losgerannt.

Mit der einen Hand versuchte er sein Funkgerät zu bedienen, um Kontakt mit der Leitstelle aufzunehmen. Mit der anderen Hand drückte er immer wieder auf die Wiederwahltaste seines Handys, um Remmer direkt zu erreichen. Ohne Erfolg. Bei Remmer war dauerbesetzt, die Verbindung zur Leitstelle hier hinter den Wagen voller Übertragungstechnik nicht möglich. Er stürmte zum Eingang des Gebäudes.

Er trommelte mit beiden Fäusten gegen die große gläserne Eingangstür. »Die müssen doch einen Wachdienst oder einen Pförtner haben, der hier auch sonntags aufpasst!« Er trat gegen die dicken Scheiben der Tür. Wenige Meter neben ihm begann der Bereich der Baustelle für den neuen Hochhausturm. Hinter der Absperrung entdeckte er eine liegen gelassene Schaufel. Er überlegte nicht lange, stürmte zu der Baustellenabsperrung und riss sie aus ihren Betonfüßen. Mit der Schaufel rannte er zurück zur Tür und schlug mit aller Kraft zu. Zunächst sprang das Glas, ohne jedoch nachzugeben. Dann, nach vier weiteren kräftigen Schlägen, zerfiel die komplette Tür in Tausende Glasscherben. Er hörte nicht die Leute, die mittlerweile lautstark nach der Polizei riefen. Auch die Alarmanlage im Haus, die begonnen hatte zu heulen, ignorierte er. Gröber lief durch den großen Flur des Hauses, verlor keine Zeit über den Ärger, dass alle Aufzüge abgestellt waren, und hetzte das Treppenhaus hoch. Während er mindestens drei Stufen auf einmal nahm, versuchte er erneut Funkkontakt herzustellen. Diesmal funktionierte die Technik, doch die Jungs in der Leitstelle verstanden ihn trotzdem nicht, so sehr schnaufte er in das Gerät.

Er hatte keine Zeit für lange Erklärungen und brüllte schließlich nur: »Sorgt dafür, dass Remmer die Leitung von ihrem Scheiß-Handy frei macht, verdammt!«

*

Endlich hatte Remmer bei dem Versuch, Randbergs Frau zu erreichen, Glück. Sie hielt ihm das Handy vors Gesicht, damit er das Freizeichen hören konnte. Randberg rutschte auf dem Sitz hin und her. Das einzige Mittel, das ihr eingefallen war, um Randberg unter Druck zu setzen, schien Erfolg zu haben.

»Warten Sie!«, bat er sie. »Bitte.«

»Ich habe keine Lust mehr auf ihr ›bitte, bitte‹, Herr Randberg. Sagen Sie mir, was hier los ist.«

Als sich Randbergs Frau meldete, holte er tief Luft. Remmer wartete und sah ihn fordernd an.

»Ich habe ihn besucht.«

»Wen?«, fragte Remmer. Man konnte Randbergs Frau ins Telefon rufen hören.

»Ingo Gassmann. Ich war bei ihm, nachdem wir uns durch Zufall am Grab meiner Tochter getroffen haben. Er war sehr traurig und wütend.«

Obwohl sich Randberg viel Zeit ließ und wieder zögerte weiterzuerzählen, drückte Remmer das Gespräch am Handy weg, das daraufhin sofort anfing zu summen. Sie erkannte Gröbers Nummer auf dem Display, ließ seinen Anruf jedoch unbeantwortet. Sie wollte sich nicht unterbrechen lassen.

»Hören Sie, Randberg. Über Motive, Begegnungen und Gefühle können wir später reden. Ich möchte von Ihnen erst einmal nur wissen, wo der Mann steht, den Sie engagiert haben, um Gassmann zu töten. Auch die spannende Frage, warum er überhaupt hier sterben soll, vertagen wir. Sie sagen mir jetzt, wo meine Kollegen den Mörder finden.«

Randberg sah sie fragend an. Remmer fühlte, dass er Zeit schinden wollte. Weil ihr Handy nicht aufhörte zu brummen, leitete sie Gröbers Anruf auf die Mailbox um.

»Habe ich mich klar ausgerückt? Wo ist er?«

»Ich weiß es nicht. Ich weiß noch nicht einmal, ob es überhaupt jemanden gibt, der auf Gassmann wartet.«

»Aber Sie haben doch gewartet.«

»Er hat gesagt, ich soll da sein.«

Wieder meldete sich ihr Handy. Sie schaute auf die Uhr. Eigentlich war es noch zu früh für Gassmanns Zieleinlauf. Sie versuchte sich weiter auf Randberg zu konzentrieren.

»Wer hat gesagt, Sie sollen da sein?«

Sie musste das Gespräch annehmen. Gröber schien nicht aufgeben zu wollen.

»Warte, Gröber. Bleib dran, dann kannst du hören, was uns der gute Herr Randberg zu erzählen hat«, sagte sie ungehalten, nachdem sie dem Signalton des Handys nachgegeben hatte. Doch Gröber wollte nicht warten. Stattdessen fluchte er unverständliches Zeug.

»Gassmann. Er hat gesagt, kommen Sie zum Ziel«, flüsterte Randberg.

»Verdammt, Gröber. Halt einen Moment das Maul!«, rief sie ins Handy und wandte sich wieder Randberg zu.

»Aber warum sollten Sie zum Ziel kommen?«

In Remmers Kopf rotierte es, während ihr Kollege nicht nachließ.

»Er hat alle seine Ankündigungen eingehalten«, fuhr Randberg fort. »Keine leeren Versprechungen mehr, hat er gesagt. Und so war es auch.«

»Ich habe ihn, verdammt, Remmer«, schepperte es durch das Handy.

»Ich wusste immer, an welchem Ort er zu welcher Zeit war«, fuhr Randberg fort. »Er hat mir zugesagt, dass ich dabei sein kann, wenn die Mörder meiner Tochter bestraft werden. Er hat mir auch versprochen, dass die Polizei endlich anfängt zu arbeiten und den Fall neu aufrollen wird. Doch verlassen sollte ich mich nur auf ihn. Ich hab's mir angesehen in Vosskamps Wohnung und vor Leuschens Haus. Er hat immer Wort gehalten.«

»Ingo Gassmann ist der Mörder?«

»Er liegt auf dem Dach«, schnaufte Gröber, dem man anhörte, dass er an der Grenze seiner Leistungsfähigkeit angekommen war.

*

Der Himmel war klar, fast tiefblau. Wer hätte das gestern gedacht? Er saugte die Luft über dem Fluss in seine Lungen. Lebenselexier. Er konnte jede Faser seines Körpers spüren. Seine Füße stampften über den Asphalt der Deutzer Brücke. Eine letzte Kraftanstrengung bis zum Scheitel der Rheinbrücke. Danach würde das Gefälle die Läufer regelrecht ins Ziel gleiten lassen. Gassmann fühlte sich jetzt schon federleicht. Geradezu euphorisch nahm er den letzten Kilometer.

»Der Krieg ist aus. Heraus aus den Schützengräben. Hallo, mein Feind!«, grüßte er in die Menge.

Zeit für den Frieden. Endlich Ruhe, endlich ankommen. Und was kommt dann? Tod, Leben, totes Leben? Es war ihm egal. Er warf einen Blick zurück auf das Rheinpanorama, diese künstlich gezimmerte Idylle, nachgebautes Mittelalter, das es so wohl nie gegeben hatte. Überall Fassaden, nichts Echtes, außer dem Schweiß, der aus seinen Poren drang. Ein Frachter schob sich unter der Brücke her. Man könnte in die Tiefe springen und mit ihm ans Meer fahren, dachte er. Die letzte Chance. Aber er brauchte keine Chance mehr. Wozu auch? Was sollte er noch mit sich und seinem Leben anfangen, außer diesen Lauf zu Ende bringen? Lebenslaufende. Die letzte Zeitmessung, ein neuer Rekord, als selbst bestimmtes Ziel eines Lebens, das weitgehend aus Anpassung bestanden hatte. Nie mehr vor Unannehmlichkeiten weglaufen, sondern ein Ziel ansteuern, das alle Anstrengungen und Mühen lohnt. Endlich mit sich im Reinen sein, keine Lebenszeit mehr vergeuden, wie er es sonst getan hatte.

Erst mit den scharfen Schnitten in Vosskamps, Leuschens und Höllerbachs Haut hatte er begonnen, Verantwortung zu übernehmen. Als er die Klinge drehte, um den Blutfluss nicht enden zu lassen, hatte er das Versprechen eingelöst, das er Lisas Vater gegeben hatte. Zum ersten Mal würde er etwas Bleibendes hinterlassen, ein Fanal, eine Warnung an alle, die sich hinter ihren Fassaden eingerichtet hatten und ein sinnloses Leben führten. Und: Bald würde er wissen, wie es ist, zu sterben.

Etwa zweihundert Meter vor sich sah er die beiden Polizisten am Streckenrand stehen. Vielleicht warteten sie auf ihn. Doch das war ihm egal. Sie würden ihn nicht erwischen.

Remmer rannte die Straße hinunter, brüllte Menschen an, die ihr im Weg standen, und stürmte zurück in den Zielbereich. Um nicht wieder durch das Gedränge zu müssen, nahm sie einen kleinen Umweg in Kauf. Hinter den Tischen, auf denen sich die Medaillen für alle Teilnehmer türmten, gab es einen kleinen Durchgang.

Was für ein Wahnsinn, dachte sie. Was für ein verrückter Irrsinn.

Fast wäre einer der Tapeziertische mit Hunderten von Medaillen umgestürzt.

»Polizei! Machen Sie Platz!«, rief sie.

»Gassmann ist kein Mörder, Frau Kommissarin«, hatte Randberg gesagt, während Gröber weiter durch das Handy gebrüllt hatte. »Er steht nur für etwas gerade.«

»Indem er seine Teufels-Kumpel von damals abschlachtet?«

Randberg hatte nicht geantwortet.

»Und was ist mit ihm? Wird er auch bestraft?«

»So hat er es mir versprochen.«

Sie war aus dem Auto gestürmt und hatte damit begonnen, ihren Kollegen anzutreiben, der durch das Treppenhaus des Bürogebäudes nach oben stürzte.

Sie wusste nicht genau, wohin sie laufen sollte. Um Gröber zu folgen, war die Zeit zu knapp. Also entschied sie sich, Gassmann und mit ihm Hunderten weiteren Läufern entgegenzulaufen.

»Gröber, wie weit noch?«, schrie sie ins Handy.

»Ich habe es gleich«, keuchte er. »Aber ich weiß nicht, wie ich auf dieses Scheiß-Dach komme.«

Während sie rannte, schaute sie immer wieder zum Dach des Bürogebäudes hinauf. Zunächst sah sie ihn nicht. Kein Gewehrlauf, kein Mann auf dem Dach. Sie versuchte gleichzeitig die Läufer, die ihr entgegenkamen, im Auge zu behalten, Gassmann unter ihnen auszumachen und das Dach des Bürohauses abzusuchen. Erst als sie ihren Schritt verlangsamte und sich auf das Haus im Sonnenlicht konzentrierte, meinte sie, den Killer sehen zu können. Die Entfernung für einen gezielten Schuss war riesig, fand sie. Ohne auf die Läufer zu achten, rannte sie weiter. Ein als

Clown geschminkter Mann musste zur Seite springen. Der Läufer, der ihm dicht auf den Fersen war, konnte nicht mehr ausweichen. Sie stieß frontal mit ihm zusammen. Während sie zu Boden ging, sah sie einen Mann in einem grünen ärmellosen Hemd ohne Startnummer an sich vorbeilaufen. Sie konnte sein Gesicht nicht sehen, wohl aber diese seltsam behaarten Waden, die sie bislang erst einmal bei einem Mann gesehen hatte. Andere Läufer sprangen an ihr vorbei. Niemand wollte ihr aufhelfen, niemand ihr zuhören, als sie seinen Namen schrie.

Niemand hatte den Polizisten ein Foto des Mannes gezeigt. Sie wussten nur von einem roten Trikot und der Startnummer 5419. Jetzt würde Ingo Gassmann ungehindert ins Ziel laufen.

*

Kusnezow hatte den erneuten Tumult im Zielbereich erst jetzt bemerkt, weil er sich ausschließlich auf Gassmann konzentriert hatte. Der Mann machte es ihm leicht. Kusnezow sah, wie er sich regelrecht von einer Läufergruppe absonderte, um allein ins Ziel zu laufen und so zum Ziel auf dem Präsentierteller zu werden. Damit hatte Kusnezow nicht gerechnet. In wenigen Augenblicken würde er tot sein. Würde er seine Arme in die Höhe strecken, wenn er das Ziel durchlief? Dann würde er ihn in der Pose des Siegers erschießen. Wie der erste Marathonläufer vor zweitausendfünfhundert Jahren »Sieg, Sieg« brüllend, würde er im Ziel zusammenbrechen.

Doch dann war ihm wieder diese Frau ins Visier gelaufen. Er sah, wie die Frau mit einem Mann zusammenstieß. Im Fallen schien sie ihre Hand nach seiner Zielperson auszustrecken. In wenigen Sekunden würde sein Mann ankommen. Er behielt den Kopf des Läufers im Fadenkreuz. Noch fünfzig Meter.

*

Gröber warf sich mit der letzten Kraft, die er nach seinem Spurt über acht Etagen noch hatte, gegen die verschlossene Stahltür. So kurz vor dem Ziel durfte er nicht nachlassen. Nach einem weiteren Anlauf sprang die Tür aus dem Schloss. Der kalte Wind, der um den Rohbau des neuen Turms fegte, wehte ihm ins Gesicht. Es dauerte, bis er Orientierung fand. Er zog seine Pistole und drehte sich um. Da lag er. Gut dreißig Meter von ihm entfernt. Ein Mann mit einem großen Gewehr, den Kopf an die Waffe gepresst, bereit, jeden Moment abzudrücken. Gröber ging mit schnellem Schritt auf den Mann los, der ihn nicht sehen konnte. »Polizei. Geben Sie auf!«

Doch der Wind verhinderte offenbar, dass der Mann ihn hören konnte. Er würde dem Scharfschützen den zitternden Lauf seiner Dienstwaffe in den Nacken drücken müssen, um ihn zu überwältigen. Er konnte nicht sehen, wie Asis Kusnezow den Abzug betätigte, wie sich der Schuss aus der Präzisionswaffe löste. Es war nicht mehr als eine winzige Bewegung des rechten Zeigefingers.

*

Remmer sah, wie Gassmann die Arme in die Höhe reckte und den Kopf in den Nacken warf. Nicht wie jemand, der sich über den Einlauf ins Ziel freute, sondern wie ein Mann, der etwas Ersehntes in Empfang nehmen wollte. Remmer sprang, donnerte Gassmann beide Hände mit der Faust in den Rücken, bevor sie schmerzhaft mit dem Gesicht auf die Straße knallte. Gassmann knickte nach vorne ein, als hätte ihm einer vor beide Schienbeine getreten. Auch er stürzte zu Boden. Sie hörte Schreie. Ein Läufer trat ihr auf den Oberschenkel, während sie sich zur Seite rollte. Mit einem weiteren Satz warf sie sich auf Gassmann, griff in seine Haare und knallte seinen Kopf auf den Asphalt. Sie spürte, wie sein Körper unter ihr bebte. Blut lief ihm aus der Nase über die Wange. Die Schritte der vorbeirennenden Läufer dröhnten in ihrem Kopf. Unter ihr lag Ingo Gassmann in der Gosse. Er atmete, Ingo Gassmann lebte.

*

»Lass uns deinen Fall aufklären«, lallte der griese Rainer, während er vom Klo zurücktorkelte.

»Hier gehst du also ein und aus?«, fragte Remmer, während sie eine neue Runde Bier bestellte. »Es gibt so viele schöne Kneipen in Köln, und du sitzt in dieser Kaschämm und trinkst Kölsch mit Leuten wie diesem Rainer.«

Was sie sagte, sollte abschätzig klingen, doch Gröber war sich ganz sicher, dass es seiner Chefin in dieser Kaschämm tatsächlich ganz gut gefiel. Es gab eben Abende im Leben, wo einem nicht nach feinen Lokalen, Reibekuchen mit Lachs oder marinierten Lammscheiben oder Wein trinkenden Pathologen zumute war. Dies war ein solcher Abend, ein Abend für Kölsch, viel Kölsch und Frikadellen. Gröbers Deckel war schon zur Hälfte rund, und doch entging ihm nicht, dass seine Chefin nun endlich das Lächeln des Mannes am anderen Ende des Tresens erwiderte, der sich da, nur scheinbar in wichtige Gespräche verstrickt, seit einer Stunde bemühte, zu ihr Kontakt aufzunehmen.

»Was geschieht mit dem Russen?«, fragte Gröber.

Remmer leerte ihr Bierglas. »Keine Ahnung, wer dem irgendwas beweisen will. Er hat nichts gesagt. Keiner weiß, wie viele Leute er schon auf dem Gewissen hat.«

»Wenn er überhaupt so etwas hat wie ein Gewissen«, meinte Gröber und schob Rainer eines der frisch gezapften Biere rüber.

»Gassmann hat gestanden, dass er einen Killer engagiert hat. Monatelang hatte er diesen schwierigen Kontakt über einen Mittelsmann aufgebaut und den Geldtransfer für den Killer vorbereitet, der ihn auf der Ziellinie erschießen sollte. Da, wo es alle sehen sollten. Eine selbst angeordnete öffentliche Hinrichtung sozusagen, am Ende seines letzten Marathons. Der letzte Teil des Versprechens, das er Randberg gegeben hatte.«

»Das hatte Stil, oder? Und wir haben's vermasselt. Alles umsonst. Das Leben hat ihn wieder. Jetzt muss der selbstgerechte Richter vor einen echten Richter.«

»Ist doch eigentlich gut, wenn sich ein Mörder am Ende selbst abknallt, oder nicht?«, versuchte Rainer einen Beitrag zum Gespräch zu leisten.

»Das sehe ich anders«, antwortete Remmer. »Und?«, fragte sie unvermittelt. »Weißt du jetzt, wie du deinen vierzigsten Geburtstag feiern wirst?«

»Ja. Ich habe mir da was überlegt. Ich werde …« Er hob sein Kölschglas gegen das Licht und tat so, als wenn er das kölsche Reinheitsgebot prüfen wollte. »Ich werde ein paar nette Leute in diese Kneipe einladen und ein paar Runden spendieren.«

»Eine großartige Idee.« Remmer freute sich ehrlich. »Alles andere ist doch Unsinn.«

Sie rutschte vom Barhocker und schlenderte lässig ans andere Ende des Tresens.

»Hallo, Fremde«, wurde sie von der gut aussehenden Gestalt gegrüßt, während sie sich einen Barhocker heranzog. Der Mann war mindestens zehn Jahre jünger.

Gröber stieß mit Rainer an.

»Das Leben ist wie ein Marathon«, begann er den philosophischen Teil des Abends. »Man strengt sich an, sucht nach Grenzen, um sie zu überwinden, oder nach ein bisschen Anerkennung. Und vor allen Dingen: Es geht immer weiter.«

Helmut Frangenberg
TRÜMMER
Broschur, 208 Seiten
ISBN 3-89705-218-0

»Ein Krimi in schwarz-weiß, wie die Filme aus den fünfziger Jahren.«   Krimi-Forum.de

»Frangenberg ist mit ›Trümmer‹ ein dichter Erstlingsroman gelungen, der eine aufregende Zeit erstaunlich subtil schildert, unaufdringlich ethische Fragen zur Disposition stellt und mit erfreulicher Zurückhaltung die Geschichte einer wahren Begebenheit erfindet. ›Trümmer‹ wurde vom Syndikat in der Sparte Debutroman für den Friedrich-Glauser-Preis 2002 nominiert.«   Krimi-Report

»Es sind die menschlichen Details, die dieses Buch lesenswert machen.«   taz

www.emons-verlag.de